李劍農的中國近百年政治史

從鴉片戰爭至民國成立

「我們要知道近百年內中國政治上發生大變化的由來，非將百年前世界的新趨勢，和中國內部的情形，作一度簡略的比較觀察不可。因為一切歷史事變，都是難於斬然截斷的。」

——割據與重整，清末民初的百年政治轉折

李劍農 著

目錄

卷頭語

導論
 一 百年前的世界趨勢……………………………009
 二 百年前中國內部的情形…………………………012
 三 百年來中國政治變化的概要……………………019

第一章 鴉片戰爭
 一 鴉片戰爭前中國對外一般的關係………………023
 二 鴉片戰爭前的中英交涉…………………………027
 三 鴉片問題的發生與林則徐的嚴切手段…………035
 四 戰爭的經過及其結果……………………………044
 五 鴉片戰爭的意義…………………………………053

第二章 洪楊革命時代
 一 洪楊崛起以前的社會背景………………………059
 二 洪秀全與太平天國的樹立………………………066
 三 曾國藩與湘軍的崛起……………………………078
 四 太平天國被摧倒的經過…………………………085

目錄

　　五　太平軍失敗與湘軍致勝的原因 …………………… 095
　　六　洪楊戰役期中的外患及清廷政權的推移 ………… 101

第三章　西法模仿時代
　　一　同光兩代的朝局及政治上的中心人物 …………… 115
　　二　西法模仿與士大夫心理的反感 …………………… 121
　　三　西法模仿時代的對外關係問題（一）……………… 129
　　四　西法模仿時代的對外關係問題（二）……………… 135
　　五　西法模仿時代的對外關係問題（三）……………… 144

第四章　維新運動的初步
　　一　兩個維新運動的領導人物 —— 孫中山與康有為 ……… 159
　　二　適應一時環境的康有為 …………………………… 161
　　三　康有為維新運動的思想基礎和進行方法 ………… 163
　　四　百日維新的失敗 —— 戊戌政變 ………………… 169
　　五　維新運動失敗的原因及其結果 …………………… 173

第五章　維新運動的反動
　　一　反動勢力的解剖 …………………………………… 179
　　二　反動的演進 —— 己亥建儲與庚子拳亂 ………… 184
　　三　反動期中革命黨與保皇黨的離合運動 …………… 192
　　四　反動與袁世凱的幸運 —— 北洋軍閥基礎的成立 ……… 196

第六章　維新運動的再起

一　言論界的驕子梁啟超 …………………………… 201
二　新勢力復活的醞釀 ……………………………… 204
三　清政府遮羞的變法及主持的人物 ……………… 209
四　日俄戰爭與立憲的動機 ………………………… 213

第七章　革命與立憲的對抗運動（上）

一　中國同盟會的成立 ……………………………… 217
二　革命論與立憲論的激戰 ………………………… 224
三　清政府預備立憲的表示及滿漢的暗鬥 ………… 230
四　立憲黨的活動及其結果 ………………………… 240
五　屢仆屢起的革命軍 ……………………………… 245

第八章　革命與立憲的對抗運動（下）

一　宣統嗣位與袁世凱之被逐 ……………………… 253
二　皇族集權與立憲運動的大失望 ………………… 257
三　革命運動的苦境 ………………………………… 262
四　鐵道國有政策的反響 …………………………… 270

第九章　清政府的顛覆與中華民國的成立

一　武昌起義與各省的響應 ………………………… 275
二　袁世凱的起用與清廷的逐步降服 ……………… 282

目錄

　　三　南京臨時政府的組織……………………………290
　　四　和議的經過與清帝退位…………………………301
　　五　改選臨時總統頒布約法與臨時政府的北遷……………314

卷頭語

　　十餘年前，予曾述《最近三十年中國政治史》，起戊戌變法，至民國十五年國民革命軍出師北伐時止。脫稿後，適承乏國立武漢大學中國近代政治史講席，即用前書為同學參考之資。唯講授課程，以近百年為範圍，因復從鴉片戰爭時起至甲午戰爭時止，草草編制講稿三章，略與前述三十年史相銜接。但講授時，數據之蒐集考證既欠周密，編制亦甚不善，舛誤尤屬難免，除由學校印發授課之同學外，不敢刊行問世。近復承乏國立師範學院中國近代政治史講席，史地系同學以參考書不易購得，請將前編之講稿及《三十年政治史》合印為一，暫應急需。予不能卻，遂許由本院史地學會印行。然誤謬之處自不能免，尚乞讀者進而教正之為幸。

民國三十一年五月　李劍農識

巻頭語

導論

一　百年前的世界趨勢

　　我們要知道近百年內中國政治上發生大變化的由來，非將百年前世界的新趨勢，和中國內部的情形，作一度簡略的比較觀察不可。因為一切歷史事變，都是難於斬然截斷的。但此處所謂百年前，我們不能追溯得太遠，只能從一八四〇年追溯到一七四〇年頃，約當中國的乾隆、嘉慶兩代。這個時期，在中國是清朝的最盛時期（但已有衰兆），在西方是政治經濟思想及國際情勢發生極大變化的時期。

　　最重要的推動力，是英國的瓦特（Watt）所改良的蒸汽機。瓦特生於一七三八年，歿於一八一九年。蒸汽機的發明，在一七六四年，初應用於礦山的吸水器，漸至應用於各工廠，到一八〇七年，美國的福爾敦（Fulton）更應用它創造蒸汽船。在瓦特改良蒸汽機以後約數年，即一七六八年，英國還有一個發明紡織機的阿克萊特（Arkwright）開始創設紡織公司。這是所謂工商業革命的開始。

　　就政治思想方面說，此時期中，法國有三大名人：一個是孟德斯鳩（一六八九至一七五五年），研究各種政制，發表所謂《法意》的名著；一個是伏爾泰（一六九四至一七七八年），發表許多文學作品，抨擊貴族、僧侶等上流社會；一個是盧梭（一七一二至一七七八年），發表有名的《民約論》：這都是促起政治社會產生變化的推動力。就經濟思想上說，在英國有一亞當·斯密（一七二三至一七九〇年）發表所謂《原富》的名著，成為近代經濟學的鼻祖；在法國有一個魁奈（Quesnay，一六九四至一七七四

> 導論

年），為重農學派的倡導者：這都是鼓吹經濟上自由主義的。有了這些經濟上及思想上不斷的新發展，於是西方的政治、經濟、社會，都不能維持原來的形勢，並且變動的波瀾，將由西方而及於全世界。

再就此時代西方的國際形勢，及政治實際上的變動觀察。自東西航路發見後，殖民地的爭奪，已遍於東西兩半球。十七世紀西班牙在海外的優越勢力到了十八世紀，漸漸地移於英國。（十七世紀新世界殖民事業，西班牙領地最大，法蘭西、葡萄牙次之，英吉利最小。）十八世紀的初期，歐洲各國的政治，法國已完成強固的中央集權，英國且由君主的中央集權進於國會內閣政治，其他各國的政治組織，散漫微弱，遠不及英法。在歐洲本部的政爭，英與法常處於敵對的地位，因此在海外殖民地的爭奪，英法兩國也常常彼此對抗。當十八世紀的中期，英法兩國在東半球的印度和西半球的美洲都有劇烈的戰爭。兩國在印度的勢力，起初本不相下，印度人並且多傾向法國的方面；一七四一年後，英法在歐洲因為奧國皇位繼承問題發生戰爭，於是兩國在印度也開始爭奪；從一七四三年起，連年戰爭不斷，到一七五六年，歐洲又發生所謂「七年戰爭」，英法又成勁敵，兩國在印度的爭奪更凶；結果英以東印度公司社員克萊夫的奮鬥，卒於一七六〇年將法國在印度的勢力摧毀，從此印度成為英國的囊中物。到一七八四年，由英政府釋出條例，將監督權由東印度公司移歸政府，樹立英國雄飛於東方的基礎。英法兩國在北美洲的勢力，當十八世紀的初期也是法國優於英國；兩國在北美洲的爭奪，約與在印度的爭奪同時；最烈的戰爭，也是在歐洲「七年戰爭」時。一七五九年，英國攻陷魁北克，次年遂占領加拿大，於是英國在北美洲也獨據優勢。

自英法兩國殖民地爭奪的勝負決定後，於是發生世界的大政變了：一為英國殖民地北美十三州的獨立，一為法國的大革命。英國的熱心爭奪殖民地，起初是想由母國壟斷殖民地的利益，北美的殖民就有些不平；自經

累年的對外戰爭以來，國庫的負擔增加，因於一七六五年課稅於北美殖民地；殖民地以在國會無發言權，堅不承認；英政府想用兵力強制；到一七七五年，十三州就聯合樹起獨立的旗幟來了。獨立的戰爭自一七七五至一七八三共經八年。歐洲大陸各國，都有點嫉視英國海上的勢力（尤其是法國），對於獨立軍予以種種援助，英政府卒歸失敗；到一七八七年，十三州制定了一種聯邦新憲法，正式成立一個聯邦共和國，開近代民主共和國的先聲。北美聯邦共和國成立後僅二年（一七八九年），法國的大革命發生了。法國也因為在不斷的戰爭中，國庫弄得很空虛，又加以王室和貴族的奢侈濫費，弄得財政沒有方法整理；社會上的人士受了伏爾泰、盧梭一輩人學說的薰染，加以北美獨立戰爭的刺激，於是以召集三級全體議會為導線，引出大革命的活劇；到一七九二年，由國民公會將國王路易十六處以死刑，宣布法國為共和國；再經過幾年的混亂，政權落入拿破崙第一之手，到一八〇四年，拿破崙稱帝了。當法國革命初起時，歐洲各國的君主貴族政府，群起恐慌，想用兵力來撲滅法國的革命勢力，但是完全失敗；及拿破崙專政，一手舉自由旗，一手提指揮刀，橫行全歐，把歐洲大陸的封建殘餘屍骸踏入泥塗；除了極北的俄國和隔離於海上的英國外，大都皆被拿破崙所懾服。一八一二年，拿破崙由俄敗歸，兵力衰退，英、俄、普、奧各國，乘勢合力攻法，始於一八一四至一八一五兩年，把拿破崙打敗，將他流放於聖希列拉島；由維也納會議恢復歐洲的和平秩序。

一八一五年後，歐洲的和平秩序雖然恢復了，法國也再次由拿破崙的帝政取代波旁王朝的王政了，也算是反動勢力的伸張時期；但是法國的王政，已非從前的王政，路易十八須用憲法來敷衍國民；與其他各國的國民，雖然連一紙憲法都不曾取得，但是自由民權的思想，已潛伏在各國人民的腦識裡，不能拔除了。到了一八三〇年，法國又發生「七月革命」，更換了一個新王統，由波旁王家的支裔路易‧菲立普取查爾十世而代之。

導論

這次革命的意義,就是以新興工商業的中流階級勢力,戰勝反動的貴族、僧侶傳統勢力。法國的「七月革命」,對於歐洲其他各國,雖未發生大的波動,但也多少受了一點影響;其中受影響而發生最良好的結果,要算是英國一八三二年國會改革案的成立(即中國道光十二年,鴉片問題將要發生了)。英國的政治,在一八三二年以前,雖已成為國會的內閣政治,但國會為舊貴族、地主的優越勢力所宰制;經一八三二年的改革後,新興工商業的中流階級勢力,始得及於國會。自此,英國的國會內閣政治,比從前的精神更不相同,向外發展的力量,比從前更形充實,歐洲大陸各國的國民隔岸羨慕,有望塵莫及之感。但是有了那種蒸汽機和其他思想學術上不斷的新發展作推進器,民權自由的勢力,不久也要瀰漫全歐,終非那神聖同盟的力量所能遏止。

上面所述是百年前世界新趨勢的大概。

二　百年前中國內部的情形

中國在十八世紀,是清政府文治武功極盛的時代。(乾隆帝即位於一七三六年,禪位於一七九六年,他在位的時期,正值英法爭雄於歐陸和印度、北美殖民地;北美聯邦共和國的成立,也是當他在位的後期;法國的大革命,起於他在位的末期。嘉慶帝時代,則為拿破崙第一稱雄時代。蒸汽機的發明,在乾隆二十九年,到了嘉慶十二年,已應用它造成汽船了。)就中國的學術思想說,此時也算是放了一點光彩。清代最有名的漢學中堅人物,所謂戴、段、二王(戴震、段玉裁、王念孫及其子引之),皆會萃於此時。(戴為乾隆時舉人,曾任四庫全書館纂修;段為戴之弟子,亦乾隆時進士;王念孫為乾隆時進士;引之則嘉慶時進士也。)他

們治學的方法，也是一種極有科學精神的方法；可惜他們的科學精神，全用在故紙堆中，他們的工作還只能比於歐洲文藝復興時代的工作，對於中國當時的政治及社會生活，未能發生若何的影響。其中第一個重要人物戴震，算是很能注意於實用方面（戴氏曾著有《勾股割圜記》等書），但終為舊時代所謂「王政」的觀念所拘，未能突入近代自然科學的核心；戴氏的哲學理論，也很與西方邊沁派的功用主義相接近，但當時一般人多隻注意他的考證，罕有人注意他的哲學上的理論；因此盛極一時的所謂漢學，全沒有與西方同時代新文化潮流相抵抗的效能。（咸同時代，中國人且有「天下不亂於長髮賊而亂於漢學」的誣說。平心而論，謂天下亂於漢學固屬誣說，謂漢學沒有抵抗西方文化潮流的能力則屬事實。）並且在乾隆獎勵學術的用心，與其說是啟導民智，毋寧說是想把優秀人士的聰明才力錮蔽於故紙堆中，帝開四庫全書館，與明太祖用八股文來錮蔽民智，差不多是同樣的手段。他一面開四庫全書館，一面頒布禁書令，凡明末清初有關於滿漢民族消長的著述，皆稱為逆書，一律銷毀；由乾隆三十九年至四十六年，銷毀所謂逆書凡二十四次，被銷毀之書達五百三十八種，共一萬三千八百六十二部；猶恐未能禁絕，到五十三年尚嚴諭陸續搜禁。乾隆五十八年（即一七九三年），英國派來中國的特使馬甘尼（Macartney）歸述所見，說中國的科學知識遠不如他國；說招待他的趙大人，看見他從衣袋中取小盒自來火擦之而燃，大為驚異；說他在熱河與各大臣會見時，於歐洲各種發明物中特述氫氣球一事，勸中國備置一球於北京，並勸中國宜聘用西方各種專門技師，傳授各項專門學術，各大臣皆不注意他的勸告；說乾隆帝雖意氣盛旺，自負心極強，諸事不欲落人後，但實際所見不遠，還不及康熙帝的通達，只知道防止漢民族的活動，不知啟導民智。我們看馬甘尼所述，便知道當清代文教極盛的朝廷已為西方人所輕視了。

　　再就政治的組織上說，此時可稱為名實相符的君主專制政體。中國的

> 導論

君主專制政體，本是從秦漢以來幾千年相承不替的；不過到了清代，組織上更為完密。我們要懂得清代後期政治勢力的變化，不妨在此處將清代幾種主要的政府機關，略略加以分別的說明如次：

一、內閣與軍機處

清代中央政府的重心，最初在內閣，到了雍正、乾隆時代，完全移於軍機處。但是清代所謂內閣，與現世君主立憲國的所謂內閣，完全不同；內閣的閣員稱某殿（如保和、文華、武英等）或某閣（如文淵、東閣、體仁之類）大學士，滿漢各二人乃至六人不定；以外又有協辦大學士、內閣學士等。大學士的職權，在清初除了接受各處章奏上之皇帝、替皇帝撰擬諭旨並批答奏牘外，還參與重要機務。經康、雍、乾三朝屢次用兵平亂，產生軍機處。軍機處本是專管軍機祕密事情的，後來因為作軍機大臣的人就是作內閣大學士的人（如乾隆時之鄂爾泰），內閣大學士的權就被軍機處吸收去了。乾隆中期以後，內閣大學士，不過是賞給有功大臣一種特別榮貴的頭銜罷了，他的職掌，除了諭旨奏牘的收發，幾於別無所事了。軍機大臣，也是沒有一定的員額（起初沒有滿漢並立的規定，但事實上總是滿人。洪楊之役以來，漸有漢人充軍機大臣的），隨皇帝的意旨於皇族內閣大學士或各部尚書中選充，與皇帝最親近。他的職權，凡政務的裁決、官吏的任免黜陟、用兵時的軍事方略，無不參與。但有兩點最宜注意的：一、無論內閣或軍機處，都沒有特別獨高的首長，首長就是皇帝；二、無論內閣大學士或軍機大臣，都沒有向各部或各省督撫直接發命令的權，向各部或各省督撫直接發命令的，只有皇帝——就是上諭或諭旨。

二、六部

清代的中央行政機關，在預備立憲以前，只有吏、禮、戶、兵、刑、工六部，這是沿襲前代的舊制。各部的主要人員，從清初就定為滿漢二人

並立（對於重要的各部，有時特派皇族為管部大臣）；各部通常的長官稱尚書，次官稱左右侍郎，通稱曰堂官。但是有最可注意的二點：甲、六部雖為中央行政機關，對於各省的政務可以核議准駁，但各部的長官卻沒有向地方長官（督撫）直接發命令的權（要向督撫發命令就要以皇帝的諭旨行之）；乙、尚書與侍郎，各有單獨的上奏權，尚書與侍郎意見不合時，除了兩方相互奏請皇帝裁決以外，別無辦法。然則就中央與各省言，六部不能算作總轄全國的行政首長；就尚書與侍郎言，各部並沒有統率全機關的唯一首長；無論對地方或對本機關，最後的解決，也只有問皇帝。

三、都察院

都察院是清代的總監察機關。它的主要職員有都御史一人，副都御史二人；所屬有給事中二十人，監察御史四十四人；給事中監察京內官府，分為各科；監察御史監察地方官府，分為各道（給事中及監察御史總稱之為科道官）。這些科道官雖然因處理事務上及地域上設有分界，但是他們的監察權在性質上並無限制；無論什麼階級的官，他們都可以參劾，無論什麼性質的事，他們都可以舉發或反對；大小官府的陳奏，他們固然可以指摘，就是皇帝的諭旨，他們也可以拒駁；不能上奏的小官，可由他們代奏，百姓有冤抑，也可由他們代伸：總括一句，國家政務的全部無不受他們的監察。但是有幾點應該注意的：甲、這種監察權的行使，不是用都察院的機關全體去行使，是用都察院各員的官銜單獨去行使，從都御史到所屬各科道官，各人都有單獨的參劾上奏權，並不要經過全體機關的取決；乙、這種監察官的選任，並不必要有政治或行政經驗的人，也不是一種有特別保障的終身官，隨時可以改任或升遷，一旦作了普通官，同樣的要受他人監察，有特別權勢的人可以暗中干涉他們的進退；丙、這種監察官自身的責任問題，全以皇帝一人的意旨為斷，皇帝喜歡容納直言的，對於他

們的誣劾誣說，也不問他們的責任，倘若觸犯了皇帝的私好偏愛，就是參劾得確實，也要受譴責。

四、各省督撫

清代的總督、巡撫，也是沿襲明代的舊制（在明初皆非常設之官，但是後來總督、巡撫的職權性質都漸次變了）。總督大約是兼轄兩省（晚清的東三省總督兼轄三省），但也有單轄一省的；轄兩省的所屬有兩個巡撫，總督初無直轄地；轄一省的則以總督兼授巡撫銜，其下不別設巡撫。原來總督、巡撫的職權本不相同，依雍正即位時的上諭說：「總監地轄兩省，權兼文武，必使協和將吏，輯綏軍民，乃為稱職；巡撫則凡一省之事，察吏安民轉漕裕餉，皆統攝之。」乾隆時修的《大清會典》上也說：「總督統轄文武，詰治軍民，巡撫統理教養刑政。」但是，後來督撫的職權都有變化（變化大都起於洪楊之役，此後總督、巡撫的職權漸次無有差別）。督、撫不受內閣、軍機處和六部的直接命令，上面已經說過，但是還有一點應該注意的：就是總督還兼一個右督御史銜，巡撫還兼一個右副都御史銜，都有單獨的參劾權及上奏權；總督固然可以參劾巡撫，巡撫也可以參劾在他上面的總督；他們是地方的行政長官，也都是全體政務的監察官；督、撫意見不合時，也和六部的尚書和侍郎一樣，除了相互奏請皇帝裁決以外，別無辦法。所以在形式上督、撫彷彿有上下從屬的關係，實際上還只有皇帝是高高在上的一個人。

就上面所說明的幾種機關來看，我們可以得到下面兩個結論：一、一切權都在皇帝手裡，沒有一個機關可以宰制別一個機關；二、無論甲機關與乙機關，就一個機關內部的甲人員與乙人員，都有互相監視、互相牽制的意味，要想保持權位，除非取得皇帝的信用，博得皇帝的歡心。所以說中國的君主專制政體，到了清代，組織上更為完密了。但是這種完密的君

主專制的組織，須得君主是一個雄才大略的君主，方能運用如意；若遇著一個庸主，必使機關的全部失去它的重心。乾隆帝確是能運用這種機關的人，所以在乾隆時代的政治，可稱為名實相符的君主專制政治。自嘉慶帝以後，「一蟹不如一蟹」，加以外力漸次侵入，於是這種最完密的君主專制政治的組織，漸有「捉襟見肘」之勢了。

上面是專就政治的機關上觀察。再就乾嘉時代的政治實質說，乾隆帝確是很厲精圖治的，在位六十年，年紀已滿八十五歲，始禪位於嘉慶帝，對於重要的政務，嘉慶帝還是須稟命而行。當乾隆帝年逾八十時，他自詡為古來罕有的皇帝，自作《御制十全記》，敘述他十全的功績。所謂十全，就是當他在位期中，平定準噶爾兩次，平定回部一次，平定金川兩次，平定台灣一次，降緬甸、安南各一次，受廓爾喀之降二次，合之為十大武功。但是他的武功雖盛，終究掩蓋不了他內治的弱點；他信任一個貪黷不堪的和珅達二十年，援引許多貪黷的督撫，如國泰王亶望、陳輝祖、郝碩、伍拉納之徒，贓款纍纍，動輒數百萬，在他尚未禪位的時候，已經屢次發生贓賄的大獄；這些贓賄案，實際都是由和珅在內隱為驅迫而成；但是乾隆帝至死不知道這些贓案的根源所在，他的監察人員也終究不敢觸動到這個根源上。直到乾隆帝死後，嘉慶帝方把和珅處以死刑，抄沒他的家產共計一百零九號，約值八萬萬兩。（當時查抄其家產金額列為一百零九號，內中已估價者僅二十六號，約占金額四分之一，計銀二二三八九五一六〇兩，故其金額約為八萬萬兩云。）當時人為之語曰：「和珅跌倒，嘉慶吃飽。」因為當時中國國庫歲入額並不甚大（每歲不過七千萬兩上下），和珅二十年宰相所蓄的八萬萬，超過了國庫歲入十年的總額。因為有這麼一個貪黷的宰相在內，驅使一班貪黷的地方大吏在外搜刮，無所不至，於是民力凋敝，到嘉慶帝一即位，地方的亂事就起來了。在乾隆六十年，已有湖南、貴州紅苗之變；到嘉慶元年，白蓮教之亂起，蔓延及於五省，經過八九年的長

> 導論

時間,耗去軍費二萬萬兩,才告平定;同時,海寇蔡牽等以安南為窟穴,侵擾兩廣、閩、浙各處,到嘉慶十五年才平定;天理教的李文成、林清等擾亂山東直隸,至於震動畿輔官禁之地;到嘉慶末道光初,邊境又有回部張格爾的亂事,官軍大舉征伐,經過七年的長時間,才告平定:這些亂事,大都是在乾隆後期已經醞釀潛伏著,到嘉慶時才陸續爆發的。所以,乾隆帝的十全大功,可以說就是嘉慶以後的民亂種子。

在白蓮教亂當中,清朝的政治,還暴露一個大弱點,就是軍備已經失了作用。清朝的所謂經制兵即常備軍,原有八旗兵與綠營兩種;到嘉慶時代,這兩種常備軍都已腐敗不能作用。當嘉慶民亂,有記述當時情形者,謂:「交戰時以鄉勇為先鋒,漢人之綠營次之,其素稱驍勇絕倫之旗兵在最後,賊軍亦驅難民以當鋒鏑,真賊在後觀望;鄉勇與難民交戰,而官兵則與賊兵不相值。鄉勇傷亡,則匿而不報,或稍得勝利,則冒為己功;然與賊會之時甚稀,唯尾追而不迎擊,甚至地方村民備糧請兵,拒而不納,常求無賊之地以駐軍。軍中費用之侈,駭人聽聞;有建昌道石作瑞者侵漁五十萬兩,皆耗於延請將帥之宴飲,嘗於深菁荒麓間,供一品值五兩之珍饈,一席至三四十品之多;有某尚書初至營中,得賄珍珠三斛、蜀錦一萬匹,他物稱是……」軍紀這樣腐敗,所以白蓮教亂,延到八九年。白蓮教亂的平定,並不是這種常備軍打平的,亂事蔓延到無可如何的時候,採用兩種政策:一、堅壁清野;二、團練鄉勇。堅壁清野的政策由德楞泰建議,就是令地方市鎮堅築堡壘,不給賊以掠奪機會,待其自滅;此法初行於湖北隨州,頗有效力,後乃命川、陝、豫各省仿行。團練鄉勇的政策由合州知事龔景瀚建議,他因為八旗官兵不可恃,所過地方,受害甚於盜賊,故主張募集鄉勇,給以武器,舉辦團練,既可替國家節省軍費,又可減免地方的擾害。當時有反對此說的(陝督長麟),說團練鄉勇以保鄉里雖未嘗不可,但恐民間有兵,難免將來的紛擾危險;但終不能不採團練的政策。

四川一省的鄉勇，至有三十萬人；到了亂事平定之後，又把鄉勇的兵器收回。政府的常備軍既不足以平內亂，自然更沒有捍禦外侮的能力，所以後來一與西方武力接觸，便無不失敗。這是百年前中國內部的大概情形。

三　百年來中國政治變化的概要

百年前世界的趨勢既如彼，中國內部情況又如此，所以鴉片戰爭的失敗，不是偶然的事。鴉片戰爭失敗後，中國的門戶既被打破，於是西方的勢力，節節相逼而入，造成近百年的政治局面。

百年來中國的政治變化大概可分為三個大段落：從鴉片戰爭到甲午中日戰爭，為第一個段落；從甲午後維新變法運動到辛亥革命，為第二個段落；從民國成立到國民黨由廣東出師北伐，為第三個段落。第一段為外力侵入，新思想醞釀的時代；第二段為革命勢力進展，皇位顛覆時代；第三段為革命勢力與清朝殘餘的軍閥勢力爭鬥時代。若從這三大段中間重要的政治事變再加剖析，又可分出下列的小段落來：

一、因為英國人擴充商場的熱望屢為清政府所阻遏，遂以鴉片問題為導火線，惹起一八四〇年（道光二十年）的鴉片戰爭；結果於一八四二年與英國簽訂《南京條約》，割香港一島，並開五口為通商口岸：是為外人打破中國門戶的開始。

二、中國自受此挫辱，一方面漢民族對於清廷的威力漸漸看破，一方面感受西方潮流的影響，到一八五〇年（道光三十年）就有洪楊革命軍的崛起；洪楊戰役連亙十五年，至一八六四年漸告平定：是為漢民族勢力復活的時期。

> 導論

三、在洪楊戰役中，又有英法聯軍入北京，咸豐帝避難熱河之事（一八六〇年，咸豐十年），結果與英法結城下之盟，外力壓迫的程度又進一層；並且在平定洪楊的戰役中，得了外國人軍事上一點助力；於是到平定洪楊以後，所謂中興的新人物中，頗有感覺西方軍事藝術優長的人，講求所謂洋務，在造船、制械、練兵、裕餉上，盡力模仿西法；所以，由同治朝到光緒中葉可稱為洋務講求時代，亦可稱為西法模仿時代。不過，這種皮毛上的西法模仿，終於不能發生抵抗外力的效能，到一八八五年（光緒十一年），對於安南問題，和法國發生爭議，結果模仿西法的第一根據地馬尾船廠，被法軍破毀，失去安南的藩屬地；但是皮毛上模仿西法的方針並不因此改變。到一八九四年，便有所謂甲午戰爭的大挫敗。至此中國的弱點完全暴露。

上面是第一大段中的幾個小段落。

四、由甲午戰敗的刺激，惹起士大夫階級裡面一部分人對於中國政治制度的懷疑，遂有維新變法的運動；到一八九八年（光緒二十四年）的夏間，運動達於最高潮，便有所謂戊戌「百日維新」的事業：是為維新運動的初步。

五、由「百日維新」的失敗，西太后再行臨朝；到一九〇〇年（光緒二十六年），因為親貴利用拳民，爭奪政權，排斥新黨，惹起外國聯軍入京的大禍：是為維新運動反動時期。

六、由《辛丑條約》的恥辱，清政府始感覺維新變法的必要，於是有督撫派的維新運動；到一九〇四年（光緒三十年），日俄戰爭勃發，結果日勝俄敗，更感覺立憲優於專制，於是有派遣五臣出洋考察憲政之舉：是為維新運動再起的時期。

七、自「拳亂」以後，國民對於清政府的反感，已非虛偽的立憲招牌

所能緩和了；在一九〇五年五臣出洋考察憲政時，中國同盟會在日本東京成立；自此一方面預備立憲，一方面進行革命，進於革命與立憲對抗運動的時期；立憲的虛偽，一天一天地暴露，革命的潛勢力，一天一天地膨脹。到一九一一年秋間，便有武昌革命軍的崛起。

上面是第二大段中的幾個小段落。

八、從一九一一年秋間武昌起義，到次年春初中華民國成立，為中國政權由清廷移入北洋軍閥首領袁世凱手中的時期，是即由第二大段轉入第三大段的關鍵。

九、由一九一二年春間臨時政府北遷，中國同盟會改組為國民黨，與北洋軍閥首領袁世凱開始爭鬥；到次年春夏間，因「宋案」而惹起贛寧之役，國民黨失敗，國會被破毀：是為國民黨與北洋軍閥爭鬥的初期。

十、國會第一次破毀後，袁世凱圖謀帝制，第一步修改約法，第二步成立籌安會；到一九一五年秋冬間，袁氏公然要稱帝了；反帝制的各派聯合奮起，與袁氏決鬥，到次年夏間，卒將袁氏打倒：是為帝制運動與反帝制運動的對抗時期。

十一、袁世凱死後，北洋軍閥的勢力依然不可侮，他們不利於舊約法，因是發生新舊約法的爭議；結果舊約法雖然恢復了，到一九一七年因為對德宣戰問題惹起國會第二次的解散，演為長期的護法戰爭，成為南北對立之局。在護法戰爭中，一方面北洋軍閥分為直、皖兩派，他方面西南的小軍閥也漸形跋扈；到一九二〇年秋間，北洋軍閥的直、皖兩派，公然打起仗來了，西南的軍政府也瓦解了：是為護法運動與南北各軍閥分裂的時期。

十二、自一九二〇年北方直、皖兩派分裂，西南軍政府瓦解，護法的戰爭，雖然尚未終了，但因南北兩方都失了重心，於是進於所謂聯省自治

的運動。但是這種運動，徒為割據地盤的各軍閥所利用，各軍閥間勢力擴充的爭鬥仍未能免；從一九二〇年到一九二三年秋冬間曹錕篡竊大位時止，可稱為聯省自治運動與南北各軍閥混戰的時期。

十三、自一九二四年春，中國國民黨改組，南方的新勢力，一天一天的充實，北方曹錕顛覆後，成立一個臨時執政政府；到一九二六年春夏間，執政政府消滅，國民黨準備北伐的工作完成，於是北洋的軍閥嫡系勢力將歸消滅了：是為第三大段的最後一段。

上面三大段中的十三個小段落，便是近百年中國政治史的總綱目，以下便依照這個總綱目分章敘述。

第一章　鴉片戰爭

一　鴉片戰爭前中國對外一般的關係

一八四〇至一八四二年的中英戰爭，中國習稱為鴉片戰爭；因為中國方面，認此次戰爭以禁止鴉片為唯一原因，但在英國方面，開戰的動機，卻不在禁止鴉片，而在屢次受中國政府的蔑視凌辱；戰機的潛伏，已經有了幾十年，禁止鴉片，不過為此次戰爭最近的導火線。我們要了解所謂鴉片戰爭的真意義，須先明瞭戰爭前的中英關係，並且須明瞭戰爭前中國對外一般的關係。

戰爭前中國對外一般的關係，可分三點來說明：

一、中國在政治上是孤立的國家，未加入所謂國際社會團體

在鴉片戰爭前，西方各國雖與中國有歷史上相沿的通商、傳教的事實，但除俄國以外，都不曾與中國成立什麼通商修好條約。俄國因為與中國西北國境爭議的原因，在一六八九年（康熙二十八年）訂立《尼布楚條約》，後四年又訂立《北京通商條約》，一七二七年（雍正五年）又訂立《恰克圖條約》；以外各國都與中國為無約國。就是葡萄牙的租領澳門，也是沿襲明代已成事實，在此時尚與清政府無條約關係。澳門的主權還是在中國，受中國的控制。

二、通商制度之不合理

在鴉片戰爭前，中國與外人通商制度之不合理的處所有三：

第一，稅則不可靠。中國向來對於商稅的徵收，不若田賦規制的謹嚴。

第一章　鴉片戰爭

稅吏的額外苛索，成為不可拔除的惡習。外國商人初到中國時，因為語言隔閡，一切情形皆不通曉，稅吏對於他們的額外苛索自然更甚。

第二，商埠的限制。清代初年，外國商人，大都皆以廣東為集中地點。廣東的大小官吏，自然有特別發洋財的機會。有時外國商人，不堪那種額外苛索之苦，改向閩浙的廈門、寧波等處圖發展，但是這些地方的大小官吏，也想發洋財，對於外商的待遇也是一樣，甚至於額外的苛索更重，因是廣東仍為外商的集中地。清政府因為防範夷人的不測，也不願夷商竄擾到廣東以外的地方去。

第三，公行的專利。廣東方面，因為外商特別的多，買賣貨物，不免與本地人民間時常惹起糾紛來，於是在康熙年中便生出一種經紀人的所謂官商，由政府指定的，凡洋商輸出入貨物，皆須經此種官商之手。外國商人，都受限制，很感不便，曾經一度廢止，到康熙末年，由廣東商人成立一種所謂「公行」的組織，取官商之地位而代之。公行組織，雖非由政府的命令，實由官廳非正式的許可（暗中且為官吏漁利的工具），一時雖經內外商人抗議廢止，但不久又覆成立。公行既操對外商業的專利權，外商所負擔的額外苛徵，日益加重；然政府所得，仍極微薄，其大部分皆入於大小官吏與公行員之私囊，雖經外商屢次要求減免，皆歸無效。

這是在乾隆以前的大概情形。到乾隆中葉以後，上面所述後二種不合理的情形，更為具體化：

其一，即一七五七年（乾隆二十二年）由皇帝頒布諭旨，將外人通商口岸，限於廣東一處，閩浙各口，皆不准外國商船入口，英商運動在廈門、寧波另闢通商根據地全歸失敗。

其二，即一七六〇年（乾隆二十五年）正式認可公行為經理對外通商之機關。（乾隆三十六年，雖因公行多數破產，負欠稅金及外人債務，曾

經一度解除，然未幾即復另行組織。）公行的任務，不但外人輸入貨物，須由其評價及買賣，並且成為政府與外商間的傳遞機關。

貨物的納稅報關，固須由公行經手，即外商要向中國政府有所陳訴，也不能自由進稟，必須由公行代呈，否則政府不予受理，政府對於外國商人的行動，也責令公行監督。於是，公行成為政府與外國商人間的重要機關。原來在乾隆二十幾年時，粵督李侍堯對於洋人深懷疑忌，奏請設法防範（一七五九年即乾隆二十四年）。乾隆帝對外的觀念，也不若康熙帝的寬大，因採用李侍堯奏請的所謂防範外夷之「五事」，頒行一種限制外商的規則（乾隆二十五年），命洋商（即公行員，中國政府公文書對於公行皆稱洋商）向外國商館宣布。自此一直行到鴉片戰爭時，不過時有修改，條目增減前後不同。最後由盧坤、祈、彭年進呈章程八條（在道光十五年即一八三五年），其要點如下：

（一）外國戰艦不得入虎門以內。

（二）外國婦人，不可偕來商館；商館內不得儲藏銃炮槍械或其他武器。

（三）外船僱用之領江及買辦人員，須在澳門同知衙門註冊（此時澳門尚保留中國主權，中國設有同知衙門），由該衙門發給執照，隨身攜帶備查。

（四）外商僱用中國僕役人數，須有一定限制（初時禁止僱用，後經修改，但限名額）。

（五）外人住居商館者，不得任意乘船出外遊行，僅於每月初八、十八、二十八三日，得往各花園及河南寺廟散步遊玩，但須帶翻譯隨行；如有不當行為，翻譯須負責任。

（六）外人不得自由向官廳進稟，如有陳訴，須由公行代呈。

（七）公行有指導及保護外人之責，不得負外人債務。

第一章　鴉片戰爭

（八）外人每歲在廣東商館住居經營商務，須有一定期限（大約為四十日，有時得延長），事畢即須退去，如不歸國，只能在澳門居住。

這些限制當然不能嚴格的生效，但大部分必須遵守，尤其是向官廳直接進稟的一層，是萬不能行的。外商既無向官廳直接陳訴之權，於是不能不事事受公行員的抑勒。公行員的專利權，既由官廳取得，也不能不事事聽官廳的指揮。不肖的大小官吏與公行員因緣為奸，外國商館，便成為他們發洋財的淵藪。因是一般的外商，對於這種通商情況皆不滿足。

三、此時中國與世界各國的商業關係以與英國為最密切

原來各國與中國發生商業關係最早的，要算葡萄牙，其次為西班牙，其次為荷蘭，英國較遲。在十八世紀的百年內，英國海上的勢力已經凌駕各國，於是對於中國的通商，也漸次躍居第一位了。一七五一年（乾隆十六年），外國商船來到黃埔的總計十八艘，其中英船九艘、荷蘭船四艘、法國船兩艘、丹麥船一艘、瑞典船兩艘。到一七八九年（乾隆五十四年），外國商船來粵的增至八十六艘，其中英船六十一艘、美船十五艘、荷蘭船五艘、法國船一艘、丹麥船一艘、葡萄牙船三艘。在拿破崙第一時代，英法對抗，歐洲大陸諸國，皆受法國的宰制，但對於英國海上的優越勢力，終不能推翻；唯美國因守局外中立，不受影響。所以在此期內，英國對於中國的通商勢力，仍舊是有增無已，其次則為美國。然英國有較近的印度為根據，美則在東方尚無根據地，故終以英國居第一位。

這是鴉片戰爭前，中國對外通商一般的大概情形。

二　鴉片戰爭前的中英交涉

中國與英國雖與其他各國同為無約國，該國的商人亦與其他各國人受同樣的待遇，但在商業上既居於第一位，來船之多遠非他國可比，則希望中國的門戶開放，亦必較他國人為更切。自十八世紀末期以來，至鴉片戰爭發生時止，英國向中國圖謀增進商業的關係，最重要的交涉有三次：

一、為一七九二年（乾隆五十七年）**英國第一次特使的派遣**：任特使者為伯爵馬甘尼（Macartney），於一七九三年八月到大沽口，清政府照例以貢使待之，凡使節進口所乘的舟車，皆由政府供給，樹立「英吉利朝貢」的大字旗。（清代初年，葡萄牙、西班牙、荷蘭等國，亦曾屢次派大使來中國，求結通商條約，清政府皆目為貢使，視諸國與藩屬國同等，必令其大使向皇帝或御座行三跪九叩禮，諸國之使亦皆勉強遵行。）此時，乾隆帝方在熱河行宮，即令英使往熱河賜見；一切招待，算是極其優渥，對於皇帝所行禮節，因馬甘尼堅持，再三磋商，准其用謁見英王最隆重之禮了事，算是很優待了。馬甘尼在熱河呈遞國書後，隨即賜宴，並於次日賜遊御園；未幾，返北京，想與清廷交涉締約通商問題，清廷軍機大臣除以寒暄語相與款洽外，對於其他提議皆避而不談，並且微露促其速即出京返國的意思。馬甘尼知道不能久留，乃致一函於軍機大臣提出下列七項：

（一）許英國商人在舟山、寧波、天津諸港通商；

（二）英國人願效以前俄國人在北京設一停貨倉庫；

（三）於舟山附近無城砦之島，設一停貨倉庫，並設租界；

（四）於廣東附近與以同樣的許可；

（五）廢止澳門與廣東間之通行稅，或減少其稅額；

（六）英商得中國皇帝許以居住權者，不強制出稅；

第一章 鴉片戰爭

（七）允許英人在中國傳教自由。

但是清政府所派定護送馬甘尼出京的專員，已經要出發了；軍機大臣，對於他所要求的六項，告以在皇帝敕諭中已經答覆，馬甘尼便匆匆出京，除受了清政府的優禮款待外一無所得而歸。

二、為一八一六年（嘉慶二十一年）英國第二次派遣的特使來華：此次任特使的為阿姆哈斯（Lord Amherst），（劉彥《帝國主義壓迫中國史》謂，嘉慶十年英國曾派使東來，政府斥不許謁見，並作傲慢之國書致英王約翰二世。考是年英國並無遣使事實，且是時英王為喬治三世，英之漢洛菲王統且並無所謂約翰二世者，不知劉氏何所根據而云然。）於是年七月初到天津。中國政府當然依舊目為貢使，在天津賜宴時，中國大吏便要他向皇帝牌位行三跪九叩禮以謝宴；英使拒絕，因是便已生出紛擾。時清帝已降旨，定於初七日賜觀，初八日賜宴頒賞，初九日賜遊萬壽山，十一日赴禮部筵宴，十三日遣行出京；又恐英使不知禮節，特派專員迎赴通州，教以跪拜禮儀，若能如儀，然後帶領來京。但英使堅不肯從，專員含糊具奏，於初六日促令入京，次晨即迫其入覲。英使以長途跋涉極疲，且因行李在後，禮服、國書皆未到，辭以須稍緩時日；再三被促迫，英使不為所動；招待的大臣、專員，無可如何，乃奏稱英使行至宮門病倒；皇帝不知實情，諭令正使回寓，賞醫調治，命副使入見；旋又奏副使亦病倒；皇帝大怒，說英使如此傲慢，侮視「天下共主」，降旨勒令即行出京回國，並下一道訓飭英皇的敕諭。其實英使何嘗有傲慢的情節，不過是那些招待的大臣、專員們，對於禮節問題，沒有方法解決，便用一種逼迫和矇蔽的手段，把英使弄回去罷了。第一次的特使，雖未達到締約的目的，還受了相當優待；此次的結果，則更不堪設想，清帝說使臣侮視天下共主，英使則說清廷侮辱英國的使節，除了增加兩方的惡感以外，一無所得。

三、為派遣商務監督的糾紛問題，此問題發生於一八三四年（即道光十四年，鴉片戰爭發生以前的六年）；中英的戰機，在此時已經很迫切了。其原因起於英國東印度公司的解散。在一八三四年前，中國的對外商業操在專利的廣東公行員之手，英國的對華商業則操在專利的東印度公司之手。當時美國的對華商業沒有這種專利的機關，比較之下很自由，很活潑，因此，英國從事工商業的人，主張仿美國的自由辦法，廢止東印度公司的對華專利權，成為很有力的輿論，至此便見諸實行了。當東印度公司未廢止時，凡英商與華商間的問題，英商方面皆責成該公司的委員長（中國名之曰大班）處理，粵督李鴻賓聽說東印度公司將要解散，恐怕解散後英商沒有頭腦，無法管理，故在未解散前（一八三〇年即道光十年）曾命公行員向該公司當事人建議，謂該公司若或解散，仍宜設一總管之人如大班者，處理商業交易事項。英國方面聽說中國當局希望設一總管商業之人，認為絕好的機會，於廢止東印度公司時，根據國會的議決案在廣東設一英商的監督機關，置主務監督一人（Chief Superintendent），其下置第二、第三副監督各一人。特任律勞卑（Lord Napier）為主務監督，勃羅登為第二監督，帶威為第三監督。律勞卑出身貴族，曾受海軍大佐之職，在英國是很有身分的；英政府所以選出他來作主務監督，其目的不僅在監督商人，且希望他能夠覓得一種機會，增進中英國交親善的關係；就職務的名義上說，僅僅是一個商業主務監督，就他所負的責任上說，實具有公使的性質 —— 在這一點上，已與粵督原來所希望的相歧。原來粵督只希望再有一個商人的大班，如前此東印度公司的大班；而英政府所派遣的竟為具有公使性質的監督，兩方面的心理已大相左。英王及其外務部給與律勞卑的正式訓令的要點：甲、主務監督對於英國商民有行使裁判權，但非重大事件不得開庭；乙、監督管轄範圍以在廣東港內為限；丙、對於中國官廳，宜持和平態度，不可用恐嚇之語、使用武力，軍艦不得駛入虎

第一章　鴉片戰爭

門，對於中國法令、習慣宜慎重遵守。律勞卑臨出發時，英外務大臣巴馬斯頓（Palmerston）又給予他一道特別訓令，要他慎重將事，訓令中的要點如次：

（一）抵廣東時，即直接函告兩廣總督。

（二）所負的責任，除保護在廣東的英國商業外，最重要的目的，首在查探能否擴張商業於他埠。

（三）為達此目的，萬不可失去使中英兩政府間可以增進商業關係的良好機會；且欲達此目的，以能與北京朝廷直接交通為宜，務須注意求得一最好的方法以作成此種直接交通的途徑。

（四）但宜十分慎重，萬不可促起中國政府的恐懼心，或觸犯其癖習，恐以求速之故，反危及現存關係；為符此慎重，非遇意外事故，不可輕與中國發生新交涉或談判；如有發起談判的機會，宜立即報告政府候訓，在未得訓令前，不可進行；但如有可使中國當局相信英王誠心欲與中國皇帝親善並共同促進兩國人民的幸福者，不在此限。

我們看英外相這道訓令，可以想見英政府對於此種商務監督的希望心和慎重的態度。但是這種慎重、希望的裡面，便已含著幾分矛盾性：一方面要他促進兩政府間交際關係，一方面又要他遵守中國的法令、習慣，莫觸犯中國的嫌忌和癖習；要他到廣東時即直接函告總督，這一點便是當時的中國法令、習慣所難容許的。因此律勞卑一到廣東，便生出不可解決的糾紛問題來。

律勞卑於一八三四年（道光十四年）陽曆七月十五日抵澳門，二十五日即入廣州城外英國商館。粵督盧坤於律勞卑未入廣州前，聽說新來了一個英國「夷目」，便傳命公行員查問新來的人是否如舊時大班；結果知道與舊時大班不同，便於二一日派公行員二人攜帶命令往澳門，告知新來的

夷目,略謂該首長來華目的,是否因東印度公司解散,商改通商辦法而來;依中國法規,除商人與其大班外,非先得北京政府照會,無論何人,皆不許入廣州;該首長如帶特別職務而來,必須俟總督奏探朝旨之准否,方可定奪。此命令雖於二一日發出,因傳達公行展轉濡滯,及所派公行員到澳門時,律勞卑已經到了廣州了。公行員趕到廣州,律勞卑方在命翻譯繕寫致總督之函,得粵督命令書;婉言拒絕,說他自己是英王的代表,不受命令的文書;其致粵督函,大意說:我是被英王任命的商務監督,還有同僚二人,我們有保護並促進英國商業之權,並得隨時行使司法之權,希望與貴總督面晤,商議一切。二十六日,將此函直接送往總督署,送函者至靖海門,遞交門衛官,請轉達。門衛告以一切夷稟須由洋商轉呈;後城守協某至,亦以直接函稟違背先例,且函面系平行款式,拒絕收受。公行員勸其解用呈文形式,由公行轉呈,律勞卑堅不肯從,但終無法使其函得達督署。盧坤以新來的「夷目」如此不諳成規,不先領取紅牌,擅來廣州滋擾,於二十七日復下令責成公行及通譯人等向律勞卑明白開導,制止其目無法紀之行動,若不開導,即該員等亦當受處分。令文大略:一、外人止許在澳門居住,若因商事來廣州,須向稅關領取紅牌;二、此次律勞卑初來,不諳中國法規尚可原諒,關於商情,仍許其調查,但調查告終後即須返澳門;三、中國大臣,向不許與外人私通訊函,該夷目來信例不可受;四、官憲對於商務瑣事,向由洋商(即公行)取理,該夷人如欲變更通商規則,須與洋商接洽,連合陳請於官廳,待奏明皇上,得諭旨許可,方得施行。公行員一面迭受官廳的督責,一面又無法使律勞卑退去廣州,勢處兩難,因於八月十日,約集英國商人開會,商議調和辦法。律勞卑不欲放棄其主務監督的資格,又以公行並無挽回總督意思的能力,不許英商到會;結果公行所召集的會議,英商無一人到者,乃將督署迭次所下命令送交英商。十六日,公行員為保全自身地位計,議決停止英人通商,凡英

第一章　鴉片戰爭

商貨物，一概停止裝卸，一面稟請官廳宣布封倉。盧坤於十八日下令，略謂：夷目律勞卑之目無法紀，破壞成規，實由彼一人頑鈍無知之咎，該國王向來恭順，絕不願其所派之人如此；且該國恃吾茶葉、大黃、絹絲以為生，彼運來之呢絨、毛布於中國並非重要，即停止與彼通商，於中國無所損；唯因該夷目一人越紀犯分之故，使彼國人失其生活必需之具，非天朝所以懷柔遠人之道，姑寬待數日，以候該夷目之悔悟。但是事實上，公行對於英商已經停止貨物的交換了。二十三日，盧坤覆命同知潘尚楫及廣州府協二人親往英商館，面向律勞卑查問三事：一、彼來廣東的理由；二、彼所受於本國職務的性質；三、何時回澳門。律勞卑對於第一點，答謂彼之來此，實根據一八三一年粵督命令公行員告知東印度公司，於該公司解散後，須派一有力代表來此整理商務；對於第二點，答謂彼致總督函中已明白敘述，若開閱該函即知，但開閱後須將該函帶交總督；關於第三點，答以視彼之便宜而定。二人自然不肯開閱他致總督的書函，無結果而退。英國商人因商業被停止，於二十五日，結合組織商業會議所，律勞卑藉向該會議所表示意見的機會發表宣言，責粵督盧坤的無理，大略說：前任的粵督要求英國於東印度公司解散後，派一有力的代表來整理商務；現彼為英王特任之代表，求與現任粵督一通訊函而不可得，反任彼公行商人停止對英之商務；英人對華通商是謀兩方面的相互利益，絕不願放棄兩國平等的重要主旨。到九月二日，粵督正式宣布停止與英人通商。自此命令宣布後，廣州頓形騷擾，粵政府對於英商館嚴重防範，施行檢查及種種迫脅行動，使英人大感不安。律勞卑於九月五日下令於其隨來之護衛艦二艘駛入虎門；岸上炮臺發炮制止，二艦還炮，強航至黃埔；律勞卑並於八日發出布告（系用向英商宣言體），痛詆粵督，說他的言論、行動對於中國皇帝為欺詐，現已到了引起戰爭的程度；並且盛誇英國王的威力，絕不受此種無理的壓迫。盧坤於十一日也向公行下令，要他們告知英商，說他們要將

大班改為酋長雖未嘗不可,但中國大員除貢使外,向未與外國夷目發生直接交涉;即就英國此次派來之律勞卑而言,該國事先既無正式照會,彼又未攜有信任狀,何由知彼為該國派來之員。且貿然闖入,並不容督署有向朝廷請旨之猶豫期間,且以戰艦駛入為威嚇,其膽大妄為已極;若不退去,決以兵力制服之。此時兩國的戰機,已經很迫切了。但事實上,律勞卑受自英政府的職權既極有限制,隨來的護衛艦兵力亦極薄弱,加以律勞卑勞憤交集,於九月初旬忽生熱病;十四日,據英商得自公行的訊息,說彼若退往澳門,並將英艦開出,停止通商的命令可以收回;醫生見他病重,也勸他往澳門去休息;律勞卑於二一日命二艦退出虎門,他自己別乘小艇,也於二十六日退往澳門。二十九日,粵督解除停止通商令。十月十一日,律勞卑病歿於澳門。一場大糾紛,至此暫告一段落。

此次的糾紛,雖由盧坤過於固執,不肯接受律勞卑平行的書函,但我們不能怪盧坤,只能怪當時的君主專制政體,和一般士大夫的無知識,不認世界上有與中國同等的民族和國家。盧坤是固守成例;固守成例是在清朝專制政府下面作官的唯一官箴;他說中國的大臣不許與外國人私通訊函,也是本於所謂「大夫無私交」的「春秋之義」。所以當他奏陳處置新來夷目的辦法時,皇帝的批諭說他「所辦尚妥,所見亦是」;及將英艦闖入虎門的事情奏聞時,皇帝便將他革職留任,說他不早為防備。所以盧坤的根據成規以抵抗新來的夷目,在他是認為很應該的。再就英國政府方面說,英外相巴馬斯頓雖然算是十分慎重,但他的慎重政策也有失當之處。當律勞卑離英時,要求政府發給他一紙信任狀,並須先行通知北京朝廷或廣東當局;巴馬斯頓認為不必,竟不肯給他一紙信任狀,也不通知中國當局,只命他到廣東時,自己通函告知粵督;不知道這時候外人與中國大員直接通函是不容易的。關於這一點,非但盧坤執為拒絕律勞卑的口實,就是英人後來評論此事的,也說巴馬斯頓不對,說當時粵督若竟接受律勞卑的函

第一章　鴉片戰爭

書，允許與他面晤，及到面晤時，要他提出信任狀來，並責問他既無信任狀，英政府何以並不先行照會，他將狼狽不堪。所以，巴馬斯頓也不能不負缺乏東方知識之咎。

律勞卑退往澳門後，通商恢復，一時雖告無事，但此問題並未解決，好比一包炸藥潛埋在地下，只等裝上引火線便要爆發的。律勞卑死後，以帶威升任主務監督；次年（一八三五年），帶威辭職回國，又以魯賓遜升任主務監督；一八三七年（道光十七年），魯賓遜又退職，甲必丹‧義律（Captaia Elliot）升任主務監督。義律升任主務監督時，已不設第二、第三監督，僅主務監督一人，職權性質已有變更，中國因稱之為領事。帶威曾任東印度公司事，久於東方，能華語，深通東方情形，律勞卑之行動必無結果，彼早已料及。當彼升任主務監督時，並不與粵督通訊，亦不往廣州，住居澳門，概守靜默，唯將種種情形報告英政府，事事候政府之訓令；魯賓遜任主務監督時，一切依循帶威的辦法，唯增設事務所於伶仃島。但是英商對於繼任監督的靜默政策，很不以為然，說他們無能，曾聯合向英政府請願，陳述意見，大略說：政府所派的監督，許可權太小，不能直向北京抗議；政府既設此監督，即宜賦予以特權，並宜備以相當兵力，一旦有事，便可向北方進行，與中央政府交涉，通商口岸宜擴張於廣東以外；若如現時情況，事事聽命於中國，實為難忍。及義律接任主務監督時，英外務大臣已為英商之建議所動，訓令義律，大略說：以平和手段維持對中國的商業關係，本為政府所希望，唯此等和平政策，為居住廣東之英商所反對，即吾意亦覺欲使商務發展，非可以尋常的手段成就。這就是表示政府將要採用非常手段了。義律就職後，試與粵督交換公文書，恐被拒絕，書面權用稟單形式，粵督（此時粵督為鄧廷楨）接受了；答覆時，仍用命令書由公行轉交，叫他暫居澳門，候皇帝諭旨許可；未幾，果得諭旨許可了，義律始入廣州。義律報告英外務部，謂已與粵督交換公文書，

系用一種巧妙之方法，其形式雖同於中國官吏對於長官之報告，然非英語之所謂請願書。英外相巴馬斯頓不以為然，再三訓令義律，說與中國總督交換公文書，無論如何，不可經公行之手，且不可用稟單形式；意思就是要他務必取得與總督平等的權利。義律得到此種訓令後，向粵督試探，但所得到的，只是粵督嚴厲的訓飭侮辱。（粵督對義律所下的訓飭，如曰「大班」不用天朝之敬語，而用對等之「貴國」「殊為不合」；如曰「大清帝國之威嚴，大班勿再凌辱」；如曰「該大班去澳門以後，無論何時，當報告地方行政官廳」；如曰「汝宜善保其地位勤勉厥職」云云。）於是，義律報告其本國外務部說：若欲取得對等主權利，非訴諸武力，不能有效。此時中國禁止鴉片問題漸趨嚴重，故義律報告其本國又說：鴉片問題，早晚必起衝突，希望政府派遣相當兵力東來。英政府因於是年（一八三七年，道光十七年）十一月，命在東印度之艦隊司令、海軍少佐曼特蘭（S.F.Maitland，中國官文書譯為嗎咃）率軍艦數艘赴中國，訓令要旨：一、保護英人利益，有正當理由對於中國官吏申訴事，主務監督可左袒之，應提議時可即提議；二、廣東英商，對於主務監督的主張，務必順從。此時候，英政府已放棄從前的和平主旨，決計採用非常手段，來打破中國的門戶了。而清政府的大小官吏，還在睡夢之中，時向公行發命令，要他們好好約束夷人，毋得任令夷人肆行無忌；不知埋在地下的炸藥，安上引火線就要爆發了。鴉片問題，就是絕好的引火線。

三　鴉片問題的發生與林則徐的嚴切手段

中國在唐時便有所謂罌粟，即鴉片之別名，但是專用為藥品。把它製成煙膏來吸食的習慣，大約在明末清初的時代（即十七世紀上期）。此時東

第一章 鴉片戰爭

方的海上商業勢力，還操在葡萄牙人手中，鴉片也是由他們從印度輸入；但是每年輸入不甚多（明萬曆十七年關稅表中有鴉片十斤，稅銀二錢。見《東西洋考》）。到一七二九年（雍正七年），因為東南沿海各省的人民傳染吸食的習慣漸廣，始由雍正帝第一次釋出禁止吸食的上諭。此時，每年輸入尚不過二百箱上下。但是禁令是禁令，吸食的依然吸食，並且漸次增加，輸入的數量也每年增加，（因為雍正七年的禁令，止禁吸食，未禁輸入，輸入仍列為藥品，報關納稅。乾隆十八年，廣東稅關的記錄中，鴉片一擔，稅三兩，是認為正當的輸入品。）大約每年增加二十箱；到一七六七年（乾隆三十二年），輸入已達一千箱。到一七七三年（乾隆三十八年），英國東印度公司取得東方商業的專利權，對中國的鴉片貿易權，也漸次落入其手；至一七九〇年（乾隆五十五年），鴉片的輸入超過四千箱了。（關於鴉片輸入的增加數量，各人記載不同，有謂此時已超過五千箱者，有謂僅四千餘箱者，大約在四五千箱之間。）此時西方各國對中國的商業，英國已居第一位，即以鴉片輸入增加之故；英國對中國的貿易，起初鴉片僅占輸入品六分之一，到十八世紀末（即乾隆晚年），則已占輸入品二分之一以上。（其次之重要輸入品為印度棉花，約占輸入品四分之一，英本國產物輸入者為毛織物，僅占總數八分之一。輸出品中，茶占五分之三，生絲及絲織物占五分之一，尚有少數棉織物亦為輸出品之一種。此時，英國對華通商與印度略成三角形勢：即以英國製造品輸入印度，以印度產品輸送中國，以中國產品送回英本國，其餘銀或送回英國，或送回印度不定。）至一七九六年（嘉慶元年），因為吸食鴉片的惡習瀰漫全國，輸入有加無已，北京朝廷依廣東總督的建議，始釋出禁止輸入的上諭；四年後，又重申禁令。此後，鴉片已成絕對的禁止輸入品了。但是未禁止輸入以前，輸入尚不過四五千箱；禁止輸入以後，輸入反更加多。（此後關於輸入數目字的記載，各人更不相同了。因為自禁止輸入以後，輸入

不經海關,故其真確數目字,比前尤難查考。)據外人記載,到一八一〇年以後(嘉慶末年),輸入已近一萬箱;及由一八二〇年至一八三〇年(由嘉慶二十五年至道光十年),平均每年約有一萬六千箱;到一八三六年,每年已有兩萬多箱了。鴉片貿易的受授,一八〇〇年(嘉慶五年)以前,由廣州各公行與東印度公司,在廣州處理;自此年重申禁諭以後,受授的地點由廣州移至澳門與黃埔去了。到一八二一年(道光元年),道光帝又下了一道禁令;是年,因為廣州各大小官吏間,關於分配鴉片私稅賄賂品不均勻的原故,發生爭論,大起糾紛,故又重申禁令(時兩廣總督為阮元,元因此奏請重申禁令)。是年以前,處理受授的地點,雖由廣州移至澳門與黃埔,仍為半公開的祕密行為;自此禁令頒布後,更把處理受授的地點移到伶仃島、金星門、急水門及香港等處去了。自此,輸入的數量更多。為什麼越禁越多呢?其原因就是在未禁止輸入以前,輸入必報關納稅,雖然稅吏也免不了額外苛索與賄賂,正當的稅款還是國家的;自成為禁品以後,大小官吏通同結合(僅有皇帝不知道,總督或者間有不知道的),一手拿禁諭,一手拿錢袋,和商人聯為一氣,不唯暗中保護,藉分餘潤,甚至於作合股的買賣,把經營的命脈都操在官吏的手中;貨物受授的地點,雖然再三向廣州以外移轉,貨物的銷暢,比前更無阻滯,甚至於用公家的船替商人分運;如此,安得不越禁越發達呢!這種情形,除了皇帝及特別清廉的總督以外,大概都知道的。但是有一個問題發生了,就是:以前貨物的輸出、輸入差足相抵(起初且為輸出超過輸入)。自鴉片神祕輸入增加,皆用現銀交易,事實上成為輸入超過輸出,現銀流出,發生銀價騰貴的問題。於是在一八三五至一八三六年間(道光十五六年間),因為銀價騰貴的原故,對於鴉片買賣,發生兩派的議論:一派主張弛禁,公認鴉片為合法的商品,以太常寺少卿許乃濟為代表;一派主張絕對的禁止,加重科罰,以鴻臚寺卿黃爵滋為代表。是為鴉片輸入成為嚴重問題之

第一章　鴉片戰爭

始。許乃濟曾經作過廣東按察使，對於廣東鴉片貿易的內幕情形比較明白，因於道光十六年夏間，奏請將鴉片認為合法商品。奏章的大意說：鴉片本屬一種藥品，歷來准其納稅輸入；因人民濫行吸食，成為癖習，遺害社會，才禁吸禁賣；但禁令愈嚴，稅吏、奸商互相勾結之弊實愈深，祕密輸入之量愈增；因有巨利可圖，故彌不畏死；無論何種法令，皆難實施有效；前此公開納稅輸入，尚屬以物易物，現銀不至漏出；自由奸商祕密輸入以來，買賣皆用現銀，現銀流出之量日增，銀價日騰，國日益貧；不如弛禁，仍准納稅輸入；但只准用茶葉、大黃、絲絹等現物交易，不許用現銀；一面准國內自種罌粟以圖抵制；對於人民吸食，除官吏、勇兵、士人須嚴禁外，餘可放任不理。道光帝對於許氏這種建議，猶豫未決，諭交粵督與在粵各大吏熟議奏聞。此時粵督為鄧廷楨，鄧氏得旨後，令在粵各吏及公行員各抒所見，以便具奏；結果皆贊成弛禁，並擬定種種弛禁的條件（如交易不許全用現銀之類），鄧氏及粵撫據以奏聞。英商得到鴉片將要弛禁的訊息，更形踴躍，於是在這兩年之內輸入更多（約達五萬箱）。但到一八三八年（道光十八年）閏四月，黃爵滋覆上奏請嚴塞漏巵以培國本，道光帝諭令各省督撫各抒所見，妥議章程，迅速奏復，大都皆趨重嚴禁。此時林則徐方為湖廣總督，條奏禁止方法，道光帝大為感動，於是決意雷厲風行的嚴禁，並降許乃濟之職，令其去官。是年十一月，便任林則徐為欽差大臣，馳往廣東查辦海口事件，委以軍事上、行政上的全權，想把這種多年遺下來的禍毒，立即拔去，於是中英的戰機將要成熟了。

　　林則徐於一八三九年（道光十九年）春初到廣東。在先年冬間，林氏未到廣東以前，廣東已經發生紛擾。原來粵督鄧廷楨，聞知皇帝已下決心，非嚴厲執行所定的禁令不可。而在內外商人及下級吏員的心理，以為這不過如天變一時的暴風雨；暴風雨過了，仍舊無事。因為中國官場向來的習慣如此。尤其是英國商人，絕對不相信中國政府真有將鴉片禁絕的

三　鴉片問題的發生與林則徐的嚴切手段

決心和能力。因為習知中國的大小官吏，無不是假國家法令以為營私之具的。於是在粵督嚴切執行禁令之中，祕販祕運的活動依舊不息，並且仍有許多官艇，代替商人輸送（相傳此時官艇每艘一星期可得數千元之利益）。粵督聞知將有欽差大臣來粵，更不能不督飭所屬嚴切執行禁令。適有在商館前上岸的鴉片被查出，立命該船退出廣東，並以停止通商壓迫外商。未幾，又將所捕獲的鴉片犯人，在商館前施行絞刑，群眾麕集，外人相率下旗表示抗議；粵督不顧。英政府此時所注重的，尚在關於交涉上之對等權利，關於鴉片問題，尚無袒庇英商的意思，觀其致義律通告英商的文中，說英國政府不願英國國民蹂躪通商國的法律；苟因犯法行為而受損害，則損害皆其自取，政府無保護之義務。蓋英國此時，雖早蓄有開啟新局面的意思，似不欲以不名譽之鴉片販賣問題與中國開釁。倘若此時中國人士稍有近世國際知識，不以野蠻視外人，絕不至因禁止鴉片的原故惹出大禍來。但是歷史事實的進展，往往要走曲線，東西兩方人士的觀念，不易如是直切的接近。不應惹起戰爭的問題，畢竟要惹起戰爭來。

　　林則徐在道光時代的大吏當中，是一個實心任事、超出流輩的卓卓者。他那愷切至誠的精神，我們至今還是應該敬仰佩服。但他對外的思想知識，為時代所拘，因之所採用的手段方法，也不能不錯誤，我們不能為他諱飾。他的注意點，專在鴉片一件毒物上面：第一要消滅已經到了廣東的鴉片，第二要斷絕以後鴉片的來源。凡他所認為可以達此目標的一切手段，盡量採用。他到廣東後第八天（陽曆三月十八日）偕同粵督撫傳集公行員當堂發給諭帖兩道，一諭中國商人，一諭外國商人，愷切曉以販賣鴉片之非法與不道德。其諭帖的要點：一、須將現存在華各船內的鴉片，一律繳出，不許有絲毫隱匿；二、出具夷漢合約文的甘結，宣告「嗣後來船，永遠不敢夾帶鴉片。如有夾帶，一經查出，貨盡沒官，人即正法」字樣。諭帖發出後的第二天，即令在廣州所有的外商，當鴉片未繳清以前，

第一章　鴉片戰爭

暫時一概不許離開廣州；未幾，外人商館周圍的要口，布置兵衛，稽查出入，凡商館與黃埔、澳門間的船舶往來，一併截斷，不能私通訊息；未幾，並將外人所僱用的中國買辦、僕役，一併撤退，不許再入商館；於是所有外人皆被圍禁於商館之內，有若獄囚。（劉彥《帝國主義壓迫中國史》，謂「林則徐將領事、教師、與密賣事件無關係者，盡捕之下獄，且禁給商館食物，又悉奪其船舶，以絕歸路」云云，皆非事實。蓋據外人記載，謂外人皆被拘禁於商館之內，商館成為囚獄，劉氏因誤為悉捕之下獄也；又以禁止廣州與黃埔、澳門之交通，誤為悉奪其船舶也；至於禁給商館食物一事，亦不如外人所記之甚，不過取得食物比前較難。據林則徐之奏稱，「距撤退買辦之期業已五日，夷館食物，漸形窘乏，臣等當即賞給牲畜等物二百數十件」。則何嘗有禁給商館食物之事。故謂禁給食物者，外人因惡林之故，而故甚其詞，劉氏不察，據為史實。）林為什麼採用這種強迫手段？因為英商聞知林欽差將到，恐怕他將派兵來搜尋他們的船舶，因將所有貯藏鴉片之躉船，開往伶仃島以外。林欲將各躉船所存之鴉片銷除淨盡，又無法使各躉船回受檢查。「因思船之存貯雖在外洋，而販賣之奸夷多在省館，雖不必遽繩以法，不可不喻以理而怵以威。」（見林氏奏語）他以為把他們圍禁於商館之內，他們沒有方法，不能不自己將鴉片繳出來了。這就是他消滅已到廣東的鴉片的手段。圍禁後數日，英商呈繳鴉片一千○三十七箱，林氏查知貯存鴉片之躉船二十餘艘，每艘所貯約千箱，共約二萬餘箱，區區千餘箱，僅得實數二十分之一，拒絕收受。當下令圍禁商館時，英商務監督義律方在澳門；他於下令後來廣州（陽曆三月二十四日）。林氏正欲得一英商之主腦者，使之負責，故義律於圍禁後得入商館無阻；但他一入商館時，見商館所有中國僕傭、買辦，無一人留者，而一入之後，即不能復出。於是以函向林欽差要求英人全體通行券；林答以鴉片未繳清時，不能照准。義律始通令英商將所存鴉片繳出，並通

知林欽差承認英商所有鴉片,共得二萬二百八十三箱,願悉繳出,請指定地點交割(三月二十七日)。因貯存鴉片之躉船散在各處,且數量如此之多,一一調集點交,很費時日,約經兩個月工夫(至五月二一日),始完全繳清(繳清後奉旨就地銷毀)。在陸續繳呈期內,商館的圍禁,雖未完全撤消,實際上買辦、僕役,皆已陸續回館,稽查亦不如前此之嚴,不過外商尚不能離去廣州罷了。義律所以甘願令英商將鴉片繳出,一則迫於無可如何,二則欲以坐實中國當局剝奪英人財產生命自由的強暴責任,以促起英政府的憤怒,向中國開始武力行動。鴉片繳出,林則徐消滅現存毒物的目的算是達到了,但還有一個斷絕毒物來源的問題未能解決,因為他所要求外商出具甘結的一點,義律堅不承認。義律以為,查出帶有鴉片,不經審判證確,貨即沒官,人即正法,是一種非常的強暴行為,與英人法律觀念萬不相容,故絕對不肯出具這種甘結。義律於鴉片繳清、商館解圍後,即令英商全體退去廣州,移居澳門;自此,留居廣州商館的僅有美國商人數十名。

　　林則徐於諭令繳出鴉片時曾再三宣告,只要將鴉片繳出,出具不再帶鴉片入口的甘結,便可如舊通商。英商頗有一部分願意具結的,但其主務監督義律不許。義律早已想開啟新局面,不過此時尚未得到英政府的明白訓令,已經派來的軍艦也尚不過三兩艘,兵力極單弱,而他所受於政府的許可權也尚極微薄,不便立即決裂。故他退去廣州移住澳門時,想暫時假澳門為維持英商目前的地位,曾請林欽差派員赴澳會議善後辦法,旋在澳又函達林欽差,謂在未奉到英政府訓令以前,請准在澳門起卸貨物。林氏對於派員赴澳會議一層,即委佛山同知劉開城往澳,唯對於在澳門起卸貨物一層,則絕對不允;因為他恐怕陸續新來的英國商船,假澳門為囤積鴉片的處所。他的辦法,凡船舶苟非攜帶鴉片者,必進口至黃埔報驗,裝卸貨物;既不進口報驗,即須離粵回國;若不進口報驗,又逗留海口不去,

第一章　鴉片戰爭

顯系裝載鴉片，私圖祕賣；若准在澳門裝卸貨物，則適墮其計中；不知義律的計畫尚不在此。及劉開城到澳門，義律便不理會，詰其前請派員赴澳會議的理由，答以既不許在澳門裝卸貨物，便無可會議。此後，林氏有公文與義律，他也不接受了。（劉彥《帝國主義壓迫中國史》謂：「義律請則徐派員至澳會議，則徐斥不許。」與事實全然不符。）到五月二十七日（陽曆七月七日），又發生林維喜被英國水夫毆斃的事件，遂成為戰爭的直接導火線。

林維喜是香港附近尖沙村的居民，英國水夫多人，因為買酒不得，對於該地的人民，加以暴行，林維喜無故被毆致死。義律也知道是由英國水夫毆斃，因在海上組織海軍裁判，義律為裁判官；起訴殺害者為英國水夫長，水夫五人與有關係，審判時對於殺害最初之起訴，付之不問，由水夫五人自承有罪；於是判決三人處二十鎊罰金，監禁六個月，二人處五十鎊罰金，監禁三個月，並宣告此監禁須在英國監獄執行。當義律組織裁判時，曾通告中國當局，謂如中國派遣高級官吏出席觀審時，當以相當之敬禮待遇之。但中國當局以犯罪之地點在中國領土內，不承認英國有裁判權，要求將凶犯交出，由中國審判。義律對於此要求，概以未得主要凶犯延抗之。遷延一個多月，不得結果，林則徐因沿照嘉慶時抵制英人先例，禁止供給英人柴米食物，放逐英人於澳門之外。（此事據林奏語，在陰曆七月初八九開始施行。林氏奏稱：諭令義律交出凶夷，照例辦理，將及兩月，延不肯交。臣等給與諭函，亦竟始終不接。恭查嘉慶十三年英國兵頭都路厘等在澳門違犯禁令，欽奉諭旨，即實行禁絕柴米，不准買辦食物等因。欽此。此時義律與各奸夷均住澳門……種種頑抗，自應遵照嘉慶十三年之例，禁絕英夷柴米食物，撤其買辦、工人……查例載夷商消貨後不得在澳逗留等語，今該夷既不進口貿易，又不銷貨，即不當住澳，應與奉逐奸夷均照例不准羈留。臣等諭飭之後，澳內西洋夷目〔指葡萄牙人〕亦即

遵諭一同驅逐,自七月初九日至十九日,一旬之內,義律率其家眷並澳內英夷共五十七家,悉行遷避出澳,悉住尖沙嘴。)繼命香山縣發出布告,其要點:

一、未帶鴉片之船准入口報關驗貨,開艙營商,不入口之船須即退出,不得在口外逗留;

二、殺害林維喜之犯人,即與斷絕關係,庇護犯人者同之。自此所有英人,悉拘促於船中,漂泊於香港附近各處。

義律曾向九龍中國官吏提出抗議,並以武裝船數艘向中國水師船開炮示威,且欲封鎖珠江;但終以兵力微弱,封港之舉未實行。此時英商中有因逼迫難受,請向中國出具甘結,入口通商者,義律心中不願,但不能阻止,因在陽曆十月中旬,有英國商船二艘,具結入口。林則徐以為英人可以漸就屈服,但以多數英國商船仍不肯具結入口,必由義律把持,或攜帶鴉片,圖謀祕賣的原故,一面令水師及珠江各處炮臺嚴密防範,一面嚴催義律交出殺人犯,及各船入口報驗,否則實行驅逐。到十一月初(陰曆九月底),義律與新到軍艦艦長斯密斯協定,率艦數艘進至穿鼻,向中國當局要求解除壓迫英人的行動。水師提督關天培,見英國軍艦漸次逼近,嚴陣以待;英艦首先開炮,關天培應戰,彼此交換炮火,結果中國炮船被擊沉三艘。林則徐以數月來辦理的經過及穿鼻海戰情形,陸續上奏;未幾(陰曆十一月,陽曆次年一月初),由上諭正式宣告停止英國通商,兩國的戰端從此開始。

第一章　鴉片戰爭

四　戰爭的經過及其結果

　　穿鼻海戰及此次海戰以前的行動，皆為義律臨機應變的行動。英國方面得到義律陸續的報告及穿鼻海戰的訊息後，朝野議論，漸趨喧囂；政府黨謂中國侵害英人生命財產自由，侮辱英國民族，主張向中國開戰；反對黨則責備政府對於鴉片貿易，不早取締，使中國不知英政府真正意向之所在，此次事變，政府宜負責任，反對開戰。但是倫敦各工商業團體，都想擴張新商場，和在中國的英商表同情，力促政府採用強硬敏活的手段，主戰的空氣漸濃厚。巴馬斯頓遂承認義律的行動，到一八四〇年春初，在國會中經過一番論戰之後，便得多數贊助出兵。中國方面，道光帝對於林則徐的處置行動也十分激勵他，叫他不要畏葸，（道光帝對於林則徐上奏的硃批，有「朕不慮卿等孟浪，但誡卿等不可畏葸」，又諭言「該夷目自外生成，有心尋釁，既已大張撻伐，何難再示兵威」等語。）林於是大治戰備，不過他所治的戰備，只是防制夷船闖入的戰備，並且實際上沒有真能防制的效能。從開戰到最後《南京條約》簽訂，前後約三年（一八四〇年至一八四二年），經過的事實，可分為三個段落：

一、由開戰至琦善任欽差大臣，在廣東與義律簽訂議和草約

　　一八四〇年春初，英政府特任佐治·義律為全權（George Elliot，中國官文書譯為加至·義律或懿律，即甲必丹·義律之從兄弟），派遣多數軍艦陸續東來，伯麥大佐（Sir. J. G. Rremer）為陸戰隊司令官，佐治·義律任海陸兩軍總司令官。六月，抵廣東口外，（計軍艦十六艘有大砲五百四十門，武裝輪船四艘，軍隊輸送及各種軍需運送船二十八艘，武裝完整之陸軍四千人。）即下令宣告封鎖珠江及廣東海口；又由甲必丹·義律署名釋出一道譯成漢文的布告，大略說：中國大使林、鄧等違玩詔旨，壓迫英國

商務監督及商人，以欺騙之詞矇蔽中國皇帝，故大英國主特命大員來中國海疆各境，畀將各項實情，上達中國朝廷，以求和平及商務之發達。……各地居民對於英國軍民苟不抵抗，英軍一律保護，其有攜帶貨物接濟英軍者，尤必從優給價。且自林、鄧捏詞請停止英國貿易後，中外商人皆受虧累；現英國將帥遵國主諭旨，不許內地船隻出入廣東各海口，必候英國通商恢復後，始准各船出入，唯各處商船來英國船隻停泊之所貿易者，一概無阻。這種布告是想把中國商民和政府分開，即所謂勾誘漢奸的術策；以違玩詔旨、欺騙皇帝的罪名加諸林、鄧，使中國朝廷不信任林、鄧，又是一種反間的術策（這兩種術策都發生了效力）。中國的記載，往往說則徐設防甚嚴，英軍無隙可乘，故舍廣東而北進；其實英軍最初不向廣東進兵，而以封鎖廣東向北方進行交涉，為英軍預定的計畫。當佐治·義律由英出發時，巴馬斯頓於訓令外，附以外務部致中國大吏公函三件，並譯成漢文：其一，使相機送交廣東當局，如廣東不能達目的，則北上，以第二函送交揚子江口附近的大吏；再不能達，則再北上，以第三函送交天津白河口附近的大吏。佐治·義律等至廣東，知林則徐方在意氣盛旺的頭上，故即採封鎖廣東，向北方進行的政策。（劉彥《帝國主義壓迫中國史》謂「義律遣使至廣東議和，則徐不應」，似非事實。查林則徐奏牘中絕無此事，林氏在粵所辦各事，即極細微者，亦據實奏聞，如有義律遣使議和之事，林必奏明。查外人記載，亦未有義律遣使至廣州議和事。）佐治·義律及甲必丹·義律於六月三十日，率艦隊由廣東海面北進，七月二日過廈門，命一快走艦樹白旗，謀將第一函送達福建當局，廈門守吏開炮拒之（此時中國方面尚不知白旗為停止攻戰的記號），英艦還炮應戰，第一函不能達。七月四日，英艦隊達舟山列島之定海，該地全無戰備，英軍於次日占領。十日，進至寧波，復用小艇樹白旗，謀將第二函送達浙江大吏；此次送函之船雖未遭抵抗，但當局得函後，照錄一份，仍將原函拒

第一章　鴉片戰爭

卻。(浙省當局亦未將函中內容奏明,但云「英夷勒令民船伕送書求奏朝廷許可通商,奸計叵測,故拒未收受,現已加倍防範」云云。)義律等於是又將寧波及揚子江口一帶支配兵艦封鎖。於七月二十八日向天津白河口出發。八月十五日,第三函始得由直隸總督琦善接受。琦善接受該函後,曾與甲必丹·義律會晤,經過一番談判,並將英外務部原函的內容大略奏明朝廷,謂英吉利「遞字訴屈」。他想用柔軟手段,把義律兄弟及英國艦隊弄回廣東方面去,了事。原來自義律發出前記的布告,說林、鄧捏詞矇蔽朝廷後,接著沿海各省,皆受英艦的侵擾,各省大吏,對於林則徐的行動都不滿足,以為他邀功惹禍,蜚語四起;此時當權的軍機大臣為穆彰阿,也不以林氏的主動為然,從中鼓煽,漸至道光帝對於林氏的信任也動搖起來,以為英人別有委屈,林氏或真有捏詞蒙奏的處所(其實林氏在粵的行動,無一不據實奏明)。英艦隊在白河口外示威,北京朝廷極感不安,琦善既居直隸總督地位,對於畿輔的安全負有重責,萬一英艦闖入白河口,驚擾畿輔,他必受嚴重處分,故以使英艦隊離去白河口南下為唯一要圖。因此另簡大員赴粵查辦,成為當時的廟謨;對於義律,也便以事端真相,須往粵查明後方能定奪為詞,請其率艦南旋,以廣東為談判地點。義律以為有談判可能,於九月十五日離去白河,返舟山列島之定海。前此定海失守後,伊裡布被任為欽差大臣,馳往浙省查辦,相機收回定海;至此覆命琦善為欽差大臣,馳往廣東查辦(未幾,兼任粵督),林則徐、鄧廷楨皆革職交部議處。(林免職在是年九月,初命來京聽候部議,旋命留粵備查問差委,旋又命赴浙效力,明年五月命從重發往伊犁效力,旋命赴東河效力,未幾,摔髮往伊犁效力。)義律在舟山與伊裡布關於舟山方面休戰事情,略事接洽後,便南下澳門。琦善於十二月十六日到廣東,旋與義律從事談判。琦善以為英人的目的,不過在通商,只要許他們恢復通商,便可和平了事。在天津時,百方敷衍義律,使他離開北方。及至他自己到了廣

東，仍想用敷衍手段了事，對於義律，表示十分和平的態度，盡反林則徐的強硬抵抗政策。唯對於義律要求割讓香港一事，則以割讓領土，不能得皇帝的許可拒絕他。義律見他不肯讓步，便準備進攻，於一八四一年一月七日（陰曆十二月十五日）攻陷虎門外的沙角、大角二炮臺，並有進攻虎門之勢。琦善大驚，遣使再向義律繼續和議，旋於一月二十日與義律簽訂草約，其要點如下：

（一）以香港全島割讓於英國，唯商業上正當諸稅，仍須納稅中國政府，如在黃埔時；

（二）償金六百萬元於英政府，即交一百萬元，其餘分年於一八四六年止交清；

（三）兩國公事上交際用對等形式；

（四）廣東通商於陰曆新年十日後即行恢復。

（琦善所奏呈之早約，與英人所發表者不同。第一條為：「准令英人仍來廣東通商，並准就新安縣屬之香港地方一處寄居，應永遠遵照，不得再有滋擾並不得再赴他省貿易。」第二條無。第三條：「所有一切貿易事宜亦應仍舊，與例設洋商妥為議辦，不必與天朝在粵官吏通達公文。」）

此草約簽訂，同時義律允即交還大角、沙角二炮臺及舟山列島之定海。琦善希望以收回此等地方，緩和皇帝的怒氣。於是於簽訂草約後，一面英人即撤退舟山列島艦隊，以定海交還伊裡布，大角、沙角之兵亦撤退；一面即由琦善布告香港由英人管轄（一月十三日），義律便宣布組織香港行政廳，建屋開埠，視為己有了。是為此次戰爭經過的第一段。

二、由琦善簽訂草約至奕山任欽差大臣，第二次與義律簽訂休戰條約

琦善與義律所定的草約，兩方面的政府都不承認。英政府謂義律未能遵守政府訓令的意思，償金既太少，而香港的割讓，尚須交納諸稅，

第一章　鴉片戰爭

則不能完全算為英國所有；故於接到報告後，即召還義律，另派璞鼎查（Sir.Honry Pottinger）為全權（璞氏未到以前，仍由義律主持一切）。中國政府方面，琦善雖為代表皇帝的欽差大臣兼兩廣總督，但他的主要任務是查辦：「查」就是查探林則徐對於英人的處理是否失當；如有失當，即糾正之。所「辦」的，只能辦到糾正林氏的失當而止；即要增開商埠，亦所不許，何況割地償金呢？（觀道光二十年十二月歷次批答琦善的諭旨可知。）琦善一面迫於皇帝的威壓，一面迫於英人的要挾；起初以為英人可以敷衍搪塞，及到無可敷衍，始奏稱：「英吉利……向共知其僅長水戰。今詎料其並有陸兵，戰船則大小悉備，火器則遠近兼施，占奪炮臺後，勢將直擊虎門，進攻省垣，拒守實難，不得已允其代為奏懇於外洋寄寓一所……」其實，此時已將香港讓給英人了。皇帝接到他的奏摺，大發雷霆，立刻任命皇姪奕山為靖逆將軍，領欽差大臣，尚書隆文、提督楊芳為參贊大臣，調遣大軍馳赴廣東剿辦；以為大軍一到，可以立刻把英軍掃盡。琦善得到派兵來粵的訊息，十分狼狽，又奏稱：「英吉利現已遣人前赴浙江交還定海，並將沙角、大角炮臺及原奪師船、鹽船，逐一獻出，均經驗收；兵船全數退出外洋；奴才查勘各情形，地勢則無險可扼，軍械則無利可恃，兵力不固，民情不堅，若與交鋒，實無把握，不如暫示羈縻。」皇帝批諭說：「朕斷不能似汝之甘受欺侮，迷而不返，膽敢背諭朕旨，仍然接受夷書懇求，實出情理之外，是何肺腑，無能不堪之至；汝被人恐嚇，甘為此遺臭萬年之舉，今又摘舉數端恐嚇於朕，朕不懼焉。」未幾，即將琦善革職，鎖拿解京，所有家產查抄入官。

　　義律知道大兵將到，便以先發制人的策略，進兵虎門，於二月二十六日占領虎門諸炮臺，關天培戰死，珠江以內的防禦工事為前此林則徐所設施的，悉被破壞。此時，提督楊芳所領的大軍萬人雖已到了廣州，然珠江要害，已盡為英軍所占，楊芳束手無策，由各國商人介紹請求休戰，義律

雖允許，戰備未撤。到了四月三十日（陰曆二月十三日），奕山、隆文及他們所率領的大軍到了廣東，又經營戰備，義律來文詰問，不得要領，戰事復起。到五月二十五日，廣州城周圍的炮臺及各要害，悉被英軍占領，廣州城全被包圍，大軍數萬人，都閉處城內，絲毫不能有為。奕山決計請和，英軍初不聽，後命公行商人某及廣州知府餘寶蒓臨英人陣地哀請，始允休戰，成立休戰條約如下：

（一）於一星期內，交納英軍費六百萬元，簽約日即交一百萬（二十七日）；

（二）官軍退去城外六十英哩以外之地；

（三）英軍退出虎門；

（四）香港割讓事，俟異日協定；

（五）交換俘虜。

這不過是將六百萬元的鉅款，延救廣州城的生命，但是奕山奏上皇帝則說是英軍請和。道光帝起初天天盼望捷報，當楊芳奏請休戰時，尚嚴旨切責，說他遷延觀望，有意阻撓；及接到奕山的奏請，雖知道奕山已迫於無可如何，但仍以為請和休戰，真是出於英人的意思，批答奕山的諭旨謂：「朕諒汝等不得已之苦衷，准令通商，唯當嚴諭該目，立即將各兵船退出外洋，交還炮臺，仍須懍遵前定條例，只准照常通商，不准夾帶違禁菸土。」不知道還有割地的大問題留待解決。休戰後一個多月，奕山對於割地的嚴重問題，還是遷延敷衍，不敢向皇帝道及一字，皇帝始終如在夢裡，還要他「飭令英夷出具切實甘結，遵守約束」。（到是年九、十月間，皇帝屢下諭旨責問奕山何不收復香港，奕山奏報還說：「香港地方，洋人並不久居。」）英人對於香港的割讓，雖知道中國皇帝尚未裁可，但已經組織了香港行政廳，頒布各種港務規則，作為大活動的根據地了。是為此

第一章　鴉片戰爭

次戰爭經過的第二段。到八月十日，英國新任全權璞鼎查抵澳門，開始最後一段的大活動。

三、戰事再起至《南京條約》

璞鼎查由倫敦出發時，巴馬斯敦授與他的訓令，叫他對於廣東方面，除保持香港作根據地外，不要在廣東和中國大吏進行談判，宜即向北方進展，將已交還之定海，再行占領，進據揚子江要地，或北達白河口時，方可開始談判；談判時要求賠償，務須詳細調查細目，獲得滿足的結果，對於將來英商安全的保障，商埠的擴張，香港的割讓，務必達到目的而後罷手。故自璞鼎查到澳門後，廣東方面反歸無事。璞氏留兵艦數艘守香港，率領其餘各艦，於陽曆八月二十六日攻陷廈門，留兵據守鼓浪嶼，再北進，九月五日達定海，定海自前次英兵退去後已增設防禦工事，並駐重兵，但終無抵抗的力量，到十月一日卒為英軍所占領；十日英軍又陷鎮海。十三日又陷寧波，欽差大臣裕謙投水死；於是浙東全被英軍勢力所宰制。

道光帝聞廈門及浙東各地失陷，異常憤怒，任奕經為揚威將軍，徵調川陝各省軍隊，並許招集江淮沿海義勇兵數萬人，謀規復已失各地。英政府也於九月下旬，就印度方面增發海陸援軍。璞鼎查於攻陷浙東各地後，援軍未到前，乘機休養兵力，自回香港，處理香港及廣東方面商務關係。（廣東自奕山與義律訂立休戰條約後，即開始通商，此後廣東以北沿海各省雖在戰爭狀態中，廣東與英人通商，並未停止。奕山唯填河築堡以防英軍再攻，其實英軍已不理廣東了。）英國增發的援軍到後，（計有軍艦二十艘，載炮六百六十八門，武裝輪船十四艘，載炮五十六門，病院船九艘，以外尚有測量船、運送船多艘，陸軍除砲兵外，步隊達一萬人以上。）再開始由寧波進軍活動。奕經規復漸東的計畫，完全失敗。英軍於一八四二年五月十八日攻陷乍浦，六月十六日攻陷吳淞，十九日陷上海，自此沿江西

四 戰爭的經過及其結果

進，七月二一日便攻陷鎮江。鎮江是當日南北運道的要衝，被陷後，公私皆大受創痛。英軍占領鎮江後，進行還不曾停止；於鎮江配置相當的守兵，便向南京進兵。八月十日，南京已在英軍炮火威脅之下，和議的機會，至此始十分成熟。

此時江浙方面的重要大員為欽差大臣署杭州將軍耆英、伊裡布（前任欽差大臣，因定海失陷奪職，旋復授七品頂戴，令赴浙效力）、浙江巡撫劉韻阿、兩江總督牛鑑等。自規復浙東失敗後，這一班人都失了抵抗的勇氣，極力運動講和；但是他們求和的苦衷，一方面不易得英軍的信任諒解，一方面不易得皇帝的許可。他們向英軍求和的信使，由乍浦尾隨至吳淞上海，英軍併力西進，全然不為所動。他們向皇帝上奏請和，尤難措詞，因為皇帝在盛怒之下，極難表示和意；牛鑑於吳淞、上海失守後，奏請仿照乾隆年間征緬罷兵仍許朝貢事，准予英人通商，皇帝批答他說：「朕之用兵實出於萬不得已，若將征緬之事比擬，事不相類，擬甚不倫，想卿必為伊裡布簧惑矣；朕愈加憂憤；倘將士有所窺伺，稍有解體，將成瓦解，可設想耶，總因朕無知人之明，自恨自愧。」牛鑑豈不自知以征緬相比，為擬甚不倫，因恐觸犯皇帝的盛怒，故有此擬甚不倫的請求；但皇帝還是不肯表示和意。及到鎮江失守後，皇帝才知道他自己的兵威是靠不住的了，對於牛鑑、伊裡布、耆英等各人的奏請才有允許的表示。（但是那種允許和議的表示，還帶有假裝硬漢的聲口，如說「萬一仍不受撫，不得不大張撻伐，奮力攻剿」；又如說「如果就我範圍，即可籌定大局……如情詞恭順，再遣職分較大之員，速行定議；倘竟桀驁不馴，難以理喻，現在兵力已集，地險可守，全在該大臣等激勵將士，或竟出奇制勝，懋建殊勛，該大臣之功甚偉也」。）耆英等得到允許講和的表示，再三向英人乞求，璞鼎查起初以他們沒有講和的全權，拒絕他們的請求；後經提出全權的證據（八月十四日），璞鼎查開出講和最低限度的條件，限立即承認，否則即行

第一章 鴉片戰爭

炮擊南京；耆英等無法，只得將各項條件全部承認。八月二十六日，議定條文，二十九日由耆英、牛鑑、伊裡布往英國軍艦「孔回利斯號」(Cornwallis) 與璞鼎查簽字。條約全文共十三條，其主要之點如下：

（一）中國政府納賠償銀二千一百萬元與英國政府——內軍費賠償一千二百萬元，公行積欠債務三百萬元（公行專利制度從此永遠廢止），鴉片償還六百萬元——分年交清。英軍於第一年收到六百萬元時，即退去揚子江各要隘駐軍；舟山、鼓浪嶼二處，須俟償金全納，通商五口岸開放後，方行退去。

（二）中國政府以香港全島，永遠割讓於英國。

（三）中國政府將廣州、福州、廈門、寧波、上海五處開為通商口岸，許英國設立商館，英商及其家族得自由居住往來。

（四）英商貨物進出口稅，應秉公議定則例；英商貨物照例納進口稅後，准由中國商人販運內地各處，不得再加稅課。

（五）以後兩國往來文書，用平等款式。

此次的條約真是所謂「城下之盟」；事先並未訂有什麼休戰條約，英軍開出條款時，只許有翻譯文字及條文細目的商酌，不許有內容的修改變更；這就是不平等條約的「嚆矢」。後來英國人批評說：在歐洲的外交家，對於一種條約的字句命意，遲迴審慎，不知如何的敏銳警惕；但當時的《南京條約》，定議於俄頃之間，不曾費中國當局片刻的注意審慎，因為他們全被那種惶恐不安的心理所宰制；他們的視線所集注的唯一重要點，就是如何使英軍立即退去，這是很實在的情形。因為他們以免去英軍的炮擊及其退去為唯一的目的，故對中國所視為戰爭原因的鴉片問題，訂約時除賠償被銷毀的鴉片價值外，關於以後販賣應該禁止與否竟不涉及；而英國方面向來所不滿足的皆一一滿足，並且超過滿足點以外，如香港的取得及

關稅協定權便是。割地償金是戰敗國所應該忍受的，故香港的喪失，猶有可說，關稅自主權被束縛的一點，實為中國的致命傷；但當時政府中一般的當局者，無一人夢想及此。他們所最傷心的，除割地償金外，就是以後兩國交際來往公文，須用平等款式的一點；以堂堂的天朝，須與夷人用平等款式，真是「冠履倒置」、「天翻地覆」了；但一時敵不住夷人的炮火，只好暫時忍受，再等機會罷了。

五　鴉片戰爭的意義

此次的戰爭，表面上是因禁止鴉片問題而起，是中英兩國的戰爭，然就戰爭的真意義說，可稱為中西文化的衝突。因為中西人士，對於國家政治及一切社會生活的觀念，完全不同，所以才生出許多不易解決的糾紛問題來。前此的通商交際，形式上雖然久已接觸，根本的思想觀念上，還是隔著一條鴻溝。試舉其重要不同之點如下：

一、國際社會的觀念不同

所謂平等的國際社會觀念，本是近世史的產物，在歐洲，也是到一六四八年《西發里亞和約》以後，才漸漸地確立。中國自進於有史時期，便已構成了一個天下統於一尊的世界國家觀念，《尚書》所謂「元后」，便是立於無數「群后」之上的最高主權者，便是天下的「共主」。春秋戰國時代，諸雄並立，頗有近世歐洲平等國際社會的形式，但是各諸侯的上面，還是有一個虛名的周天子，《孟子》還在那裡引用孔子的話「天無二日，民無二王」。因為古代所謂天下，意思就是全世界；天上只有一個太陽，天下便應該只有一個人王。自秦始皇統一中國後，這個天下統於一

第一章　鴉片戰爭

尊的觀念，更為具體化，並且自此長期地固定下來了。但在長期的歷史事實上，這個比於天日的人王的權力，常常不能宰制全人類；有許多不服王化所管的僻遠社會團體，常常要和這個人王作對；於是把理想中的天下，畫起幾條華夷的界限來；〈禹貢〉上的五服——五百里甸服，五百里侯服，五百里綏服，五百里要服，五百里荒服——便是儒家理想中的華夷界限，便是中國人士的世界國家觀，便是中國人士的國際社會觀。這種觀念相傳幾千年，從不曾打破；不過自秦漢以來，漢民族的文化區域越擴越大，華夷的界限也越推越廣，不限於〈禹貢〉二千五百里的理想罷了。因為有這種根深蒂固的觀念，在一般中國人腦識裡面，所以對於西方各國派來請求通商修好的專使，一概以貢使看待；對於互派公使駐京，平等交際的請求，一概嚴詞拒絕。因為在中國歷史上，除了立在周天子下面的魯、衛等國可以稱兄弟以外，漢與匈奴和親，宋與契丹約為兄弟，都視為莫大的恥辱；現在對於這些碧眼赤須兒，又安可屈尊，把華夷的界限輕於打破呢？歐洲在羅馬帝國時代，也構成了一個天下統於一尊的世界國家觀念；但自羅馬帝國崩壞以後，由多數的封建國家漸變為民族國家，到《西發里亞和約》以後，漸成為民族平等的國際社會。雖蕞土之邦，在國際社會中都認為有平等的資格；何況英吉利有海外廣大的殖民地，已自成一帝國，安肯常受中國政府的侮慢呢？

二、經濟生活的觀念不同

歐洲自封建制度崩壞以後，所謂重商主義久已成為國民經濟生活的中心，到了一九世紀工業資本主義日益發達，更視國際貿易為國民經濟生活的命脈。中國因蒙受地大物博的天惠，又拘守「不貴異物」、「不寶遠物」的所謂「經訓」，並且還有一種重農輕商的僻見，對於國內的工商業者尚且視為「末作」，何況含有破壞華夷界限的危險性的國際貿易，當然更不

重視了。但是人類社會經濟生活的範圍，有趨於擴大的自然傾向；即在中國，西北陸路和東南海疆的所謂夷漢互市，久已成為歷史的事實。不過在中國的士大夫看起來，這些事實，是根於古先聖王一種懷柔遠人的政策，並非國民經濟生活所必需；若夷人不守約束，侵陵中國的政教，便當閉關絕市，以嚴華夷之防；互市是夷人的利，不是中國之利；絕市是夷人的害，不是中國的害。這種觀念，我們在清代中葉以前對外交涉的檔案中，隨處可以看見。例如：乾隆帝與英王的敕諭中說：

……天朝物產豐盈，無所不有，原不藉外夷貨物以通有無。特因天朝所產茶葉、瓷器、絲斤，為西洋各國及爾國所必需之物，是以加恩體恤，在澳門開設洋行，俾得日用有資，並沾餘潤……

又如林則徐擬諭英王的檄文中說：

……如茶葉、大黃，外國所不可一日無者也；中國若靳其利而不恤其害，則夷人何以為生。又外國之呢羽、嗶嘰（一種紡織品的名稱），非得中國絲斤，不能織成；若中國亦靳其利，夷人何利可圖。其餘食物自糖料、薑桂而外，用物自瓷器、綢緞而外，外國所必需者，曷可勝數。而外來之物，皆不過以供玩好，可有可無，既非中國需要，何難閉關絕市。乃天朝於茶、絲諸貨，悉任其販運流通，絕不靳恤，無他，利與天下共之也。……

又如林則徐的奏語說：

……查從前每年來船不過數十隻，而關稅並不短絀，近年多至一百數十隻，而鴉片愈以盛行。且每船自夷商以至水手，總不止於百人，合而計之，殊嫌太眾；與其多聚奸宄，孰若去莠存良。……論者或恐各夷商因此裹足，殊不知利之所在，誰不爭趨？即使此國不來，彼國豈肯不至；縱或一年偶少，次年總必加多。且聞華民慣見夷商獲利之厚，莫不歆羨垂涎，以為內地人民，格於定例，不准赴外國貿易，以致利藪轉歸外夷；此

第一章　鴉片戰爭

固市井之談，不足以言大義。然就此檢視，則其不應無人經商，亦已明矣。……

唯其把互市看作一種柔遠政策，不認為國民經濟生活所必需，所以對於外商，動以奸夷目之，對於本國人民潛赴外洋貿易的，也動輒目之為奸民。如林則徐請將竄越夷船嚴行懲辦的奏語說：

……臣等近日訪聞，乃知此等夷奸，並未領照經商，而敢偷渡越竄，若被該國查出，在夷法亦必處以重刑；況天朝禁令森嚴，豈有轉以內地各洋為其逋逃藪之理。且如內地奸民出海潛赴外洋滋事，揆諸國法，正宜按例治罪。倘在外已被夷人戕害，適足蔽辜，豈尚聽其鳴冤，許為報復乎。……

西人認互市為兩方有利之事，總不解中國當局，為什麼要設種種的限制，妨礙自然的國民經濟生活。

三、法律的觀念不同

釀成此次戰爭的直接糾紛問題，就是圍禁商館，勒令具結，及因「林維喜案」禁止供給英人柴米食物的幾件事。英人對於這幾件事，皆認為強暴非法；但在林則徐及當時的中國人士，則認為很合法的。英人以為法律與命令當有分界，政府隨便的一個命令，不能立刻構成新罪名；法律上行為的責任，應該只限於當事者，不得隨便加諸當事者以外的關係人；構成法律責任的事實，當具有充分的證據，不得專憑一面的執詞，在犯罪的事實未明確以前，不得隨便剝奪人的身體自由權，或危及其生命。具此觀念來判斷林則徐的行動，所以無處不覺其強暴非法：勒令具「貨盡沒官，人即正法」的甘結，是隨便可以人人於罪；圍禁商館，斷絕柴米食物的供給，是不待責任事實的明確，隨便將責任加諸一切外人，無故剝奪外人的身體自由權，危及外人的生命；所以都是不合法的行動。但在中國君主專

制政體下面，所謂「皇言如綸」，皇帝的諭旨，可以構成新法律，可以變更舊法律；官廳的命令列為，得皇帝諭旨明白認可，或默許，也可以成為法例；帶有欽差大臣的關防的尤可「便宜行事」；換言之，皇帝差不多就是法律的泉源；皇帝既為法律的泉源，自然可由皇帝的諭旨，或根於皇帝之明許或默許，隨時構成新罪名。至於法律上行為的責任問題，雖有「一人犯事一人當」的俗語，但在法律習慣上，所謂「連坐」的範圍，往往漫無限制：一人犯事，連累一家，一家犯事，連累一村一鄉，甚或至於族滅；找不著犯人問地保是很普通的常例；這種辦法，本是含有「以威止奸」的意味，意思就是你們要免去連坐的危險，就應該監察你們的家族鄰里及一切關係人，不要作奸犯科；由這種「以威止奸」的觀念，構成法律上一種連帶責任的觀念。

　　皇帝的諭旨，既認販賣鴉片為犯罪，林則徐又帶有欽差大臣的關防，得以便宜行事，則勒令具結有什麼不合法呢？圍禁商館，不許一切外商出入，就是要他們負連帶責任，把那種犯罪的違禁品掃除（所以林氏的奏語對於此事說是「不可不喻以理而怵以威」）；義律是英國的「夷目」，對於販賣鴉片的英夷，尤應該負連帶責任，中國商人拖欠外人的債務，曾由中國當局由官庫撥銀代還，是中國當局對於中國商人的行為尚且負責，為什麼英國夷目對於英夷的行為不應負責呢？所以連義律也圍禁於商館之內，非待英商將鴉片全繳，不許離開商館。林維喜既是英夷船上的人打死的，英夷不肯將凶犯指明交出，便是庇護罪犯，自然也應該負連帶責任，義律尤應負責，「依嘉慶十三年之先例，禁絕柴米食物」，又有什麼不合法呢？這是當時中國人士的法律觀念。

　　由上述種種觀念不同的衝突，構成連續不斷的衝突事實，遂終至於以炮火相見，造成《南京條約》，中國蒙受莫大的恥辱。但是這種衝突的根

第一章　鴉片戰爭

本問題，依然還是存在，不曾解決。因為當時的中國人，還是認中國為世界文化之宗，不承認西洋夷人也有什麼可稱為文化的，不承認西洋炮火的威力是文化的威力，只認此次的屈辱為「蠻夷猾夏」，如舊歷史上偶然間發的事象。而在西方人士，則把所謂遠東古文明國的實力看穿，以為遠東人士的知識能力，也和非洲的黑人、南洋群島的土人相去不遠，所謂遠東的文化，只有空空洞洞的虛名，一無足取，於是趁火打劫的思想一步步地進展，中國沒有「高枕而臥」的時候了；接著在洪楊戰役期中，便有英法聯軍入京更大的恥辱。

第二章　洪楊革命時代

　　洪楊革命軍，起於鴉片戰爭結束後八年，即一八五〇年（道光三十年）；一八五一年，建國號曰太平天國；一八五三年，占領南京為首都；一八六四年，南京被清軍攻陷，太平天國覆滅；前後共十五年。這十五年間的戰爭，可稱為滿漢兩民族爭鬥的試驗時期。在此試驗的爭鬥期內，革命軍雖然失敗，但是失敗於漢民族自身，漢民族的勢力，卻已伸張起來了。不過西方勢力的侵入，也更深了一層，從此漢民族的政治負擔，比以前更為艱鉅。茲就此時代經過的重要情事，分節敘述如次。

一　洪楊崛起以前的社會背景

　　洪楊革命軍起，雖在一八五〇年，若就背景分析，當溯之於鴉片戰爭以前，而鴉片戰爭，則為其近的導線。茲列述其大概。

　　其一，為經濟上的背景。中國歷史上有一種所謂「一治一亂」的週期律，每次統一約二三百年之間，必要經過十二次的小屠殺；到了二三百年又要經過一次大屠殺。自秦漢以來，這種週期律的表現是歷歷不爽的。對於這種週期律的解釋雖有多方面，其最主要的，就是中國從秦漢以來，生產方法不曾有重大的革新，因之國民的經濟生活全憑著土地的自然生產力；人口增加到了超過耕地面積和生產力所能容納供給時，就發生多數的失業群眾；結果就只有假手幾個梟雄，率領一班生活無靠的群眾，來實行

第二章　洪楊革命時代

屠殺；屠殺到了減少與耕地面積相當時，於是又歸於平靜。清代人口的增加數字約如下表：

順治一八年（西元一六六一）	二一〇六八六〇九口
康熙五〇年（一七一一）	二四六二一三三四口
乾隆六年（一七四一）	一四三四一一五五九口
乾隆一四年（一七四九）	一七七四九五〇三九口
乾隆二七年（一七六二）	二〇〇四七三二七五口
乾隆五七年（一七九二）	三〇七四六七二七九口
嘉慶六年（一八〇一）	二九七五〇一五〇八口
道光元年（一八二一）	三五五五四〇二五八口
道光二一年（一八四一）	四一三四五七三一一口

前表中順治、康熙兩朝的數字是不可靠的，因為當時有丁稅，戶口的報告，隱瞞者多。雍正朝定「丁隨地起」之制，以丁稅攤入田賦中，無田的人不要納丁稅，戶口調查的方法也變了，故至乾隆六年，人口數字一躍而達一萬四千餘萬有奇。由乾隆六年到道光二十一年（即太平軍暴發的前十年）共一百年，人口的增加約及三倍。（中間因白蓮教亂，經過一次小屠殺，故嘉慶六年的人口數字較乾隆五十七年降低。）至於墾田面積的增加則如何呢？約如下表：

順治八年（一六五一）	五四九三五七六頃有奇
康熙二四年（一六八五）	六〇七八四三〇頃有奇
雍正二年（一七二四）	六八三七九一四頃有奇
乾隆三一年（一七六六）	七四一四四九五頃有奇
嘉慶一七年（一八一二）	七九一五二五一頃有奇
道光一三年（一八三三）	七三七五一二九頃有奇

一　洪楊崛起以前的社會背景

　　觀前表，墾地的面積彷彿也是增加，但是增加的數字比起人口增加的數字來，實在小得可憐。並且到了道光十三年，比較前十一年，還減少了五十四萬餘頃。在此種情形之下，自然是土地不夠分配了。一家之中，耕地不能與人口同時增加，若無別種生活方法則日貧；貧則由借債而至於賣田以濟飢，於是助成商賈富豪的兼併；漸至土地集中於少數富豪地主之手，造成貧富懸隔多數群眾失業的現象。若在工業生產發達的國中，沒有土地的人，有多數都會的大工廠可容納。中國在道咸以前，既然沒有大工廠可以容納多數貧困失業的群眾，屠殺的週期律自然要隨機表現了。加以對外貿易的鴉片輸入逐年增加，現銀流出日多，銅錢的價格低落，物價日趨騰貴，田賦的負擔因銀價騰貴而加重，農民的生活益困。並且在道光晚年，連歲皆有水旱的天災；災區之廣，幾遍於黃河及長江流域的各省。這都是促起屠殺的週期律表現的因子。此為經濟上的背景。

　　其次，為政治的背景。關於乾嘉時代的政治實質，在導論中已摘要說及，此處不必多說。不過導論中所說及僅在官吏貪汙的一方面；道光朝的政治，除了貪汙以外，還別有一種作風，曾國藩名曰「掩飾彌縫，苟且偷安」。廣西的龍啟瑞上梅伯言書，描寫「掩飾彌縫，苟且偷安」的現象及原因則如下：

　　……抑某竊有進者，奸民固非重州縣之權不辦；今州縣雖無權，然察一結盟聚黨之奸民，固力有餘也。特上之督撫，不肯擔待處分，又樂以容忍欺飾為事。有一二能辦之員，且多方駁飭之，使逆知吾意不敢為。然督撫亦非真以為事之宜如此也，大抵容身固寵，視疆場若無與；苟及吾身幸無事，他日自有執其咎者。又上之，則有宰相風示意旨，謂水旱盜賊，不當以時入告，上煩聖慮；國家經費有常，不許以毫髮細故，輒請動用。……為督撫者類皆儒生寒索，夙昔援引遷擢，不能不藉助於宰相；如不諮而後行，則事必不成而有礙；是以受戒莫敢復言。蓋以某所聞皆如是

第二章　洪楊革命時代

也。金田會匪萌芽於道光十四五年，某作秀才時已微知之。當時巡撫某公（指梁章鉅）方日以遊山賦詩飲酒為樂。繼之者猶不肯辦盜，又繼之者（指鄭祖琛）則所謂窺時相意旨者也。

　　蓋在道光朝，繼續用兩個庸相：一個為曹振鏞，他嘗向皇帝說：「今天下承平，臣工好作危言，指陳闕失以邀時譽。若遽罪之，則蒙拒諫之名。唯有抉其細故之舛謬者交部嚴議，則臣下震於聖明，以為察及秋毫，自莫敢或縱。」這是造成臣僚緘口的第一個人。一個為穆彰阿，庸闒無能，尤過於曹氏。龔啟瑞書中所指的時相就是他。這時候相繼作廣西巡撫的，梁章鉅日以文酒徵逐為務，若有談整飭吏治的，便說他是「俗吏」。周之琦承其後，也沒有什麼振作。鄭祖琛承周之後更放任無為，他是信佛的人，日以念佛消災為事。這是政治的背景。

　　又其次，為民族思想的背景。自清入主中國以後，明代遺民，播散在民間的「反清復明」的種子，雖經康、雍、乾三朝用摧殘和馴柔的手段，盡力芟除，但終未能消滅。一七八六年（乾隆五十一年）天地會的林爽文，首起革命軍於台灣，與清軍相抗經一年之久。林爽文雖然失敗了，到一七九三年（乾隆五十八年），又有白蓮教的劉之協，擁小童王發生，假託朱明後裔謀起事。劉之協等雖然被捕失敗（劉旋即脫逃），但是白蓮的黨徒已遍布長江上游及西北各省，隨即到處暴發，成為嘉慶初年的白蓮教亂。經過幾年騷動，白蓮教雖然被戡定了，他們所用「反清復明」的口號思想，依然潛藏在群眾的腦識中，一遇緣會，即行復現。自道光紀元（一八二一年）鴉片戰爭爆發前，此處彼處，時有不斷的小亂事發生。例如：道光二年，河南新蔡教民朱麻子滋事；六年，台灣粵民黃文潤滋事；十一年，湖南三合會與瑤民滋事，遂有趙金龍之亂；十五年，山西趙城縣教民曹順滋事，知縣楊延亮全家被殺。這些構亂的分子，在北省的大約稱

一　洪楊崛起以前的社會背景

為「教黨」，在南省的大約稱為「會黨」。教黨以白蓮教為首，其流有「白陽」、「八卦」、「紅陽」等名目；會黨以天地會為首，其流有「三合」、「三點」等名目。多依託舊的宗教儀範，以「反清復明」口號相結合。北京朝廷屢次諭令各省大吏「嚴拿會匪」，「捕治教犯」。道光十二年且定有「教匪首犯，遇赦不赦」的嚴例。但是事實上，不唯舊的種子不能消滅，西方新宗教流入中國以後，尚有新的民族革命種子，又要依託它發芽了。

到鴉片戰爭發生，又有幾方面的直接影響：其一，腐敗軍隊對於地方的擾害。當命奕山為靖逆將軍馳往廣東時，由河南、江西、湖南、貴州、廣西各省調往廣東的軍隊，共計在三萬以上。這些軍隊，用以對外作戰雖無用，而擾害經過及駐屯的地方則有餘。王均《金壺浪墨》引《羊城日報》說，此種軍隊「奉調之初，沿途劫奪」，「抵粵以後，喧哄紛擾，兵將不相見，遇避難百姓，指為漢奸，攘取財物。教場中互相格鬥，日有積屍」。又說「楚兵盡奪十三行，背負肩擔而去。呼群結黨，散赴各鄉，累日不歸，不知所事」。這是當時軍隊遺害地方的事實。其二，團練義勇隊的集散。廣東方面，自發生林維喜被英兵殺害的事件後，林則徐便布告沿岸各地方，令他們購備軍械，團練自衛。及戰端既開，慮經常官軍不足抵禦，更添募義勇隊至二三萬。其後，團練義勇隊以次解散，武器亦隨而散播於民間。這也是助成民亂的誘因。其三，社會心理方面的刺激。在鴉片戰爭前，潛伏於民間的種族思想，本為「反清復明」，及鴉片戰爭爆發，共注集於「驅逐洋鬼」的一點，如廣東三元裡的「平英團」，一呼而聚集萬人。及見清軍的禦侮不足，殘民有餘，於是痛恨「洋鬼」的心理，又漸回到「反清」兩字上面去了。當英軍圍攻廣州城時，英兵總數不過二千，而閉居城內的清軍超過二萬。以十倍於敵的兵數，不敢出與敵抗，甘受城下之盟，向民間搜尋鉅額的賠償金，以求免死。清軍如此的無用，尚安得不為人民所藐視。《羊城日報》說：「百姓以兵不擊賊，反阻民勇（指三元裡『平

第二章　洪楊革命時代

英團』）截殺，自是鹹懷憤激，益輕視官兵矣。」後來往說洪秀全攻取南京的浙江監生錢江，便是曾在廣州倡導反抗英軍的人。鴉片戰爭及於社會心理上的影響，於此可見。

概括說，自有鴉片戰爭，社會的受病更深，清政府的威力全墮，亂機更形迫切。從一八四一年到一八五〇年的十年間，無一年不有民亂，僅就見於《東華錄》的諭旨所涉及的，如：

一八四一年，湖北崇陽縣人鍾人傑，聚眾三千人，設立都督大元帥府，自稱鍾王，攻占崇陽、通城二縣，到次年始平定。

一八四三年，湖南武岡人曾如炷、曾以得，因阻米出境，聚眾戕官，據守洪崖洞，謀起事，旋被捕。

一八四四年，台灣嘉義縣人洪協，與武生員郭崇高聚眾二千餘人謀起事，旋被捕；又湖南耒陽縣段、陽二姓因抗糧起釁聚眾千餘人，由陽大鵬統率進攻縣城，經月始平。

一八四五年，山東捻匪滋事，聚眾拒捕，與官兵接仗。

又廣東各屬土匪四起，諭軍機，謂：「……有人奏稱廣州府一帶土匪，劫掠為生，結黨聚會數萬餘人；其著名積匪，如香山、新會、順德等處，姓名皆歷歷可數；上年查拿之臥龍、三合等會匪，搜捕未靜，嗣後復有新安、新寧各縣匪徒，在香山之港口及隆都鄉，引人入會，千百為群，肆行無忌；又香山、下沙地面，近來匪類漸多，地方文武，不肯實力查拿，以致農民不安耕作……又香山縣城內外，自上年冬至今年春夏之交，報劫者不下數千案……並有香山巡檢魯風林被盜劫去，剃鬚勒贖等語。」

一八四六年，山東嶧縣蘭山等處，盜劫頻行，並有擄人勒贖之案，諭令剿捕；又因廣東盜劫頻行，諭令認真清查保甲。

一八四七年，湖南新寧縣與廣西全州交界之黃坡崗瑤人雷再浩，與人

民李輝、陳名機結黨糾眾,諭湘桂兩省合力剿辦,經年未平。

一八四八年,諭軍機,謂:「有人奏廣西盜劫各案……北流縣境有陳、李二姓,於道光二十六年為盜匪擄掠,橫州所屬南鄉墟地界,本年五月內有商船二十餘號,並遭劫搶,計贓一萬餘金……」著桂撫鄭祖琛認真查辦。

一八四九年,廣東陽山、英德等縣匪徒滋事,命徐廣縉等剿辦。

又廣西盜匪在廣東毗連一帶地方,聚眾滋事,都司鄧宗珩督兵追捕,負傷斃命;該匪並有鐵炮甚多,被官兵奪獲十二尊。

又湖南新寧縣城被匪攻陷,戕殺知縣全家,經月始收復。

一八五〇年,因湘撫馮德馨剿匪不力,諭令兩湖總督裕泰督兵會同廣西員弁進剿由湘竄桂之匪。

這是見於諭旨官書的;但當時一班大小官吏,仍皆以文飾隱蔽為務,實際上北京朝廷所知道的,不過其一部分。此時各省的民亂,幾於無省不有,而尤以兩廣及湖南的南部為甚;這三省毗連各境,真是群盜如毛;在廣西各境的,如慶遠的鍾亞春,柳州的陳亞癸、山豬羊,武宣的劉官方、梁亞九,象州的區振組,潯州的謝江殿,都是當時著名的會黨頭目,擁眾各千百;在廣東的如陸和、李和、李善法、黎東狗、大鯉魚、大頭羊等各頭目,號稱擁有八千子弟,和廣西各股通聲氣;湖南方面的頭目,雖不若是著名,但人數也不少。洪楊崛起後,曾國藩奏稱:「湖南會匪自粵逆入楚,大半附之而去;然猶有『串子』、『紅黑』、『邊錢』、『香會』等,成群嘯聚;如東南衡永郴桂,西南寶慶、靖州,萬山崇薄,為卵育之區;有司亦深知其不可遏,特不欲其禍自我而發,相與掩飾彌縫,苟且偷一日之安……」廣西巡撫鄭祖琛就是第一個「苟且偷一日之安」的人,「洪水」的暴發,也就以廣西為第一「決口」。

第二章　洪楊革命時代

二　洪秀全與太平天國的樹立

　　洪楊戰役的主腦人物，一方為洪秀全，一方為曾國藩。洪部最有權勢的人，起初是東王楊秀清，故以洪楊並稱；在清朝時，稱為發賊；曾氏以平定發賊之功，死後諡曰文正公。清朝顛覆後，大家認洪秀全為革命的先驅，他的賊名消滅了；曾國藩又得了反革命的罪名。賊與非賊，隨時勢與感情為轉移，本來沒有一定，不過，我們研究歷史的人，最宜注意的就是要以客觀的事實下判斷，不要以主觀的感情下判斷。洪秀全與曾國藩的功罪，我們固然不可以兩方的成敗來斷定，但也不可為感情所蔽，抹殺歷史的事實。本節先就洪秀全樹立太平天國的經過來觀察：

一、洪秀全及首事諸人的略歷

　　洪氏及首事諸人，事業雖不成功，卻驚動了許多人的耳目，成為傳說中的人物；因此記述他們的稗官野史，也就好比記述《水滸傳》中的人物一樣，人各一說，關於他們的出處、經歷，難得一致的、最正確的記載。茲就各說中比較可靠的採取一二說：

　　洪秀全，廣東花縣人，生於一八一三年一月十日（嘉慶十七年十二月初九日）。一八三三年（道光十三年），由花縣赴廣州應試，歸途中遇一中國基督教徒梁亞發，與以《勸世良言》一書（宣傳基督教義之冊子），洪氏並未閱讀。一八三七年，又往廣州應試，落第，歸而大病，四十日間，幾瀕於死。病中妄夢至一廣廈，莊嚴如宮殿，見一金須黑衣之老翁，命往下界掃除妖魔，救濟一切兄弟姊妹；又見一身長尋丈之士人，稱為彼之長兄，亦諄諄訓以掃除妖魔之事，且謂當為之助。六年後，即一八四三年（道光二十三年），偶然間翻閱前此所得《勸世良言》之小冊子，忽憶及六年前之夢中境況，覺得那個夢不是妄夢，夢中的黑衣老人與身長尋丈之士

人，必為天主上帝與耶穌基督，要他掃除妖魔、救濟一切兄弟姊妹，就是要他信奉上帝、救世濟民之意，這本小冊子，恐怕就是承受天命的天書。自此便傾信基督教，並勸他人信奉基督教。一八四四年，與其同學最契之友人馮雲山，共往廣西桂平縣紫荊山，創設上帝會。後聞香港有一美國牧師名羅伯茲（L.J.Roberts）甚屬有名，便於一八四七年特往香港，求教於羅伯茲；二月後歸花縣，再往廣西與馮雲山相晤，則上帝會的會員已近二千人，洪氏遂為其首領，其後會員日益增加。這是洪氏信奉基督教義的一說。（英人 Meadows 及 Williams 的記載大概與此所述者相同。）

李秀成的供狀，關於洪氏和首事諸王的來歷的敘述，大略如下：「天王洪秀全兄弟共三人，長名仁發，次名仁達，皆前母所生；天王為繼母所生。仁發、仁達皆務農，秀全獨讀書。南王馮雲山，為天王同窗友，彼此最相契。道光二十七年（即一八四七年，或謂在道光十七年即一八三七年，此處所言二十七年，疑為李秀成誤記），天王大病，昏迷七日，醒後，忽出異言，勸人信奉上帝，謂信奉上帝者，可免災難，凡不信上帝者，必為蛇虎所吞食。天王本為花縣人，因往廣西說教，行數千里。信奉的兄弟散布各處勸說，天王常密藏深山中，積年，信者日眾，但讀書明理之人多不信，信者多種田貧苦之人。凡種田貧苦之家，每十家必有三五家或七八家信奉。參與起事密謀者僅東王楊秀清，西王蕭朝貴，南王馮雲山，北王韋昌輝，翼王石達開，天官丞相秦日昌（一作秦日綱）六人；其餘附從之人，一無所知，大都皆為謀衣食計。東王楊秀清，住桂平縣平隘山，以種山燒炭為業，本不知兵，信奉上帝後，深得天王信用，一切事權，由他掌管，號令嚴肅，賞罰分明。西王蕭朝貴是武宣縣盧陸峒人，在家種田種山為業，娶天王之妹為妻，故亦重用，為人勇敢，衝鋒第一。南王馮雲山在家讀書，甚有才幹，六人之中首謀立國者，皆出其謀。北王韋昌輝，桂平縣金田人，此人在家出入衙門，是監生出身，見機靈敏。翼王石達開，桂

第二章　洪楊革命時代

平縣白沙人，家富讀書，文武兼全。天官丞相秦日昌，亦桂平白沙人，在家傭工，並無才情，只有忠勇誠實，故天王重信。起事教人拜上帝者，皆是六人勸化。我在家之時，並未悉有天王名號，每村每處只知有洪先生而已。」這是李秀成口供中的起事諸人的略歷。（其他關於洪氏及諸王的傳說尚多，不備述。）

二、太平軍崛起的最近原因

在一八五〇年以前，洪秀全等宣傳教義於桂平武宣諸州縣時，正是廣西群盜如毛、各會黨大肆活動的時候。但是洪氏並未參與他們的活動。洪氏宣傳教義的各州縣，有所謂客民與土民的分別，客民大都多由廣東遷入的；洪氏本為廣東人，故加入洪氏的教會的，大概都是客民。土民與客民極不相容，常起衝突。值此盜匪蜂起的時候，各鄉村舉辦團練以自衛，而團練之權，操在土民的士紳的手中，輒藉端誣陷客民。客民為自衛計，也組織所謂「保良攻匪會」與團練相抗。而「保良攻匪會」的權，則操在上帝會領袖的手中。（林則徐在粵禁菸時，所上《議覆葉紹本條陳捕盜事宜折》中即謂「各縣紳衿中，多有保良攻匪之公約，不知起自何時」云。）因此被官兵搜捕的會黨頭目，與被團練迫害的客民，皆與上帝會發生最密切的關係，「保良攻匪會」的勢力漸大。土民的士紳見「保良攻匪會」與匪黨和異教會黨聯為一氣，一則激於仇怨，二則恐釀成大亂，屢次鳴官緝捕上帝會頭目。洪秀全與馮雲山，皆曾經被捕下獄，得會中極力營救始免。李秀成的供狀也說：「道光二十七八年上下，廣西盜賊四起，擾亂城鎮，各居戶多有團練，團練與拜上帝之人，兩有分別。拜上帝人與拜上帝人為一夥，團練與團練為一夥，各自爭氣，各自逞強，因而逼起……」一八五〇年，大黃江巡檢黃基帶領兵勇，往捕大盜陳阿貴，歸途經過鵬隘山下，對於該處的燒炭工人勒索敲詐。那些工人，大都皆是上帝會的徒黨，便集合許多

人和黃基的勇兵相對抗。勇兵敲詐不遂，大罵而去。罵的話大略說：「你們這些拜上帝會的造反的賊子，大兵不久就到了，看你們出錢不出錢。」馮雲山得信，便把這群被敲詐威脅的工人領到金田村韋昌輝家去，用一種激奮的語言鼓動他們，此為發難的起點。當他們正在謀發難時，又有一個上帝會信徒陳玉書的妾在新墟被黃基的部下所劫取。玉書來金田投報，便如火上添油。於是發難之議遂定。

三、太平天國的樹立

馮雲山、楊秀清等各首領在金田聚議時，洪秀全方匿居花洲村胡以晃家，起兵之議既決定，乃遣人往迎洪氏至金田，推戴為首領；一面派人往各州縣，招集上帝會的黨員，聲勢漸大。於是其他會黨的頭目也有率眾來附的，如貴縣的林鳳祥、揭陽的羅大綱等，各率大股會黨來附，有眾漸近萬人。清廷因廣西群盜四起，特派固原提督向榮帶兵往剿；九月，命林則徐（時為雲貴總督，因林前在兩廣得人望，故命之）為欽差大臣，旋又令兼署廣西巡撫；鄭祖琛革職。林則徐行抵廣東病歿，覆命李星沅為欽差大臣，接任督辦剿匪事。十一月，清軍攻金田失利，清將伊克坦布戰死。一八五一年二月（咸豐元年正月），洪秀全率軍由金田進至大黃江，與清軍戰，又大勝，始稱太平王；任楊秀清為左輔正軍師，蕭朝貴為右弼又正軍師，馮雲山為前導副軍師，韋昌輝為後護又副軍師，石達開為左軍主將。清廷此時才十分注意，覆命廣州副都統烏蘭泰與向榮會剿；繼又特命大學士賽尚阿為欽差大臣，帶兵往楚粵之交防堵；四月，李星沅病歿，賽尚阿便負剿辦的全責。洪軍自在大黃江戰勝清軍後，雖曾略受小挫，但人數日益加多。加多的原故，半由吸收其他會黨，半由裹脅，李秀成自述加入太平軍的原因說：「天王由思旺到大黃墟，分水旱兩路行營上永安州，路經大黎（李秀成為大黎附近之居民），屯紮五日，將裡內之糧食衣服，

第二章　洪楊革命時代

逢村即取；西王在我家近村居住，傳令：凡拜上帝之人，不必畏逃，同家食飯，何必逃走；臨行營之時，凡是拜上帝之家，房屋俱要放火燒之。寒家無食，故而從他。」（此李氏自謂）到了閏八月初一日，便攻陷永安州，即在永安州城內建國號曰「太平天國」，頒新曆，封楊秀清等以下諸首領為王。為什麼以「天國」為國號呢？就是根於他們的教義——萬物皆主於天，天又主於天主，天主名耶火華，為天父，耶穌基督為天父之長子，秀全為天父之次子，故稱耶穌為天兄（這是洪氏的「三位一體」說）；秀全承天父天兄之命降世，掃除群妖，救濟天下兄弟姊妹，使共享太平幸福，故國號為「太平天國」，自稱「天王」。他們所頒的新曆，既不是中國舊式的陰曆，也不同歐西的陽曆，定一年為三百六十六日，單月三十一日，雙月三十日；以公曆一八五二年二月四日（咸豐元年十二月十五日）為太平天國元年正月元日；年號之上仍冠以干支甲子等字，但將地支中的「醜」改為「好」，「卯」改為「榮」，「亥」改為「開」，如癸丑稱「癸好」，乙卯稱「乙榮」，癸亥稱「癸開」。這就是他們的新曆法。洪氏自稱王，不稱皇帝，楊、馮等為什麼也皆封為王呢？我們看他所下的封王詔書便知，詔書說：

　　天王詔令通軍大小兵將，各宜認實真道而行。天父上主皇上帝才是真神，故天父上主皇上帝以外皆非神也。天父上主皇上帝無所不知，無所不在，又無一人非其所生養，才是上，才是帝，故天父上主皇上帝以外皆不得僭稱上，僭稱帝也。繼自今眾兵將呼稱朕為主則止，不宜稱上，致冒犯天父也。天父是天聖父，天兄是救世聖主，天父天兄才是聖也，繼自今眾兵將呼稱朕為主則止，不可稱聖，致冒犯天父天兄也。天父上主皇上帝是神爺，是魂爺，從前左輔、右弼、前導、後護各軍師，朕命稱為王爺，姑從凡間歪例，據真道論，有些冒犯天父，天父才是爺也。今特封左輔正軍師為東王，管治東方各國；封右弼又正軍師為西王，管治西方各國；封前導副軍師為南王，管治南方各國；封後護又副軍師為北王，管治北方各國；

又封達胞（石達開）為翼王，羽翼天朝。以上所封各王，俱受東王節制。另詔後宮稱娘娘，貴妃稱王娘。欽此。（此詔下於辛開十月二十五日，時在永安。）

這道詔書，有兩點可以使我們注意的：一、楊秀清等諸人，在攻陷永安前已稱「王爺」。原來洪氏在宣傳教義的時候，凡入會者不稱師徒，皆稱兄弟，婦女則稱姊妹；蓋欲以平等的精神，網羅群雄，擴張聲勢，而又恰合天主一尊之旨，故以石達開、楊秀清諸雄，也皆與之合作。但諸人皆志不在小，既屬平等兄弟，洪氏作了太平王，他們自然也應該稱王爺。不過方在對清軍作戰的時候，人人稱王，近於群龍無首，號令不能齊一，這種平等的精神，不能不有妨礙；若把皇帝之號奉諸洪氏，楊、石諸人未必願意；沒有方法，只好以「天王」之名奉諸洪氏，而稱之為「主」，其餘諸雄則以東西南北等字冠之，既不亢，又不卑，於統一組織之中，仍不失平等的主旨，這是當時位置分配的折衷辦法；其實當時的勢力，還不出永安州，安有所謂「東方各國」等等給他們管治呢？二、所封各王，皆受東王節制。在對清軍作戰的時候，天王之下還要一個總司號令的人，也是當然的事；但與洪氏最相投、最親密的，起初為馮雲山，他又是首先建議起事的人（據李秀成供狀所言）；若論才幹、知識，又當首推石達開；楊秀清不過是一個由種山燒炭起家的土豪，為什麼用他來總司號令呢？原來洪氏的魔力，全在假託神權以懾眾；這一班梟雄，要擁洪氏為傀儡，所以也附和他的神權說；楊秀清對於神權的利用，更越過洪氏一層；他常假天父附身、傳達天語的方法箝制洪氏，洪氏既畏楊之奸狡又喜其多謀，故更深與結納，委以重權，這是楊秀清攬握大權的由來。（《太平野史・東王楊秀清傳》謂：「秀全怵人，每託諸宗教與神權⋯⋯秀清知其詐，遂自言能通天語，謂秀全為天兄，天父特命降世為真主，信者益眾。秀全喜。秀清更託天父降其身，謂天兄有過，令秀全跪而授杖以制之；己有過，亦令人杖不

少貸。訐人陰私，摘發多奇中。秀全雖不堪，無如何也。……」）

在上述兩點上，我們可以看出太平天國最初組織的不鞏固，後來太平天國的內亂，也便發生在這兩點上面。

四、天京定都及各種建置與精神

清政府見洪氏等建立國號，改易正朔，知道與尋常的盜匪不同，嚴命賽尚阿等盡力剿辦。向榮和烏蘭泰等傾全力圍攻永安，經月不能下。一八五二年三月（咸豐二年二月），太平軍由永安潰圍，北出陽朔，趨桂林；清軍尾追，烏蘭泰戰死。太平軍圍攻桂林三十日，不能下，棄而北走；陷全州，棄不守；入湖南，遇江忠源所率團練楚勇於蓑衣渡，馮雲山中炮死。（這是太平軍第一次被團練兵戰敗，喪失大將的事實。江忠源曾受浙江知縣，丁憂回籍，因新寧毗連桂境，盜匪勢盛，舉辦團練為防衛邑境計，賽尚阿聞其名，令其率所練募勇，助攻太平軍。此在曾國藩創辦湘軍之前。）太平軍雖受小挫，勢不少衰，繼取道州，分軍東出桂陽、郴州，向北急進，達醴陵。七月至長沙，圍七十餘日，不能下，蕭朝貴戰死。九月，太平軍棄長沙，向西北常德進軍，經益陽擄船數千，轉渡洞庭湖，陷岳州，得清軍所貯存之軍械大炮無數；沿江而下，十二月，遂陷漢陽、武昌；清湖北巡撫常大淳以下皆被殺。太平軍留武昌一月，復東下，兩江總督陸建瀛由南京率兵西上迎敵，聞風奔逃，太平軍以次攻陷九江、安慶、蕪湖。到一八五三年三月（咸豐三年二月），遂陷南京。當太平軍攻陷武昌時，進兵方向，一時未能確定，或欲西趨荊襄，規取川陝為根據地，傳說因浙江人錢江獻策，乃東下江南。及得南京，楊秀清欲分兵留守，更北進取河南開封為建都地；據李秀成供狀，謂因湖南老水手之言，始定都南京。（供狀謂：「有一駕東王坐船之湖南水手，大聲揚言：親稟東王，不可往河南；云河南水小而無糧，敵困不能救解；今得江南有長江之險，又有

舟只萬千；南京乃帝王之家，城高池深，民富足餘，尚不立都而往河南何也。他又云：河南雖系中州之地，只稱穩便，其實不及江南，請東王思之。後來東王竟依這老水手之言，故而未往，遂移天王駕入南京。」）改名曰天京。

天京定都後，於是陸續頒定種種建置。關於太平天國各種建置的理想，最好是看他們所頒布的《天朝田畝制度》的公文書。這種公文書，其名稱雖曰《天朝田畝制度》，實則將他們的軍政、民政、財政、經濟、司法、教育等全部包括在內。試分別舉其大略如次：

第一，軍民合一的組織。原文云：

> 凡設軍每一萬三千一百五十六家先設一軍帥；次設軍帥所統五師帥；次設師帥所統五旅帥，共二十五旅帥；次設二十五旅帥各所統五卒長，共一百二十五卒長；次設一百二十五卒長各所統四兩司馬，共五百兩司馬；次設五百兩司馬各所統五伍長，共二千五百伍長；次設二千五百伍長各所統四伍卒，共一萬伍卒；通一軍人數，共一萬三千一百五十六人。凡設軍以後，人家添多，添多五家，另設一伍長；添多二十六家，另設一兩司馬；添多一百零五家，另設一卒長；添多五百二十六家，另設一旅帥；添多二千六百三十一家，另設一師帥；共添多一萬三千一百五十六家，另設一軍帥。未設軍帥前，其師帥以下官，仍歸舊軍帥統屬。既設軍帥，則歸本軍帥統屬。凡天下每一夫有妻、子女約三四口或五六七八九口，則出一人為兵，其餘鰥寡孤獨廢疾免役，皆頒國庫以養。（這是本於《周禮》五人為伍，五伍為兩，四兩為卒，五卒為旅，五旅為師，五師為軍的組織，兵農合一的。）

第二，設官等級，朝內由軍師下遞至將軍，地方由欽命總制下遞至兩司馬，內外一氣相含。原文云：

第二章　洪楊革命時代

　　凡一軍典分田二、典刑法二、典錢穀二、典入二、典出二、俱一正一副，即以師帥、旅帥兼攝；當其任者掌其事，不當其任者亦贊其事。凡一軍一切生死黜陟等事，軍帥詳監軍，監軍詳欽命總制，欽命總制次詳將軍、侍衛、指揮、檢點、丞相，丞相稟軍師，軍師奏天王，天王降旨，軍師遵行。（總制以下為地方官，將軍以上為朝內官。東西南北各王皆為軍師。各王府皆有丞相。丞相各以天、地、春、夏、秋、冬等字冠之，又分「正」、「副」、「又正」、「又副」四位，如「天官正丞相」、「天官又正丞相」、「天官副丞相」、「天官又副丞相」。地官、春官以下皆同。因此丞相一等，專就天王府言，已達二十四人。合東王等各府計之，則更多矣。）

　　第三，兩司馬為最下層之基本單位，管理財政、教育、司法等一切政務。原文云：

　　凡二十五家中設國庫一、禮拜堂一，兩司馬居之。……凡兩司馬辦其二十五家中婚娶吉喜等事，總是祭告天父上主皇上帝，一切舊時歪例盡除。……其二十五家中童子俱日至禮拜堂，兩司馬教讀《舊遺詔聖書》、《新遺詔聖書》及《真命詔旨書》焉。凡禮拜日，伍長各率男婦至禮拜堂，分別男行女行，講聽道理，讚頌天父上主皇上帝焉。（教育）凡二十五家中力農者有賞，惰農者有罰。或各家有爭訟，兩造俱赴兩司馬，兩司馬聽其曲直。不息，則兩司馬挈兩造赴卒長，卒長聽其曲直。不息，則卒長尚其事於旅帥、師帥、典執法及軍帥，軍帥會同典執法判斷之。既成獄辭，軍帥又必尚其事於監軍。監軍詳總制、將軍、侍衛、指揮、檢點及丞相，丞相稟軍師；軍師奏天王，天王降旨。……（司法）

　　第四，經濟財政制度，又分三點：（一）土地公有依人口平均分配；（二）餘糧餘財歸公，由公家支配運用；（三）自給自足的經濟政策。原文云：

凡田分九等：其田一畝早晚兩季可出一千二百斤者，為尚尚田；可出一千一百斤者，為尚中田（自此以下每少一百斤則降一等）；可出四百斤者，為下下田。尚尚田一畝當尚中田一畝一分；當尚下田一畝二分；當中尚田一畝三分五厘；當中中田一畝五分；當中下田一畝五分七厘；當下尚田二畝；當下中田二畝四分；當下下田三畝。凡分田照人口，不論男婦，算其家口多寡，人多則分多，人寡則分寡，雜以九等。如一家六人，分三人好田，分三人醜田，好醜各一半。凡天下田天下人同耕，此處不足則遷彼處，彼處不足則遷此處。凡天下豐荒相通，此處荒則移彼豐處，以賑此荒處；彼處荒則移此豐處，以賑彼荒處。務使天下共享天父上主皇上帝大福，有田同耕，有飯同吃，有衣同穿，有錢同使，無處不均勻，無處不飽暖也。凡男婦每一人十六歲以上受田，多於十五歲以下一半；如十六歲以上分尚尚田一畝，則十五歲以下減其半，分尚尚田五分。又如十六歲以上分下下田三畝，則十五歲以下減其半，分下下田一畝五分。（此土地公有，依人口平均分配。）

凡當收成時，兩司馬督伍長，除足其二十五家，每人所食可接新谷外，餘則歸國庫。凡麥、豆、苧、麻、布、帛、雞、犬各物及銀錢亦然，蓋天下皆是天父上主皇上帝一大家，天下人人不受私，物物歸上主，則主有所運用，天下大家處處平均，人人飽暖矣。此乃天父上主皇上帝特命太平真主救世旨意也。但兩司馬存其錢穀數於簿，上其數於典錢穀及典出入。……凡二十五家中所有婚娶彌月喜事，俱用國庫，但有限式，不得多用一錢。如一家有婚娶彌月事，給錢一千，谷一百斤。通天下皆一式，總要用之有節，以備兵荒。（此餘糧餘財歸公，由公家支配運用。）

凡天下樹牆下以桑，凡婦蠶績縫衣裳。凡天下每家五母雞，二母彘，勿失其時；凡二十五家中陶、冶、木、石等匠，俱用伍長及伍卒為之。農隙治事。……（此自給自足的經濟主義。太平天國的人物腦識中，不需要有交換的商事與商人。）

075

第二章　洪楊革命時代

以上是太平天國各種建置的概要。這種建置的理想來源，大都是出於《周禮》、《孟子》，而以天主一尊、人人平等的宗教理論貫串之。但是上列各項，都能見諸實行麼？關於軍民的組織及官制等各項，都是實行的。關於經濟、財政各點，最重要的是土地公有依口平均分配的一事，則徒為紙上的空文。因為太平軍所佔領的，只有各都會城鎮；縱使有些鄉區地方，也在他們的政令管轄之下，但當軍事擾攘之時，人民心理對於太平軍尚懷反感；這種制度，實無施行的可能。但是財物歸公一項，則在太平軍起事之初，即嚴格實行。凡他們所擄獲的各種物品，無論糧食衣服及一切金銀錢貨，不許私藏隱沒。及至天京定都以後，在天京設立所謂「聖庫」及「聖糧館」。凡行軍所得各物，一切皆納諸聖庫或聖糧館。軍需、官俸、男女口糧，皆由聖糧館及聖庫頒給。如有私藏銀十兩金一兩者，即為犯天條。無論何人，犯者皆依天條治罪。但是到了楊韋之亂以後，這種天條就等於具文了。至於太平天國的全精神，可以看他們的《天討胡虜檄》；那篇檄文，是在永安建國後釋出的，節錄首段於下：

……予唯天下者，上帝之天下，非胡虜之天下也；衣食者，上帝之衣食，非胡虜之衣食也；子女人民者，上帝之子女人民，非胡虜之子女人民也。概自滿洲肆毒，混亂中國，而中國以六合之大，九洲之眾，一任其胡行，而恬不為怪，中國尚得謂有人乎。妖胡虐焰燔蒼穹，淫毒穢宸極，腥風播於四海，妖氛慘於五胡，而中國之人，反低首下心，甘為臣僕。甚矣哉，中國之無人也。夫中國首也，胡虜足也；中國神州也，胡虜妖人也。中國名為神州者何？天父上帝真神也，天地山海是其造成，故從前以神州名中國也。胡虜目為妖人者何？蛇魔閻羅妖邪鬼也，韃靼妖胡唯此敬拜，故當今以妖人目胡虜也。奈何足反加首，妖人反盜神州，驅我中國悉變妖魔也。……

> 二　洪秀全與太平天國的樹立

　　這篇檄文所表顯的精神有兩個方面：一、尊奉天主；二、排滿。概括地說，就是將神權主義與種族主義融合為一。洪氏最初是假託天主利用神權的人；但就天主的教義理論說，凡人民皆為天父之子女，皆屬平等，便不宜有種族的界限，則與排滿的種族主義不相容。但當時先上帝會而存在者，已有許多「反清復明」的會黨，如三合會等種種名目，頗能鼓動一般人心，勢力卻是不小。洪氏要把當時各會黨的勢力壓倒，將各會黨納入自己勢力範圍之下，非將排滿的種族主義納入神權主義之中不可。日人稻葉君山說：「洪王嘗語人曰，三合會之目的，在反清復明，其會之組織在康熙朝，其目的亦可謂適當；然至二百年後之今日，反清可也，復明則未知其是。吾既恢復舊河山，不可不建立新朝；今時尚複用復明之語，焉能振起人心耶？若吾人說真教，賴上帝有威力之援助，則吾輩數人，可抵敵人百萬，予不知所以尊奉孫臏、吳起、孔明等名將者何在，且彼三合會諸豪傑有何價值也。」（見稻葉君山《清朝全史》）這就是要用神權主義吸收種族主義的意思。雖然容許排滿，但須在尊奉天主的教義之下排滿。故太平天國的主義精神，表面上雖有種族主義與神權主義的兩端，實際的主要精神，完全是利用神權；故國曰「天國」，王曰「天王」，一切建置皆稱天；詔曰「天命詔書」，法律曰「天條書」，王官曰「天官」，金庫曰「聖庫」，糧棧曰「聖糧館」，開科取士曰「天試」，天試的命題有「天父七日造成山海論」、「真道豈與世道相同論」，所頒行教育小孩的「三字經」起首兩句便是「皇上帝，造天地」，幼學詩的起首兩句便是「真神皇上帝，萬國盡尊崇」。所頒的田制，雖然沿用中國歷史上的均田制，但是採用均田制的理由，也是說天下之田，皆為天父上主所造，即為天父上主所有，天下之人，宜均享天父上主之福，有田同耕，有飯同吃；不許私藏財物金銀的理由，也是說天下的金銀財寶，皆為天父上主所有，只能歸諸聖庫、聖糧館，大家公用；形成一種天國的共產組織。蓋無處不表顯其利用神權的精

神。所以太平天國在形式上對於中國的宗教、政治、經濟，彷彿都是革命的，但在精神上，這種革命，實在不是合乎現代精神的革命。

三　曾國藩與湘軍的崛起

當洪秀全等在金田起兵時，曾國藩還是一個侍郎，在北京朝廷供職；一八五二年太平軍向長沙進兵時，曾氏被任為江西鄉試正考官，在安徽太湖的途次，聞母喪，丁憂回湘。此時正值太平軍圍攻長沙，曾氏在家守制。是年十二月，清廷諭湖南巡撫張亮基，謂：「丁憂侍郎曾國藩，籍隸湘鄉，於湖南地方人情，自必熟悉，著該撫傳旨，令其幫同辦理本省團練搜查土匪事宜，伊必盡心不負委任……」這道諭旨，便是曾氏出當大局與洪秀全對抗的出發點。但此時太平軍已經攻陷武昌，清廷要曾氏幫辦團練，只是要他幫辦搜查本省土匪之事，並不是要他越境去打太平軍。後來的湘軍，雖以團練為起點，而團練的最初目的，並不是要使它成為一種平定大局的正式軍隊。由團練變為湘軍，就是清廷的兵權，移入漢人手中的起點；其經過的情形，不可不分別敘明。

一、團練的由來與本旨

嘉慶時的教亂，是用堅壁清野與團練的方法平定的，在導言中已經說及；在道光朝晚年，兩廣盜匪蜂起，地方士紳舉辦團練，洪秀全等在金田起事，也是由於「保良攻匪會」與團練相對抗，前節也已經說及；江忠源在蓑衣渡擊破太平軍，損去太平軍一員大將，也是由一種團練軍變成的楚勇；楚勇之名，實先湘軍而成立。在曾國藩出任團練事務之先，羅澤南及其弟子王鑫已在湘鄉舉辦團練，為後來湘軍的核心。凡此種種事實，皆足

表明清廷經制軍之無用，早已失去制服漢民族的效能。但各地方舉辦團練的本旨，純為保持鄉土的安全；就是曾國藩勸湖南各州縣紳士舉辦團練的書，也是以保衛地方為言，書中說：

……團練之道非他，以官衛民，不若使民自衛；以一人自衛，不若與眾人相衛：如是而已。其有地勢利便、資財豐足者，則或數十家併為一村，或數百人結為一寨，高牆深溝，屹然自保；如其地勢不便，資財不足，則不必併村，不必結寨，但數十家聯為一氣，數百人合為一身，患難相顧，聞聲相救，亦自足捍禦外侮。農夫、牧童皆為健卒，耰鋤、竹木皆為兵器，需費無多，用力無幾，特患吾民不肯實心奉行耳。……

曾氏作的《保守平安歌》三首，勸告鄉人，第一首題曰《莫逃走》，第二首題曰《要齊心》，第三首題曰《操武藝》，都是勸導鄉人齊心講求自衛方法的話調。就是清廷對於團練的主旨，也只希望各地方，自己保持自己的安全而止，並沒有要使他們能供政府調遣的意思。一八五二年（咸豐二年）冬間的上諭說：

……團練鄉勇，乃民間自為守禦，藉以保衛身家，或各村自為一團，其經費應由紳董自行經理，豈可官為抑勒。且以守望相助之儔，輒復紛紛調遣，必至遷地弗良，轉滋流弊。……

次年正月的上諭，又說：

嘉慶年間，川楚教匪，蔓延數省，嗣行堅壁清野之法，令民團練保衛，旋就蕩平。……著各該督撫，分飭所屬，各就地方情形妥籌辦理。並出示剴切曉諭，或築寨浚濠，聯村為保；或嚴守險隘，密拿姦宄；無事則各安生業，有事互衛身家；一切經費，均歸紳者掌管，不假胥吏之手；所有團練壯丁亦不得遠行調遣。……

然則團練的本旨很明白，就是餉歸地方人民自籌自管，團兵專衛地

方，政府並不調出外省。所以當時舉辦團練的，並不止湖南一省，奉命舉辦團練的，也不僅曾國藩一人（安徽的呂賢基亦奉旨回籍舉辦團練，後竟死於舒城）。但事實上，清廷的正式軍隊既已無用，而太平軍又非嘉慶時的白蓮教黨可比，漢族的人才，不能不由團練軍露出頭角來了。

二、由團練變為湘軍

江忠源在新寧縣所辦的團練兵，早由賽尚阿從新寧調赴廣西，以楚勇的名義，立功於蓑衣渡，大為清廷所賞識；太平軍由湘而鄂，直下江南，清廷的經制軍，唯向榮所統率的，尚能緊隨太平軍之後，時與太平軍接觸；一八五二年，向榮授為欽差大臣（賽尚阿因剿賊無功革職，徐廣縉繼任欽差大臣，徐又無功革職，乃以向榮繼任）；太平軍攻陷南京後，向榮所統大軍，尾追至南京，駐南京城外，號曰江南大營。江忠源因所率楚勇屢立戰功，一八五三年，授湖北按察使，令赴江南大營，幫辦軍務；於是，第一個舉辦團練的人，變為正式軍隊的要人了。江忠源授命後，率師東下，行至九江，聞太平軍將由湖口進攻江西省城，江氏便先由九江疾趨至南昌拒守；太平軍也隨即到了南昌，江氏兵少，遂為太平軍所困。江氏是曾國藩最賞識的好朋友；曾氏接奉幫辦團練的諭旨後，因持母喪不欲出，郭嵩燾力勸，乃赴長沙任事；此時羅澤南、王鑫所練的團兵約千人，已由湘撫張亮基調赴長沙幫助防守；曾國藩見當時正式軍隊腐敗無用，便令羅澤南、王鑫將所募團兵仿明代戚繼光的兵法部署操練，作為「異軍特起」的柱石。曾氏嘗與其友文任吾書，謂：

……鄙意欲練勇萬人，呼吸相顧，痛癢相關，赴火同行，蹈湯同往，勝則舉杯酒以讓功，敗則出死力以相救；賊有誓不相棄之死黨，吾亦有誓不相棄之死黨，庶可血戰十二次，漸新民之耳目，而奪逆賊之魂魄。自出省以來，日夜思維，目今之急務，無逾於此。

因為曾氏看定清廷正式軍隊第一弱點，在「敗不相救」四字，故其言如此。及江忠源被困於南昌，馳書向湖南求救，曾國藩便令羅澤南等所部的團練兵，由醴陵等處馳赴南昌，援救江忠源，號曰湘勇；於是湘鄉的團練軍，由長沙到了江西，變為湘軍了；不得「遠行徵調」的諭旨，已沒有人想及了。這就是湘軍的起點。

湘軍到了南昌，南昌城外的太平軍僅有文孝廟營壘數座，湘軍屢攻不能下；此時，郭嵩燾在湘軍營中襄助軍務，探知太平軍的主力全在文孝廟後面的舟中水師，文孝廟的營壘不過為翼蔽水師之用，故湘軍無如之何。郭嵩燾因向江忠源建議說：「東南各行省州縣多阻水；江湖一日遇風可數百里，賊舟瞬息可達；官軍由陸路躡之，其勢常不及；長江數千里之險，遂獨為賊所有。且賊上犯以舟楫，而官軍以營壘禦之，求與一戰而不可得，宜賊勢之日昌也。……」江忠源很同意於此說，立刻奏請清廷飭湖南、湖北等省仿照廣東拖罟船式，各造戰艦數十，飭廣東製備炮位，以供戰艦之用，並交曾國藩管帶部署。奉旨即如所請辦理；於是幫辦團練的曾國藩，又要進一步創練長江水師了。

曾國藩在長沙經營團練軍時，提督鮑起豹，異常嫉視他，兵與勇時起衝突，曾氏十二分的受氣；他接到創辦水師的命令後，託言衡永郴桂一帶匪徒甚多，請移駐衡州，就近排程各處團兵剿治土匪，實則不欲再在長沙受鮑起豹一班人的壓迫，要往衡州去獨力經營水師。於一八五三年八月往衡州，得著彭玉麟、楊載福兩個經營水師的柱石，便在衡州大造戰艦，選將購炮（所用的炮多由廣東購入，由陸路運衡）。此時太平軍已棄南昌，陷九江，再向湖北進攻，武昌危在旦夕。是年十月，清廷諭曾國藩，說：

曾國藩團練鄉勇，甚為得力；剿平土匪，業經著有成效；著酌帶練勇馳赴湖北，所需軍餉，著駱秉章（時為湖南巡撫）籌撥供支。兩湖唇齒相

第二章　洪楊革命時代

依，自應不分畛域，一體統籌也。……

前此的上諭說團練兵「不得遠行徵調」，現在說「兩湖脣齒相依，自應不分畛域」了。此時曾國藩抱定一個宗旨，就是「非把水師的基礎弄鞏固，湖南內部的土匪肅清，根據地不受影響時絕不出與太平軍作戰」。清廷屢次下諭要他挑選練勇，酌配炮位、船隻，順流東下，救援湖北安慶，他總是堅決地不動。到了後來，咸豐帝急得無可如何，發起脾氣來了，親用朱墨批答他的奏摺，說：

……現在安省（安慶）待援甚急，若必偏執己見，則太覺遲緩。朕知汝尚能激發天良，故特令汝馳援，以濟燃眉。今觀汝奏，直以數省軍務，一身克當；試問汝之才力，能乎否乎？平時漫自矜詡，以為無出己右者，及至臨事，果能盡符其言甚好；若稍涉張皇，豈不貽笑天下。著設法趕緊赴援，能早一步，即得一步之益。汝能自擔重任，迥非畏葸者可比。言既出諸汝口，必須盡如所言，辦與朕看。欽此。……

但是曾氏還是不為所動，奏稱：「餉乏兵單，成效不敢必，與其將來毫無功效，受大言欺君之罪，不如此時據實陳明，受畏葸不前之罪。……」咸豐帝又撫慰他，用硃批答他說：「成敗利鈍，固不可逆睹；然汝之心，可質天日，非獨朕知。若甘受畏葸不前之罪，殊屬非是。」到了一八五四年春間，太平軍再入湖北，兩湖總督吳文鎔戰死於武昌。再太平軍並且溯江西上，向岳州進攻了。清廷急如星火，督促曾國藩出兵的上諭如聯珠而下，如說：「曾國藩素明大義，諒不至專顧桑梓，置全域性於不問，北重於南，皖鄂重於楚南，此不易之局也。」又如說：「此時得力舟師，專恃曾國藩水師一軍；倘涉遲滯，致令漢陽大股竄踞武昌，則江路更形阻隔。朕既以剿賊重任畀之曾國藩，一切軍情，不為遙制。」又如說：「曾國藩以在籍紳士，專顧湖南，不為通籌大局之計，平日所以自許者何在。」這是表

明清廷窮蹙到了萬分，完全沒有辦法，除非漢民族自己出來治兵，才能平定漢民族的內亂。曾國藩經營了幾個月，至此基礎漸固，於是統率水陸各軍，順流而下；雖在靖港受了一個大挫折，隨即在湘潭大獲勝仗；乘勝北進，到了是年八月，漢陽、武昌收復。咸豐帝聞捷大喜，向軍機大臣說：「不意曾國藩一書生，乃能建此奇功。」當時有一位忌刻曾氏的伴食軍機大臣祁寯藻答說：「曾國藩以侍郎在籍，猶匹夫耳；一呼崛起，從之者萬餘人，恐非國家之福也。」咸豐帝聽到祁氏這麼說，便默然變了顏色。但因此便不用曾氏，不用湘軍麼？其勢又不可能；九月的上諭說：「曾國藩既無守土之責，即可專力進剿，但必須統籌全域性，毋令逆匪南北分竄。」旋又諭：「曾國藩經朕畀以剿賊重任，事權不可不專；自桂明以下文武各員，均歸節制；倘有不遵調遣，遷延畏葸，貽誤軍機者，即著該侍郎專銜參奏，以肅戎行。」自此，曾國藩的湘軍，便成為對抗太平軍的中堅柱石，清政府的兵權移入漢民族之手，也成為不可免的事實了。

三、湘軍的精神

日人稻葉君山說曾國藩的湘軍，並不是勤王之師，其目的全在維持名教，實無異於一種宗教軍；此說大概是對的。但說曾氏無一語及於勤王，則非事實。太平軍攻下南京後，曾氏與江忠源書，說：「……逆賊在金陵恐不遽去；扼天下之喉，鹽漕兩事，不復可問；而京師餉項支絀，實有日不能支之勢。為人臣子，一籌莫展，清夜自維，能無愧死。……」這不是表示要勤王的意思麼？我們須知道：勤王忠君，就是所謂「名教」的一部分；既說他是以維持名教為目的，又說他不是勤王之師，這是稻葉氏未能看清「名教」兩字的內容。曾氏討粵匪的檄文說：

　　……粵匪竊外夷之緒，崇天主之教，自其偽君偽相，下逮兵卒賤役，皆以兄弟稱之，謂唯天可稱父，此外凡民之父皆兄弟也，凡民之母皆姊妹

第二章　洪楊革命時代

也。農不能自耕以納賦，而謂田皆天王之田；商不能自賣以取稅，而謂貨皆天王之貨；士不能誦孔子之經，而別有所謂耶穌之說，《新約》之書。舉中國數千年禮義人倫詩書典則，一旦掃地蕩盡，此豈獨我大清之變，乃開闢以來名教之奇變，我孔子孟子所痛哭於九原，凡讀書識字者，又烏可袖手安坐，不思一為之所也。自古生有功德，沒則為神，王道治明，神道治幽，雖亂臣賊子，窮凶極惡，亦往往敬畏神祇，李自成至曲阜不犯聖廟；張獻忠至梓潼，亦祭文昌。粵匪焚郴州之學官，毀宣聖之木主，十哲兩廡，狼藉滿地；自是所過郡縣，先毀廟宇；即忠臣義士，如關帝嶽王之凜凜，亦皆汙其宮室，殘其身首，以至佛寺道院，城隍社壇，無廟不焚，無像不滅，斯又鬼神所共憤怒，欲一雪此恥於冥冥中者也。

稻葉氏因為檄文中沒有罵洪秀全反叛皇帝，只罵他破壞名教，破壞舊道德舊宗教，便說他是一種宗教軍，而不是勤王軍。其實維持名教，便是尊王。故說湘軍含有宗教軍的精神是不錯的，說他不是勤王軍則誤。當時中國士大夫階級的大多數，都是籠蓋在舊道德舊宗教之下；就是非士大夫階級的群眾，也是一樣。再看得深透一點，便是太平軍中的名將忠王李秀成，與其說是信服洪氏的天主神權說，毋寧說是全為名教的精神所涵濡；李氏的名教精神在他的供狀中隨處流露，如說：「天王加封我與陳玉成二人……那時我為合天侯，任副掌率之權，提兵符之令；我是為兵出身，任大責重；見國亂紛紜，主又蒙塵，盡臣心力而奏諫。……」又如說：「主與我母，被困在京，那時我在全邑（即全椒），日夜流涕。」又如說：「我主不問政事，只是教臣認識天情，自有昇平之局。……嚴詔下頒，令我領本部人馬，去取蘇、常，限我一月回奏。人生斯世，既為其用，不得不從。……」又說：「……天王迷信過深，竟說天父天兄自能佑助，不必將政事辦好……後來人心亂了，糧食盡了，還是講天話，全靠天心，不挽回大局。」李氏攻陷杭州後，清政府的浙撫王有齡死節，李氏優禮送王櫬回

鄉，說：「各扶其主，各有一忠。……生各扶其主，兩家為敵，死不與為仇。」這不是李忠王的腦筋裡面名教的觀念多於神權的觀念麼？然而李忠王的價值並不因此而有增減。曾國藩既是舊道德中的人物，他所吸引的一班同志也是和他一樣，自然都是以維持名教為己任，不容異教的天主神權說來破壞社會的秩序。我們須知人類雖然是進化的動物，進化的程序是有時間性的。我們研究歷史，不要忘了這個時間性去下判斷。當時多數人既時浸漬在名教的觀念之中，所以洪氏的天主神權說不能為社會所容，他們的天國平均制度也不能為人所承認。至於他們的排滿主義，彷彿可以鼓動一部分人士，但當鴉片戰爭失敗不久後，一般人痛恨「洋鬼子」的心理尚未全消，用洋鬼子的洋教來排滿，反把排滿主義的效力打消了；所以，太平軍的神權主義，在時間性上是必失敗的。曾氏的名教維持主義，還是時間性上的寵兒，就是到了甲午以後，還有許多人以瀆亂聖經排擠康、梁，何況在甲午以前數十年的曾國藩，安得不用名教來抵抗洋教呢？

四　太平天國被摧倒的經過

　　太平天國從一八五三年定都南京，與清廷對抗約十一年，至一八六四年顛覆。這十一年間對抗爭鬥的經過，可分為三個時期：第一期以長江上游的爭奪為主（由一八五三年至一八五六年）；第二時期以長江中部的爭奪為主（一八五七年至一八六〇年）；第三時期以長江下游的爭奪為主（由一八六〇年至一八六四年）。分別略述如次：

　　第一時期太平軍從永安州衝出，所向無前，一直衝到南京，弄得清廷措手不及，算是太平軍的大成功。但是成功之中，有幾點大失敗的地方：一、未能將長沙攻破，占領湖南，使曾國藩得據為經營湘軍的根據地；

第二章　洪楊革命時代

二、凡所攻陷之城，皆擄掠一空而去，自安慶以上，未嘗固守一城，即武漢如此重要之地，也棄而不守，使南京常受上游的威嚇；三、占領南京後，又未能從速將江蘇全省勘定，旋即受清廷的所謂江南大營與江北大營所牽制。所謂江南大營，是清廷欽差大臣向榮所統率的軍隊，尾隨太平軍之後，由廣西跟蹤而至的，駐屯南京城外孝陵衛附近；江北大營是琦善所統率由北方開來的軍隊，駐屯江北的揚州，為防堵太平軍北竄之計。這種大營，雖無攻破天京的能力，但很足以威嚇天京。幸此時清廷尚無水師，而太平軍已陸續由上游擄得許多船隻，構成一種水上隊伍，得出入自由。於是太平軍除分派軍隊渡江，向皖北、河南，進攻直隸，以牽制清廷北方的兵力外（太平軍派往北方軍將，一為林鳳祥，一為李開芳，皆能達到黃河以北，因無繼續而進之援軍，二人皆敗死），併力爭長江上游，由九江再行進攻武漢。此時曾國藩的水師尚未成軍，遂由武漢再入湖南。到一八五四年春夏之間，曾國藩的水師出來了，於是太平軍節節敗退；到是年八月中，武漢遂為湘軍所恢復。湘軍乘勝水陸並進，圍九江，圖江西；太平軍堅守九江，湘軍不能攻下，而曾國藩所率領的水師，因進行過猛，衝入湖口，被太平軍截為兩段，曾氏自己率領一部陷入湖內，一部尚在外江；於是曾氏坐困江西境內，往來於南昌、南康之間，經年不能有為。太平軍一面固守九江，一面分兵復向上游進攻；到一八五五年二月，武昌復為太平軍所陷（此為第三次攻陷）。太平軍此次攻陷武昌後，據守的時間頗長（至一八五六年十一月始被胡林翼所恢復）。在此時期內，湘軍頗受了十分的艱苦；曾國藩在江西，常被江西的巡撫掣肘，九江又未能攻下，去湖南的根據地又遠，交通既不方便，又時被阻遏，接濟十分困難。時清廷因武漢失守，乃依曾國藩的推薦，令胡林翼署湖北巡撫謀恢復，曾國藩令羅澤南分兵援湖北，與胡林翼合攻武昌，經年未能下，羅澤南戰死於洪山。江西方面，曾國藩孤居南昌，南昌以外各州縣，大都皆為太平軍所攻

陷；曾氏又求援於胡林翼。胡氏既要圖武漢，又要分兵援救江西，因此武漢益難攻下。

南京附近各地，因受向榮的所謂江南大營所威脅，到一八五六年五月頃，太平軍一軍由南京衝出，一軍由鎮江方面西進，兩面夾攻，遂把江南大營攻破，向榮負傷，以部將張國梁死力救護，得逃至丹陽，因傷病歿；所謂江南大營第一次瓦解。清廷旋命和春繼任欽差大臣，領其殘餘部隊，再圖整理補充。

此時太平軍在上游既能固守武漢，在天京附近又能將向榮打倒，算是能維持一點局面了；但是天國朝廷的內部，發生大變化了。由永安所封的五王，到南京時，只存東王楊秀清、北王韋昌輝、翼王石達開三個大首領。天國的大權，全操於東王楊秀清一人之手，楊氏把天王當作傀儡，表面上奉之為天父下降的神聖，一切朝臣不許與天王直接相晤，謂恐褻瀆天王的尊嚴；對於韋昌輝、石達開二人，則令之出征，不使留居天京；於是天王漸成為孤立的偶像。攻破向榮的江南大營後，所謂「外寧即生內憂」，楊秀清以為天京的危險從此去了，可以大樂了，便想取天王之位而代之。天王見楊氏勢焰日逼，不能忍受，陰令人招北王韋昌輝迴天京，密防楊氏。韋昌輝久不滿於楊氏之所為，得天王密信，便由江西迴天京，乘楊氏不備，殺楊氏及其全家，並捕殺楊氏的黨羽無數。韋氏把楊氏殺了以後，專橫更過於楊氏。石達開本來也是不滿於楊氏的，聞變，由鄂皖迴天京，見韋氏屠殺過慘，頗不滿意；韋氏以為石氏也是楊黨，想把石氏也殺了，石氏見機離去南京，韋氏遂殺石氏之全家。自此，天京內人人自危，天王更不自安，乃密令楊氏餘黨捕殺韋昌輝，招石達開回京。石氏回京後，朝臣都希望他柄政；但是天王經過楊氏之亂後，恐怕石氏也將和楊、韋一樣的專橫，不敢信任；表面上推重翼王，請其翼贊天國，實則異常疑

忌他;天王的兩位哥哥洪仁發(封為安王)、洪仁達(封為福王)和一班親戚佞臣包圍天王,教他不要再把大權交與別人。石達開知事不可為,離去南京,謀另闢新天地;於是天國的大權全落於洪氏親族戚黨及一班小人之手。這是一八五六年秋冬間的事。到是年十一月,武昌也被胡林翼攻克,太平軍又失去長江上游的根據地;湘軍得胡林翼坐鎮於武漢,根據地漸趨鞏固;兩方的勝負,至此略定。

第二時期 此時期兩方面爭鬥的重心,移於贛皖;太平軍失勢於贛,在皖省的勢力尚能維持;而在南京附近,又以李秀成之力第二次摧毀清廷的江南大營,擴其勢力於蘇、常:是為此時期形勢變化的大概。

清廷方面,胡林翼恢復武昌後,一面整飭吏治,培養民力,一面擴充軍實,以為進圖皖贛兩省的基礎;自此,湘軍後方的根據地由湖南擴展到湖北。不過曾國藩於此時期之初,即一八五七年春間(咸豐七年二月),因父喪由江西回籍,在家守制,至次年五月始再出任事。在曾氏守制的期內,湘軍的中心人物實為胡林翼;胡氏的職位為湖北巡撫,上面還有一個兩湖總督,為滿人官文。胡氏初因官文既無能力,又復濫耗財賦、任用私人,極不滿於他,想上奏參劾他;後因胡氏幕友閻銘敬的諫阻陳說,乃轉採利用官文的政策,極力與他結納,於是官文成為胡氏的傀儡。清廷對於胡氏言聽計從;胡氏的事權既歸劃一,地位也日益鞏固,湘軍也就立於不敗之地了。

太平天國方面,石達開離去南京後,天國的朝廷失去活動的中心人物,於是有兩位後起之秀的人才陳玉成、李秀成,同時為天王所拔擢。二人之中,猶以李氏為重要,他幾乎成為維持殘局的唯一大人物。李秀成出身的經過,據他自己的供狀,大略如下:父名世高,母陸氏,生秀成及弟明成二人,家極貧苦,以種山幫工度日;秀成八歲至十歲時曾隨舅父讀

書，十歲後即隨父母庸工求食以度日；二十六歲，方知有洪先生教人拜上帝。太平軍起，楚民舍，裹脅居民從行，秀成全家無所依止，乃從太平軍行。由廣西出時，秀成為兵卒，攻陷南京後，始隨春官丞相胡以晃理事。胡氏帶兵攻廬州時，始授秀成為二十指揮。天京內訌，軍事無勝任之人，經朝臣查選，秀成乃與陳玉成（時為十八指揮）同被擢用，封為地官副丞相。這就是李秀成出身的經歷（李氏後又被封為合天侯，進封忠王；陳氏被封為成天豫，又進封英王）。陳、李二人被擢用的原故，完全因為軍事沒有人能夠擔負；二人雖被授以軍事，只有打仗的責任，沒有主持朝政的權力。內外實權皆操於天王兄弟仁發、仁達之手；天王的佞臣蒙得恩結托仁發、仁達竊據大權；陳、李二人皆須受蒙氏之排程；綱紀淪亂，人心因此解體。據秀成供狀說：「此時各人皆有散意，而心各有不敢自散者，因聞清朝將兵，凡拿是廣西之人，斬之不赦，是以各結為團，未敢散也。若清朝早肯赦宥廣西之人，解散久矣。」李秀成見大勢危岌，上奏苦諫天王，勸其「擇才而用，定製恤民，肅正朝綱，明定賞罰，仍重用翼王，不用安、福二王」（李氏供狀語），反被黜革。李氏再上奏，得陳玉成等援助力爭，始恢復李氏職爵。這是此時期之初天國方面的情形。

陳玉成、李秀成二人的活動，陳氏以在安慶上下游的江北岸為多，李氏則兼顧天京內外附近各要地，馳驅於江南江北不定。湘軍的健將李續賓於一八五八年四月，攻克九江，太平軍在江西的勢力次第喪失，湘軍漸次併力圖皖。時石達開活動於贛南、閩、浙交界各州，另求出路；曾國藩於九江克復後一月，因清朝督促，由家再出，受命援浙，馳至江西境，浙勢稍安，又受命援閩；未幾，石達開由贛南入湘南，有將由湘境竄入四川之勢，曾氏又受命防川。曾氏再出後一月餘（一八五八年即咸豐八年七月），胡林翼又因母喪丁憂回湘。十月，圖皖各軍大敗於三河，李續賓

第二章　洪楊革命時代

及曾國華（國藩之弟）等皆戰死。清廷因於是年十二月再起復胡林翼回鄂撫原任，督師圖皖。從是年夏秋間至次年（一八五九年即咸豐九年）夏秋間，湘軍一部分因在三河大受打擊，曾國藩所部的一分，因援浙援閩防川的方向不定，而太平軍方面得李、陳二人的合力奮鬥，又與皖北的捻軍相聯繫，他們在江西的勢力雖然喪失了，而在皖省的勢力依然能夠維持，安慶仍為太平軍的重要根據地。曾氏受命援川後，旋因石達開在湖南寶慶被擊退（石後由湘南轉入黔桂邊境，謀取四川，在川邊被擒），乃在鄂境與胡林翼合議，定計併力圖皖，於是陳玉成漸有措手不及之勢。

　　南京附近，自向榮的大營潰敗後，和春繼任欽差大臣，駐江南，依向榮的舊將張國梁之力，把所謂江南大營整理補充，實力漸就恢復。張國梁原名張嘉祥，本來也是廣西的會黨首領，因與洪秀全宗旨主義不合，曾在廣西潯州別樹一幟，向榮前在廣西剿匪時，張氏受了向榮的招撫，將他的徒黨收編成軍，勇悍異常，漸成為向榮的中堅部隊，向榮所以能經久維持一點勢力。及向氏敗死，和春接任欽差，張國梁又是和春的股肱心膂之將，而所謂江南大營者，仍以張氏的部隊為中堅。故江南大營，表面上是清廷的經制軍，實際上所以能經久存在於江南，牽制太平軍的活動的原故，還是靠著一個漢族受招撫的會黨首領，率領一班強悍的會黨作大營的柱石。和春倚張國梁而得勢，因將江北大營的繼任主持者德興阿參劾罷職，江北軍務統由江南大營主持（江北大營日久無功，常倚江南之救援，故和春參罷德興阿），於是江北大營之名不存。太平軍方面，陳玉成圍困。李秀成困極計生，知道所謂江南大營的餉糈供給，全靠杭州、蘇州等處（此時蘇州為江蘇巡撫駐在地，故極重要），乃用兵法上所謂「攻其所必救」的策略，分兵四出擾亂各境，自率一軍直攻杭州，陷其外域，和春果派重兵援杭。李秀成知江南大營兵力已分散，乃由杭州祕密退兵，猛撲江南大營，張國梁抵禦八晝夜，不能支，和春、張國梁皆戰死。江南大營全

軍覆沒。李秀成乘勝進攻常州、蘇州，皆無抵抗取得；於是天京圍解，天國的朝廷復安。這是一八六〇年春間的事（咸豐十年閏三月）。

　　第三時期江南大營第二次破毀，所以成為第二期與第三期劃界的事變，因為此事發生後，兩方面的情形，都起了一種大變化：

　　在清廷方面，自和春、張國梁死後，不再派欽差大臣去恢復江南大營的機關了。兩江總督何桂清因棄常州不守，被蘇撫徐有壬所奏參，徐氏殉難於蘇州，何氏逃上海，被清廷革職拿問。清廷議江督繼任人物，咸豐帝想用胡林翼，肅順以宗室親貴入值軍機處，建議說：「胡林翼在湖北甚得手，未可輕動，不如用曾國藩總督兩江，則上下游皆得人。」曾國藩遂被任為兩江總督，旋又命兼任欽差大臣並督辦江西軍務（次年又命統轄江蘇、浙江、江西、安徽四省軍務）。前此清廷的軍隊勢力，有兩個中心，一個是上游的湘軍，一個是江南的大營；現在只有湘軍的一個中心勢力了，於是軍事的計畫漸歸統一。前此曾國藩僅僅是一個督辦軍務的在籍侍郎，沒有地方長官的職責，也就沒有統籌地方事務的實權，處處受人牽制，朝廷內部又有祁寯藻一派的人忌刻他，幸喜在湖南有一個駱秉章，在湖北有一個胡林翼，作他的後援，才得支持起來一個局面；現在既有兵權，又有地方長官的實權了，肅順又極力推崇他，在咸豐帝前作他的靠山，咸豐帝自此便以平定太平天國的全權交與他。這是清廷軍事勢力與事權集中的一個大變化。所以江南大營的消滅，在清廷反為一個良好的轉機；左宗棠聽說和春、張國梁失敗，便說：「天意其有轉機乎？」或問其故，他答說：「江南大營，將驕兵疲，豈足討賊！得此一番洗盪，後來者庶可措手耳。」事實果不出其所料。不過曾氏受命不久後，便發生英法聯軍攻陷北京、咸豐帝避往熱河的大事變（在一八六〇年八月），曾國藩、胡林翼又想帶兵北上勤王；幸英法和議旋即成立，曾氏未至動搖。

第二章　洪楊革命時代

在太平軍方面，前此李秀成為江南大營所牽制，不得向長江下游發展；和春、張國梁戰死時，上游的安慶尚為太平軍所守，皖省方面尚有陳玉成負責支撐，李秀成因得併力向長江下游發展，蘇浙兩省遂成為李氏活動的大舞臺。這又是天國方面一個好的轉機。但是這個轉機已來遲了，李秀成方在向上海方面活動的時候，又來了一位姓李的（鴻章）對頭了。

李秀成占領常州、蘇州後，分兵沿江東下，數月之間，破江陰、吳江，取崑山、太倉、松江等縣，又分兵入浙，取嘉興等縣，次年（一八六一年），攻陷杭州省城；於是蘇浙兩省的各名城，十九皆為太平軍所有。李秀成的行動，與前此太平軍各首領的行動大異：前此的太平軍，專以擄掠糧食、財物運往天京為務；李氏所至，對於居民則十分撫卹，對於士紳則百計延攬，對於死難的清吏及家屬，則加以禮遇並保護周恤。他在蘇杭兩處的行動，尤為人民所敬服。假使以前其他太平軍的舉動都是如此，天國的命運必不至如是的短促；可惜太平軍中只有一個李秀成，而李秀成的出頭又太遲了。

李秀成撫定蘇浙各要地後，他的目的便注集於上海。上海為東南財賦集中之地，太平軍不能早早占領，雖因受江南大營牽制的原故，但也不能不歸咎於洪天王部下的人才沒有眼光。太平軍取得南京後的幾個月，有一個三合會支派的首領、廣東人劉麗川，招集各會黨二千餘人闖入上海縣城，清吏或逃或死，縣城遂為劉氏所占領。英、美、法等國的外人皆嚴守中立。劉麗川派人到天京接洽，天京朝廷查知劉氏等為三合會黨，不是信奉天主的同志，置之不理。清軍攻圍上海縣城，竟不能下；因為清軍侵犯外人的中立，且為英美水兵所逐。此時外人對於太平軍甚懷好感；假使太平軍中有人收劉麗川為己用，一面增派重兵馳赴上海，援助劉氏，一面善用外交手段，取得外交上的援助，上海未嘗不可成為天國的重鎮。乃竟置

之不理，坐觀清軍圍攻上海縣城，延至十七個月之久（並有法國兵援助清軍）。一八五五年二月，劉麗川始因糧盡潰圍而逃。此後的上海，遂成為蘇省殷實商民逃避兵亂的「桃花源」，又成為蘇省財賦的策源地。及李秀成進圖上海，內外商民慄慄危懼，此時外人對於太平軍的觀感也變了。旅滬蘇人及殷富商民，乃招募義勇隊謀自衛；英、美、法等國的旅滬投機軍人，遂為華商所僱用；由美人華爾（Ward）、白齊文（Burgevine）領導，組織一種義勇軍（即後來常勝軍的基礎），謀抵抗李秀成的進攻。但是這種義勇軍終沒有防止李秀成侵入的力量。到一八六二年，旅滬蘇紳錢銘鼎，代表上海商民在安徽求援於曾國藩，上游的湘軍也次第東下，李秀成便沒有取得上海的機會了。

　　曾國藩於受任兩江總督兼欽差大臣後，駐軍皖贛兩省交界地的祁門，屢為太平軍所困，令其弟國荃圍攻安慶，到一八六一年八月，始將安慶攻陷；捷報至清廷，咸豐帝已於前月崩駕於熱河；胡林翼也在攻陷安慶後，病歿於武昌官署。清廷以安慶既克，便要曾國荃帶兵去援蘇浙，國荃以攻取南京為目的，說：「金陵為敵之根本，急攻金陵，敵必以全力來援，而後蘇浙可圖。」曾國藩從其言，便命國荃進攻南京，以援浙之任委之左宗棠，援蘇之任委諸李鴻章。

　　左宗棠前在湘撫駱秉章幕府主持湘政，為人所忌，受了都察院的奏劾；因郭嵩燾、肅順、曾國藩、胡林翼內外互相應援，得以保全，並被命以四品京堂，襄辦曾國藩軍務，屢立戰功，授太常寺少卿；安慶攻克後，遂以曾國藩的疏薦，受命督辦浙江軍務，歸曾節制，旋即受為浙江巡撫。李鴻章本為曾國藩的門生，曾在安徽與呂賢基舉辦團練，又曾入皖撫福元修幕府，不得志，乃往依曾氏，受曾氏訓練既久，曾氏見其才氣偉大，乃保奏於清廷，說他「才大心細，勁氣內斂，堪膺封疆重寄」。及錢銘鼎由

第二章　洪楊革命時代

上海到安慶來求援的時候，清廷也催促曾國藩令飭其弟國荃帶兵赴滬；曾國藩遂請以李鴻章帶兵馳赴下游（並繼續請令李氏署理江蘇巡撫，在李氏出發後），得旨許可，曾氏遂命鴻章往淮南招募淮勇數千人，悉仿湘軍編制訓練，又選湘軍宿將程學啟、郭松林及湘軍一部，並授李統率，是為後來淮軍的基礎。一八六二年，上海商民僱用外國輪船十艘，並餉銀十八萬兩，到安慶迎接援師，李鴻章遂於是年三月率領全軍抵上海。五月，曾國荃軍已逼南京駐屯雨花臺；陳玉成於安慶失守後奔走皖北，在是年春間為捻首苗沛霖所誘，被擒於壽州；於是李秀成孤立無助，上下不能兼顧，天國的末運逼近了。

李鴻章以新編成軍的勁旅，又得華爾等所組織的義勇軍（後名曰常勝軍，華爾戰死後，由白齊文統率；白齊文不受節制，李鴻章解其職，另用英人戈登統率；白齊文投入李秀成部下）為之援助，參用西方新式軍械，把李秀成在上海附近的勢力以次掃去，漸漸進逼蘇州。兩李方在下游拚鬥的時候，天京的形勢日趨危急，洪天王急如星火的督促李秀成回救天京；秀成乃以蘇杭之事分交部下諸將，自迴天京。他知道天京已無保全的希望，勸洪天王捨棄天京，率眾闖出，別圖根據地，洪天王不從，且嚴責秀成說：「朕奉天父皇上帝及天兄耶穌聖旨，下凡作天下萬國主，獨一真王，何懼之有？不用爾奏！政事不由爾理！爾欲外出，欲在京，任由於爾！朕鐵桶江山，爾不扶，有人扶。爾說無兵，朕之天兵，多過於水，何懼曾妖乎？」這與王莽所說的「天生德於予，漢兵其如予何」可算是同樣的自己騙自己，以寬解自己。他以為還是在永安州被圍的時候一樣，不知道此時的神權精神已經失了作用了。李秀成無計可施，糾合內外諸將猛攻雨花臺，曾國荃屢瀕於死，卒能固守不動。秀成見天京之圍沒有可解的希望，又往蘇州；及抵蘇，蘇圍亦急，各守將因天京朝廷舉措乖方，漸漸解體，知蘇州亦無可救，又回天京，勸洪天王棄天京他走。李氏再離蘇，蘇州即

降於李鴻章，是為一八六三年冬間之事。一八六四年，左宗棠陷杭州，天京外援皆絕；四月，洪天王仰藥死，諸王扶其子洪福為天王；六月，曾國荃攻陷天京，李秀成翼衛洪福潰圍出，中途相失；秀成被擒於城北澗西村，洪福落荒至江西，後在江西石城縣被擒，太平天國顛覆。

五　太平軍失敗與湘軍致勝的原因

　　太平軍所以失敗，湘軍所以致勝，有幾種原因：

　　第一，就軍略上說，太平軍只顧向前，不顧後方的安全與否；到了他們想謀根據地安全的時候，已經沒有機會了。湘軍的方面，曾國藩、胡林翼輩都是腳踏實地，一步一步的進展，對於後方安全的問題一點不放鬆。這是勝敗所繫的一個關鍵。

　　第二，就政策上說，太平軍只顧攻城，不顧治地；只顧掠食，不顧撫民；等到李忠王想要治地撫民的時候，已經不容他有展布的餘暇了。曾國藩有一個駱秉章和胡林翼，分任上游治地撫民的事務。這是勝敗所繫的又一個關鍵。

　　第三，就人才上說，太平軍的戰將，固然不少，兼有政治才幹的人實在是太缺乏；楊韋之亂後，以一石達開而不能容；李忠王確實是一個有能力、有心性的人才，但天京朝廷一切皆為洪氏的家族親戚所把持，而彼等又皆貪汙庸碌，無知無能，以一忠王立於群小環視之中，真所謂「一木安能支大廈」。湘軍的戰將，固然未必優於太平軍，有政治才幹知識的人，則遠非太平軍方面所可比；曾國藩在戰爭的前半期中，固然也受過地方疆吏的掣肘，後來漸漸取得清廷堅固的信任，運用他自己觀察人才銳敏的眼光，將他所認識的人才盡量拔擢，各如其才器之大小短長，分布適當，使

第二章　洪楊革命時代

各人皆能發舒其所長而無遺恨。這是勝敗所繫的一個重要關鍵。

第四，就主義上說，太平軍的種族主義，既已被神權主義所吸收，褪了顏色，失了效力，而所持的神權主義，又不合於當時中國大多數人的對神觀念。湘軍的名教主義，在中國已經有了幾千年的歷史，根深蒂固，加以曾國藩、羅澤南一輩人的鼓舞激勵，自然非太平軍的神權主義所能抵抗。這是勝敗所繫的又一個重要關鍵。

最後還有一層最重要的原因，就是：洪秀全輩的神權主義精神是假的，曾國藩輩的名教主義精神是真的（此處所謂真假，不是指主義本質上的真假，只是指信奉主義者精神上的真假）；換言之，前者只是利用神權，假託神權，對於神權並沒有真實的信仰，不過藉此來滿足個人的野心慾望；後者卻是真實的信仰名教，誠心誠意的要維持名教，並不是利用名教、假託名教，來圖達別一個目的。主義的對不對，又屬別一個問題；假的和真的爭鬥，假的一定失敗；因為真的精神，始終有一種精神，有一種信仰，而假的精神，實際等於沒有精神，沒有信仰，安能保持他人的精神信仰？兩方面的真假何從分別呢？可用事實來證明：

先就曾氏一面說：曾氏被命幫辦團練時，初因母喪不肯出來，經朋友再三解說出來後，不久又遭父喪，終於回家去守了幾個月服制；現在看起來好像是末節，但在他卻是力求不背於名教的舉動；屢次為清廷立功，屢次辭受清廷的褒賞；清廷屢次畀以重權，屢次退讓；南京恢復後，他立即請將湘軍遣散。這些事實，雖然是他避免清廷疑忌、避免他人嫉妒的小心辦法，但也不能不說他是力求言行相顧的人。我們不能說他的同僚個個是同他一樣的人，但至少也有幾個主要的人物，與他的精神相差不遠的，或是受了他的薰陶的。

再就洪氏方面看：他們說自己是天父所生的平等兄弟，結果弄到兄弟

相殺；他們說女子是天父所生的平等姊妹，結果天王役使宮婢至二三百人，有妃嬪至六十餘人，其他諸王的妃妾無不多至半打以上。這是基督教義所許的嗎？這是得了天父的同意的嗎？他們說一切土地、財物是天父所賜，應該人人共享的，結果諸王和洪氏的家族貴戚人人囊橐豐盈，而南京城內的苦百姓弄到食甘露；到了危急的時候，李忠王勸導諸王侯蓄有錢財的人，向外購屯糧食，結果非有洪氏家族親戚所發出的執照，糧食不能入城，這是天國共產制所規定的嗎？關於天國的腐敗情形，中國官書及其他中國人的記載批評，或者有故意誣衊他們的處所；歐美人士起初是對於他們表同情的，請把當時歐美人士的報告批評節譯二三段附錄於後，以證明他們的主義精神的虛假。

一、一八五三年（即太平軍占領南京的第一年），英前香港總督文翰（Sir.G.Bonham）考察南京情形後，對於英國外務大臣克林敦（Lord Clarendon）的報告說：

……對於上述五種小冊子（指太平天國所頒宣傳教義及條規的各種刊物）既舉其概要，讀者可以自己構成一種意見。依我們所見，此時想要得到一種確定的結論，似覺極難。因為其間含有一部分好而又好的東西，令我們推想這些刊物的作者是受過神聖教育的，使我們抱持一種希望心，以為將有不少的人可由此找著一條進入極樂國土的途徑。但其間有一部分的東西使我們十分難於贊同；有不少自逞新異，直接傳達天語的處所；其間所表現的神道，與我們所習見於《聖經》的遠不相同，含有增高個人權位、滿足自己的野心的作用。叛黨若果成功，可預期的利益至一、宗教及通商事業，可以開放；二、可以引入科學的改進，於授者、受者兩方面都屬有益。若各基督教國家竟幫助清政府來撲滅這個運動，則為大不幸事；因為這些叛黨有一種活動力，並且有進於改革的傾向，而這種傾向，清帝

第二章　洪楊革命時代

國政府從不曾表現過，且永不能有表現的希望。將來能否成為一個基督教國，雖然尚屬疑問，但叛黨既以此自任，若果成功，必遠勝於現在中國人所習尚的偶像崇拜。——清政府不得外人的援助，若竟能撲滅這些叛黨（似甚難能），他們排外與傲慢的程度將比以前更甚。——現在我們所應採的適當政策，似以置身局外，勿與任何一方發生正式的關係為好。不過，我們外國人，須預備充分的武力防止他們的侵害罷了。

此時太平軍初入南京，弱點還未暴露，英國人因為不滿意於清政府的頑固態度，而太平軍以信奉基督教義相號召，故甚表好感於太平軍；但表示好感之中，已含有懷疑的意味，對於他們的教義宣傳上，已認為有野心作用。

二、一八六一年，英國來華特使布魯士（F.Bruce）根據英人宓捷（A. Michie）在南京考察所得的報告，轉達於英國的記載說：

……我們在南京，停住了一星期……現在請用極簡括的話，把我們對於太平革命黨觀察所得的結論報告於你……

他們除了急需購買槍械、火藥、輪船以外，絕無獎進商業的表徵。……事實上，他們的生活全靠擄掠；在他們能夠擄掠的時期以內，他們既不工作，又不營商。我看他們內部，現在的生活狀況比我所預想的好；他們穿的極好，吃的也好。南京的人差不多完全是公職員；沒有一隻船、一件東西與軍政界無關係的，可被允許進入他們的大門。我估計他們的人口恐怕在兩萬人以下；這個數目之內，軍人極少，大部分皆為由國內各處擄俘而來的，或竟為奴隸。南京城及其附郭地的明代華美的陵墓，與著名的瓷砌寶塔，一切皆被破壞。城垣極高，周圍約二十英哩；但是城內以前寬廣平坦的市街，只留下一些穿過瓦礫堆中的小徑了。諸王的宮殿很刺眼的挺立在那些殘垣廢墟之中，這些宮殿都是新的；舊衙署、舊寺廟及滿人駐防

城，一切都被破壞了。路旁此處彼處稀稀落落排列的房屋，據我看起來，至多不過能供給兩萬人的住居而已。天王有一所極大的宮殿。他的使役人員都是女子，其數有三百，以外還有嬪妃六十八人，除了諸王之外，沒有人可以看見他，他的身體尊嚴神聖，是不可褻視的。但他絕不是一個木偶，因為他是結合此次運動的唯一人物。……

我對於這種叛黨的運動，認為絕無良好的希望；也沒有一個正當的中國人願意和他們行動。他們的工作就是燒、殺、破壞；除此以外，別無所事。國內百姓都嫌惡他們，就是南京城內的百姓，除了他們的所謂「老兄弟」外，都恨他們。他們占領了南京已有八年，沒有一點謀興復改造的徵兆。工商業是他們禁止的。他們的土地稅比清政府加重三倍。他們絕不採用何種安慰人民的政策。他們的行動，並且不像是與這塊地方有永久利益關係的。他們不注意通常緩慢而永固的收入財源，專靠劫掠來維持生存。我可以堅決的說：在他們裡面，我不能看出一點有永固性的要素，也沒有一點可以博取我們的同情的東西。……

此時英國人對於太平天國已絕望了。

三、一八六一年，美國宣教師羅伯滋（I.J.Roberts，即洪秀全從受基督教義的教師）的報告批評（羅氏被天王招往南京，從一八六一年至一八六二年在南京留居十五個月，此為一八六一年底在南京所記者）說：

……此間的事情，有兩種很不同的景況：其一是光明的，我們所期望的；其他是黑暗的，所不期望的。不幸，我們預想的，僅在光明的一面，因是，當我認識黑暗的一面後，使我大大地感覺失望。光明的一面，都是消極的，例如：在此城內，不許有偶像的崇拜，不許有娼妓，不許有賭博，也不許有其他不道德的事情。……但一到了宗教的觀點上，以及其他政治與民事的汙點上，其黑暗的景況，使得我心中異常苦惱，立刻要離開他

們。但我很憐憫這些苦百姓，他們也有永生的靈魂，並且真正是受苦者，是永世的可憐蟲。

天王所熱心宣傳的宗教意旨，我相信，在上帝的眼中是可憎惡的。實際，我相信他（指天王）是一個精神錯亂者，特別在宗教的事情上，我不相信他對於任何事件有確實的理性。……他稱他的兒子為世界的少年救主，他自己為耶穌基督的真兄弟；但是說到神聖的精神上，他卻把他自己放縱於他的「三位一體」說之外去了，毫不悟及他自己的工作是要感化世人的。

他們的政治系統和他們的神學，是一樣的薄弱可憐。我不相信他們有任何的政治組織，並且不相信他們知道要組織一個政府。一切要務，好像完全存於軍法，由最上級到最下級的當權者，都是在殺人這條線上走。這種屠殺的景況，把我弄得十二分的厭惡了。一八六〇年，從蘇州到南京的路途，我所目見橫陳於路旁的死人有十五個到二十個之多；當中有幾個是剛被殺了的，殺的人並不是他們的敵人，而是他們自己的人。

使我更嫌惡苦惱的，就是他們故意設定一些陷阱，來捕殺人民。一個是他們的布告，說「凡剃髮的人不許入城」，但在人民知道有此布告以前，已經有十七八個人墮入這個陷阱，被他們捕殺了；當中有幾個，恐怕永不曾知道有此布告。……這類事情，可舉一件最特出的：就是有一天，有兩個住在我下面房子裡的書記因為在呈奏天王的公文上寫錯了幾個字，兩個人都被天王親自宣告死刑，並不加以審訊，三天內就把他們的頭砍了。我說天王是一個精神錯亂者，即此可以證明。我不相信在這樣一個惡魔專制的統治下面，能發生什麼好處。

他要我到此地來，但不是要我來宣傳耶穌基督的福音，勸化人民信奉上帝；是要我來做他的官，宣傳他的主義，勸導外國人信奉他。我寧願勸

導他們去信奉「摩門」（多妻教）主義，或別種不根於經典而遠於魔道的主義。我相信在他們的心裡，他們實在是反對耶穌福音的，不過在政策上，與以寬容罷了。但他們必定妨阻福音的實現，至少在南京城內。……我也知道我傳道的工事是沒有成功的希望了，也並不期望再有何人到此地來，和我共同進行這種工事。我已決計要離開此地了。……

六　洪楊戰役期中的外患及清廷政權的推移

太平天國，雖在一八六四年摧倒了，但在此內亂期中，發生了一件最大的外交事變，即一八六〇年英法聯軍攻入北京之事。自經此事變後，外國的勢力遂由門戶深入堂奧。清廷政治的中心勢力，在此內亂外患的當中，也發生了絕大的變化，分別略敘其梗概如次：

一、英法聯軍入京的原因及其結果

為什麼在內亂最甚的當中，竟惹出這種大外患來呢？其詳細經過現在不及詳說，其直接的原因為「亞羅船爭議事件」，其遠因則由鴉片戰爭聯貫而來的。一八四二年《南京條約》成立後，歐美各國皆紛紛派使東來，求仿英國例，訂立通商條約。美國於一八四四年六月與中國成立修好條約；法國也在是年九月與中國成立修好條約；依《南京條約》所開的五商埠，法美各國皆得同享通商利益。不過這五個商埠之中，上海、寧波、廈門、福州四處，都於換約後次第開放，獨廣州一處，因廣東人民對於英人的惡感特別深，依舊向政府要求，不要英人入城。粵督耆英勢處兩難，終以與英人訂立「舟山列島不割讓與他國」為條件，將廣州開放之事延期二年。不久，耆英去粵，徐廣縉繼任粵督，葉名琛為廣東巡撫，英國的香港

第二章　洪楊革命時代

總督文翰又請履行開放廣州城的條約；徐、葉二人密會，廣州人民糾集團練數萬人，余文翰與徐督會晤時虛聲恫喝；文翰因為兩國和約成立未久，不欲激成變故，又把入城的問題放棄了。徐、葉二人大得意，清廷也大得意（封徐一等子爵，封葉一等男爵），以為民氣可恃，外人不足懼了。到了一八五二年，太平軍進入湖南，徐廣縉移督兩湖，葉名琛升任粵督，英國的香港總督文翰也去了職，由保林（Bowring）繼任。保林又請履行入城之約，葉名琛根據與文翰所約，拒絕他。葉氏因為前次拒絕英人入城成功，又因為在廣東防禦太平黨及剿匪籌餉認真，清廷十分倚重他，他也異常自負，開口閉口要雪國恥、尊國體，對於英人，態度非常傲慢強硬；保林與廣東英領事巴夏禮（Harry Barkes）十二分惱恨他。到一八五六年，便發生所謂「亞羅船爭議事件」。

　　此時閩粵沿海各地的海盜，和密販鴉片的奸商，多以香港為逋逃藪（罪犯藏匿處），假借英人的勢力，揭英國旗幟，往來於閩粵各海口。香港政府，為圖香港的繁榮發達起見，對於華人的船隻向香港政廳請求登記的，也照章許可，於是以華船而揭英國國旗者不少。「亞羅船」，便是一隻華人所有的船，而揭英國國旗的，於一八五六年九月由外海入珠江，巡河水師探聞該船有祕密不法行動，特假英國國旗為護符，登船搜尋，在船上捕去華人十餘名（中國的記載多為十三人，據巴夏禮所記似僅有十二人），又曾將英國國旗拔下。英領事巴夏禮提出抗議，葉名琛應付失當，巴夏禮乃與香港總督保林決計用武力壓迫葉氏。（巴夏禮初次要求將捕去之華人十餘名送交英領事訊明，如有罪，再由中國政府提去。葉氏答以已訊明十二人中三人有罪，餘九人可送還。巴夏禮不受，因商同保林提出嚴重交涉：

　　一、須將十二人送還原船；

　　二、須具書辯白引咎；

六　洪楊戰役期中的外患及清廷政權的推移

三、須保證以後不再有此不法行為。

葉氏答以船為華船，雖曾向香港政廳登記，已於被搜前期滿，所捕者為華人；對於英方要求不允照辦。保林與巴夏禮乃進一步提出最後通牒，限四十八小時圓滿答覆，過時即採自由行動。葉氏乃將十二人送往領事署，但無辯白書，巴夏禮以與所要求不合，又不受。葉氏亦竟不為後圖，置之若無事。英人遂用海軍炮擊珠江各要塞堡壘，釁端遂啟。）九月二十六日，英軍攻陷黃埔炮臺，葉名琛派人詰問，巴夏禮答以須入城面議，蓋欲乘此解決入城問題，葉氏拒絕許。十月初，英軍攻入廣州省城，葉氏逃匿。但英軍此舉，初未得英本國政府訓令，攻入廣州的軍隊也不過千人內外，不過想用武力屈服葉氏，並無占領廣州的意思，所以隨即退出。英軍退出後，至次年年底，始再與法國聯軍攻陷廣州，因印度發生叛亂，派來之援軍中途折回，故至一八五七年年底，始再發生戰事。廣州人民見英軍退出，便用焚燒廣州城外的洋行來洩憤，不分國別，連法美各國的洋行也燒了。

英政府得到報告，便想聯合法、美、俄諸國，共向中國趁火打劫；美俄雖亦派使東來，謀與中國修改商約，但皆不欲與中國開釁。法國正當拿破崙第三僭主法國的時候，想藉此揚威海外，以博國人的歡心，又因是年春間有一個法國牧師在廣西被殺，便允許與英國共同出兵，是為英法聯軍的由來。

英法聯軍於一八五七年陽曆十二月後旬，攻陷廣州城，捕獲葉名琛，送往印度（後死於印度），用廣東巡撫滿人柏貴為傀儡以臨華民，實際上，廣州成為英法聯合軍統治的局面。英法軍占領廣州後，乃約同俄美兩國的特使於次年（一八五八年，咸豐八年）一月，聯合致書清廷首相大學士裕誠（書信由兩江總督署轉送北京），請清廷選派全權大臣到上海來和他們會議；四使一面率艦隊共來上海。清廷還不知外交情勢的嚴重，對外觀念依然未變，說：「大學士參謀內政，無預聞外交之例，外交事當各就

第二章　洪楊革命時代

邊臣議之。」乃用裕誠名答以英、法、美三國交涉事，已派黃宗漢（新任兩廣總督）為欽差大臣赴廣東會議；俄國交涉事，已派黑龍江辦事大臣辦理。英法各使見清廷不依所請，便由上海率艦隊北上，於三月初抵白河口。四月初，攻陷大沽炮臺。清廷失措，始派大學士桂良、吏部尚書花沙納為全權大臣，往天津接洽和議。英國開出條款五十六款，法國四十二款，內容大略相同，迫令清政府承諾；清廷無計可施，一一承認；這便是所謂《天津條約》，其內容的重要點如下：

中英條約要點

（一）英國得派公使長駐北京，中國亦得派使駐倫敦；

（二）增開牛莊、登州、台灣、潮州、瓊州五處為商埠；長江流域俟內亂平定後，許選擇三口為商埠（後選定漢口、九江、鎮江三處）；

（三）英人犯罪由英領事懲辦，華人加害英人由中國地方官懲辦，兩國人民爭訟由中英會同審判；

（四）改正稅則由兩國協定；

（五）英人得往內地遊歷；

（六）賠英商損失二百萬兩，軍費二百萬兩。

中法條約要點

（一）與中英約同；

（二）增開瓊州、潮州、台灣、淡水、登州、江寧六口為商埠，唯江寧一口，俟內亂平定後始開放；

（三）法商所至之商埠，法國得派兵船停泊，法船得遊弋各通商口岸；

（四）法教士得入內地傳教，法人得遊歷內地；

（五）法人與法人訟案由法領事審判，法人與華人訟案，法領事不能

處理時，請華官協同處理；

（六）協定稅則；

（七）賠法商損失及軍費二百萬兩；

（八）以後中國許與他國特權時，法國得享最惠國待遇。

兩約成後，英法各使皆回上海，在上海協定稅則；俄美兩使也在上海與中國締結最惠條約。但換約的期限，定在一年後。次年（一八五九年），各使向赴北京換約；英法兩使各率護衛艦隨行，謀駛入天津。清廷前此因大沽失陷，被迫定約，所謂清議之士無不憤激，清帝也不甘心；各國軍艦退去後，由僧格林沁大修武備，費鉅款，於白河口內增設很堅固的防禦工事，以阻遏軍艦之闖入。及各公使率護衛艦入口時，被阻不得入。設防的本意，並不是一定要廢前約，不過是怕外國軍艦再闖入白河口，驚動畿輔而已。英法兩使以為清廷不願意換約，率艦強入白河口，清當局請其由北塘登岸，拒絕聽，謀破毀防禦工事，發炮，僧格林沁令兩岸炮臺開炮抵抗，英法艦隊敗退南下，受損甚巨。於是戰端再啟。清廷見英法艦隊敗退，大喜，以為洋人不敢再來了，一般無知的士大夫也以為《天津條約》可以廢棄了。次年（一八六〇年），英法兩國增派援軍，向天津出發，軍隊由北塘登岸，僧格林沁統大軍力抗，節節敗退，英法聯軍便以是年八月攻入北京，咸豐帝逃往熱河。俄國特使假調停之名，操縱於英法與中國之間；旋以俄使為介，由恭親王奕訢與英法兩使分別再定和約於北京，是為《北京條約》，其要點如下：

中英條約要點

（一）《天津條約》除此次改正條款外皆有效；

（二）增開天津為商埠；

（三）割香港對岸九龍司一區，為英管轄地；

（四）賠款改為八百萬兩。

中法條約要點

（一）與中英條約同；

（二）與中英條約同；

（三）法國教士得在內地購買土地建築自便；

（四）賠款改為八百萬兩。

英法聯軍退去北京後，俄公使藉口調停和議，有功於清廷，乘機索割烏蘇里江以東之地，清廷竟與定約，將烏蘇里江以東濱海的一大塊國土讓與俄國。此次戰爭的結果，除喪地賠款不計外，中國國權最大的損害就是內河航行權、最惠國的條款及領事裁判權、協定稅則的確定。後來外國對於中國不平等條約的實質，皆於此次交涉造成。

中國前此對外的交涉事務，皆由各省處理，中央則由理藩院統轄，因為把各國看作藩屬國的原故。此次定約後，始依恭親王的奏請，新設一個總理各國事務衙門，命恭親王與大學士桂良及戶部左侍郎文祥等管理該衙門事務。同時又命崇厚為辦理天津、牛莊、登州三口通商大臣（後來稱為北洋通商大臣），命江蘇巡撫薛煥為辦理廣州、廈門、寧波、上海、潮州、瓊州、台灣、淡水及長江三口通商大臣（即後來所稱的南洋通商大臣），這兩大臣的位置職務，就是地方的外交官。這種新衙門、新官職的增置，可算是清廷政府機關破例的創舉，也就是對外觀念漸有變化的表示。

二、清廷政權的推移

此時期中清廷政權的推移，可分兩方面觀察：（一）中央方面，漸啟佞幸攬權之機；（二）地方勢力漸次加重。先就中央方面說：

六　洪楊戰役期中的外患及清廷政權的推移

　　當英法聯軍入京、咸豐帝逃往熱河時，扈從車駕同去的，有軍機大臣兵部尚書穆廕、吏部左侍郎匡源、署禮部右侍郎杜翰、太僕寺少卿焦祐瀛、御前大臣額駙景壽；以外，還有三個為帝所親信的宗室要人，為怡親王載垣、鄭親王端華、戶部尚書肅順（端華之同母弟），但此三人，皆非咸豐帝的最近親屬；帝之親弟恭親王奕訢受命留守北京，主持與英法聯軍媾和之事。載垣、端華，皆於咸豐初年襲爵，俱官宗人府宗正，領侍衛大臣；肅順初為戶部郎中，以端華之薦入內廷供奉，旋升戶部尚書入軍機。三人皆喜為狎邪遊，善迎合帝意，以聲色之事獻媚於帝，為帝所愛幸，漸至參與機要政務，實權在各軍機大臣之上，及隨帝同往熱河，權勢更張。與英法和議成後，恭親王及留京各朝臣，奏請車駕回京，輒為肅順等所阻；於是清政府分為兩個中心勢力：熱河以肅順為中心，北京以恭親王奕訢為中心，各樹黨援，互相暗鬥。延至一八六一年（咸豐十一年），咸豐帝在熱河駕崩，正後（後稱東太后）無子，僅帝之寵妃那拉氏（後稱西太后）有一子名載淳，年僅六歲，遺詔立為皇太子，即帝位。於是發生一件宮廷的大政爭事件。

　　咸豐帝未死時，肅順等三人的權勢即已超過各軍機大臣，帝死後，其他幾位隨駕的大員，當然更唯三人之命是聽了。於是肅順等八人，在咸豐帝的遺詔上共同取得「贊襄王大臣」的名位（後來宣布他們的罪狀，說他們是矯詔；但果否為矯詔，不可得知。咸豐帝既寵幸他們，或不一定是由矯詔而來的）；他們又諭令恭親王不要往熱河去奔喪。於是一切大政皆由他們八人定奪取決，實際上全由肅順一人操縱。此時生出兩方面反感：

　　一在熱河方面，兩位太后對於肅順的專橫十分惱恨；一在北京方面，恭親王及與肅順有積怨的一派人，也十分不滿。咸豐帝駕崩後約一月，首由在北京的御史董元醇出名上奏，請兩宮皇太后垂簾聽政，並派近支親王

第二章　洪楊革命時代

一人輔政，兩宮皇太后得奏後便想照准實行；肅順抗議說「本朝無太后臨朝故事」，令軍機處擬旨駁還。兩太后對於他們的行動若有異議，他們便說他們是贊襄王大臣，不能聽命於太后，就是請太后看折，亦屬多事，因此兩太后十二分的不能容忍了。不久，恭親王赴熱河叩謁梓宮，太后召見，便與定誅鋤肅順等三人之策。恭親王隨即回北京，布置網羅。太后於恭親王回京後，即傳命回京；肅順等力阻，兩太后不聽。九月二十三日，派肅順護送先帝御櫬先行回京，兩太后率幼帝於次日別由間道疾馳，載垣、端華扈從。此時北京方面又由大學士賈楨、周祖培，戶部尚書沈兆霖，刑部尚書趙光四人，聯名上奏，再請兩宮皇太后垂簾聽政，奏語中一段說：

　　……權不可下移，穆則日替。……我皇上欽奉先帝遺命，派怡親王載垣等八人贊襄政務，兩月以來，用人行政，皆經該王大臣議定諭旨，每有明發，均用御賞同道堂圖章，共見共聞，內外皆相欽奉。臣等尋繹「贊襄」二字之義，乃佐助而非主持也；若事無鉅細，皆憑該王大臣等之意先行議定，然後進呈皇上，一覽而行：是名為佐助而實則主持，日久相因，能無後患。今日之贊襄大臣，即昔日之軍機大臣；向來軍機大臣，事事先面奉諭旨，辦駁可否，悉經欽定，始行擬旨進呈；其有不合聖意者，硃筆改正：此太阿之柄，不可假人之義也。為今之計，正宜皇太后敷宮中之德化，操出治之威權，使臣工有所稟承，不居垂簾之名，而收聽政之實。昔漢之鄧皇后，晉之褚皇后，遼之蕭皇后，皆以太后臨朝，史冊稱美，宋之高太后有女中堯舜之稱。……我皇上聰明天亶，正宜涵詠詩書，不數年即可親政。……

同時，欽差大臣勝保也奏請簡近支親王輔政，以防權奸之專擅。兩太后及幼帝車駕於十月朔日到北京，立即用周祖培（前與肅順同為戶部尚書時，屢受肅順之欺凌侮辱）之言，免肅順、載垣、端華等贊襄王大臣之

六　洪楊戰役期中的外患及清廷政權的推移

職,密旨任恭親王為議政王,另派大學士桂良,戶部尚書沈兆霖,戶部左侍郎文祥、右侍郎寶鋆,鴻臚寺少卿曹毓瑛,為軍機大臣。肅順尚在途中,載垣、端華雖與太后同時到京,也夢不得知。次日(十月初二日),恭親王入朝,載垣、端華先入,見恭親王至,大聲喝止,謂外臣不得入宮;少頃,恭親王受詔宣示,將載垣、端華、肅順革去爵職,拿交宗人府治罪。載垣、端華還厲聲抗議說:「我等未入,詔從何來?」但是那些侍衛已走來將二人的冠帶摘去,擁往宗人府幽禁了;肅順在途中被捕。初六日,詔賜載垣、端華自盡,肅順斬立決。兩太后垂簾聽政,恭親王奕訢以議政王名號輔政。前在熱河時,已決定改明年為祺祥元年,至此藉口「祺祥」二字意義重複,又改明年為同治元年,頗寓兩宮皇太后共同聽政的意思。

　　這種政爭,本來不過是愛新覺羅氏家族內的爭鬥,彷彿於中國政局無甚關係,然而關係卻是很大。論清室祖宗的家法先例,本無太后臨朝的故事,肅順等所持,並非無根據;開國初期,順治帝也是以幼沖即位,但未嘗許太后臨朝,而由幼帝之叔父睿王多爾袞攝政。清政府事事拘守先例,尊重祖宗家法;現在對於此事,獨不顧先例,不守家法;賈楨等奏請太后垂簾,竟援引漢、晉、遼、宋各賢良太后的故事,忘記漢代還有一個極不賢的呂后,唐代還有一個極不賢的武后;若說由多數贊襄王大臣主政,恐怕威柄下移,又何不援引多爾袞攝政的先例,直截了當請由恭親王奕訢攝政呢?我並不是說太后絕對不宜主持政務,不過說以事事尊重家法先例的清廷,公然不要家法先例,實為清廷政治史上一個大變局。以當時清室的人物臧否而論,肅順雖非近支親屬,他知道滿人不中用、無能力,勸咸豐帝重用曾國藩、胡林翼、左宗棠等,可見他不是沒有眼光的人;兩太后與奕訢一派人的政治知識、才幹,雖然未必劣於肅順,也未見得果在肅順之上,肅順好為狹邪遊,西太后也不是不狹邪的。肅順排斥恭親王,確是他

第二章　洪楊革命時代

可議之處;他抑制太后不許其干政,未見得於清室、於中國有何不利。清廷的大權,以前全操於皇帝手中;皇帝以下,權勢最大的為軍機處;肅順在咸豐帝死後,將軍機處的權移到贊襄王大臣,失敗後,政權並未回覆到軍機處,而分寄於皇帝之上的兩個太后及議政王奕訢,實際議政王與軍機處皆仰兩太后鼻息;而兩太后之中,東太后才力、知識既極薄弱,又因幼帝非己所生,事事謙退緘默,實權又全操於西太后。同治帝剛及成年即死去,無嗣,又擁一個年甫四歲的光緒帝為傀儡,東太后旋亦死去;於是西太后獨攬大權,縱慾無度,寵幸閹宦,佞幸干政,漸至內外大僚想要保持權位,非與閹宦相結納不可。故自同治帝即位以後,大權在握的皇帝變為無用的偶像,而終清之世,中央的實權操於幾個女子、小人之手;清廷的顛覆固然由此決定了,中國政治的前途,也從此更入於艱險之途了。一般粉飾昇平的士大夫,因為太平天國打倒了,美其名曰同治中興,頌揚兩宮皇太后的聖德,那知愛新覺羅氏的龍椅已經摺了腿,中國四萬萬人的生命也幾乎要被那拉氏斷送呢!

再就地方勢力的變遷說:

在洪楊戰役以前,各省巡撫大概沒有兵權(初唯晉、魯、豫三省巡撫兼授提督銜,可以典兵,因其上無總督,兵事無人統理故也),總督雖然兼理軍民,有兵權,但全國的軍隊編制額數、駐紮地點、布置調遣,皆根據一種經常的統一軍制;軍政軍令的總機樞,悉操於皇帝之手;全國的軍隊是一個單元體,遇有重要軍事行動,輒由皇帝特簡欽差大臣,總司兵符。就是在洪楊戰役的初期,這種總司兵符欽差大臣,還是很重要。但是因為經制兵不中用的原故,欽差大臣的輕重,全視其下所統轄的軍隊的實質以為輕重。例如向榮、和春、官文,都是總司兵符的欽差大臣,曾國藩後來也取得了欽差大臣的職位。向榮、和春的欽差大臣位置,以張國梁的

六 洪楊戰役期中的外患及清廷政權的推移

軍隊來維持，張國梁的軍隊破毀了，他們的欽差大臣也根本消滅了。官文的欽差大臣位置，以湖北巡撫胡林翼的軍隊來維持，欽差大臣實際上作了湖北巡撫的傀儡。只有曾國藩是一個名實相符的欽差大臣，因為他的軍隊是他自己所編練的軍隊，他的權位是由自己的軍隊勢力取得的。故雖同為欽差大臣，實權的輕重，不存於名位，而潛移到軍隊的本身上去了。

洪楊戰役中，經制兵與地方臨時編練的非經制兵（稱之曰「勇」），兩兩相形，前者的效力遠不如後者；於是前者雖仍存在，而後者遂有不能廢止之勢。曾國藩兄弟於攻陷南京後，因為那些妒功忌能的人，蜚語中傷，清廷也暗中疑忌，曾氏自請將湘軍的主要部分遣散，清廷立即允准，彷彿不要這種臨時編練的募勇了。但是北幾省還有所謂捻匪的巨大流寇，勢力日張，不能不借重這種地方臨時編練的募勇。湘軍的主要部分雖然遣散了，李鴻章的淮軍又代湘軍而起，李鴻章是由曾國藩卵翼而成，淮軍也是由湘軍卵翼而成。後來曾、李二人相續任直隸總督，編練新軍隊，大概以淮軍為基礎；再後一點，袁世凱的創練新軍，又淵源於李鴻章的基礎。所以，北洋軍閥的老祖宗，可遠溯至李鴻章；而湘軍勢力移於淮軍，則又為其最遠的伏線。

又在洪楊戰役期中，許多人的巡撫、總督位置，全由軍功取得，一面作督撫，一面帶兵打仗。如江忠源、胡林翼、李鴻章、左宗棠、劉長佑等，不計其數。自此，領兵成為地方疆吏當然之事，不問是總督或是巡撫。此後的督撫，不唯有領兵之權，並且兼有隨意編練兵隊之權。因為在洪楊戰役中，地方編練臨時軍隊雖須奏明，由清廷裁可，但發意率由地方疆吏；兵數的多寡，餉械的籌備，皆由地方疆吏定計後，奏明皇帝；皇帝因為急於平亂，只要地方有辦法，沒有不裁可的；裁可後，即由各地方疆吏及領兵大員自由施行；需要補充或擴大額數時，又用同一的辦法，一面

第二章 洪楊革命時代

奏報,一面辦理,湘軍都是由此種程序成立、擴大的。因此不知不覺之間,練兵成為地方疆吏一種當然的職權。一八六八年(同治七年),曾國藩調授直隸總督,入京陛見,幾次與西太后對答的話語,很可尋味:

是年十二月十四日,陛見,西太后說:「直隸甚是空虛,汝須好好練兵!」曾氏答:「臣的才力怕辦不好!」同月十六日,陛見,西太后又說:「直隸空虛,地方是要緊的,汝須好好練兵!⋯⋯」曾氏答約如前。

次年正月十七日入見,西太后又問:「汝到直隸辦何事為急?」

曾氏答:「遵旨以練兵為先,其次整頓吏治。」

西太后又問:「汝打算練二萬兵麼?」

答:「打算練二萬人。」

問:「還是兵多些,勇多些?」

答:「現尚未定,大約勇多於兵。」

問:「劉銘傳之勇(即淮軍的一部)現扎何處?」

答:「紮在山東境內張秋地方。他那一軍有一萬一千餘人,此外尚須練一萬人,或就直隸六軍增練,或另募北勇練之,候臣到任後檢視,再行奏明辦理。」

問:「近來外省督撫,也說及海防的事不?」

答:「近來因長毛捻子,鬧了多年,就把海防事都看鬆些。」

問:「這是一件大事。」

答:「這是第一件大事。兵是必要練的,那怕一百年不開仗,也須練兵防備。兵雖練得好,卻斷不可先開釁。講和也要認真,練兵也要認真,二事不可偏廢,都要細心的辦。」(此段問答見《曾文正公大事記》)

曾氏到任後,奏稱「直隸練兵,當參用東南練勇之法」,奉旨報可。

六　洪楊戰役期中的外患及清廷政權的推移

我們在前面的問答詞中,可以想見洪楊戰役後,清廷對於地方疆吏的職權,認練兵為其最重要職權之一,絕無疑義。後來因中日戰爭失敗,各省督撫以力求自強相號召,更相率創練新軍;於是清代單元體的軍隊組織,完全化為多元體。那些多元體的軍隊,就是後來革命黨的工具,也就是後來各省分立小軍閥的老祖宗;而洪楊戰役期中,由地方自由編練臨時軍隊,則又為其最遠之伏線。

概括起來,清政府地方勢力在洪楊戰役期中的變化不外兩點:一、督撫取得軍事上的實權,其勢漸重;二、軍隊由單元體化為多元體,中央失去把握之權。這兩點是清廷顛覆的誘因,也是民國時代軍閥割據的誘因。

此外,還有一種新起的地方勢力,就是地方的縉紳階級。洪楊戰役中,長江流域及南部各省舉辦團練,皆由各本省巨紳司其事;這些巨紳,因募兵餉籌剿匪,漸參與各本省的重要政務,或且被延攬入本省督撫的幕府,如左宗棠、李鴻章,皆曾在本省巡撫幕中主持要政。那些明敏的督撫,看到局勢艱難的情形,知道要應付這些艱難,非得本省有名望的縉紳的援助不可,故處處尊重地方縉紳的意見;地方的縉紳階級,不知不覺,養成一種潛勢力,甚至在有些省內,有左右並動搖地方長官的能力。後來變法維新,運動立憲,主張的和反對的兩方面,都有這種地方勢力參在裡面。追索這種勢力的來源,也是由洪楊時代培養起來的。

故洪楊戰役,為後此幾十年政治變化的一個大關鍵。

第二章　洪楊革命時代

第三章　西法模仿時代

　　從一八六四年太平天國被推倒，至一八九四年中日戰爭發生，共三十年；這三十年中，除了前一小段，南部尚有太平軍的餘黨，北部尚有捻軍，西北及西南尚有回亂外，總算是內部的平安時期；重要的事變，全在對外的關係上，就是藩屬的喪失。此時期中比較明敏的政治家，也看到中國對外的問題日趨緊迫，盡力講求所謂洋務。洋務如何講求呢？最重要的就是模仿西法。於是，「西法模仿」四字，成為此時代的政治中心問題。從一八六五年創設江南製造局起，作到成立北洋海軍艦隊；到一八九四年中日戰爭發生，北洋海軍被日本摧毀，西法模仿的成績歸於泡影；於是有人進一步要講維新變法了，西法模仿的時期至此終止。

一　同光兩代的朝局及政治上的中心人物

　　西法模仿時代，跨同治、光緒兩朝。在前章的末節，已將清廷政治勢力的推移，略略說過一遍，本節再就同光兩代的朝局變化及政治上的中心人物，分別敘述一下：

一、同光時代的朝局

　　肅順等失敗後，中央的政權，形式上分寄於兩位太后和議政王奕訢三人，實際上東太后和奕訢都不過是西太后的工具。太平天國顛覆後一年（一八六五年，同治四年），因為西太后所寵幸的太監安德海竊窺政權，嫌忌奕訢，西太后本人也忌刻奕訢，於是在是年三月裡，藉口奕訢信任親

第三章　西法模仿時代

戚，不能破除情面，平時於內廷召對，多有不檢之處，命奕訢毋庸在軍機處議政，並撤去一切差使，這是西太后第一步向奕訢立威。但此時皇室中及在廷臣工還有替奕訢鳴不平的人，惇親王綿愷、醇親王奕譞、通政使王拯、御史孫翼謀相率上奏力爭；給事中廣誠的奏語更為切直，他說：「廟堂之上，先啟猜嫌；根本之間，未能和協；駭中外之觀聽，增宵旰之憂勞。……」西太后看到這種情勢，還有一點顧忌，旋令奕訢仍在內廷行走，並仍管總理各國事務衙門；未幾，又命他仍在軍機大臣上行走，但毋庸複議政王名目。在面子上，奕訢算是恢復了一部分名位，但是站在軍機大臣以上的議政王，變了在軍機大臣上的行走，而此時軍機大臣的勢力又遠不如從前；自此，奕訢俯首帖耳，變了西太后的馴僕，西太后第一步的立威成功。

　　至於東太后和西太后之間，形式上東太后應該立於優勢；但西太后通文字，而東太后不大通文字，同治帝又是西太后的親生子，因此東風不敢與西風抗衡，表面上保持圓滿。及同治帝漸長，看到自己生母不正當的行為，甚不滿意，反傾心於東太后；到同治帝將要成婚立後時，東太后看中了一個阿魯特氏（崇綺之女），西太后看中了一個察富氏（鳳秀之女），阿魯特氏年已十九，察富氏年僅十四；西太后利用察富氏年幼，可以聽自己的指揮，持之頗力，而東太后不欲，相持未定，要同治帝自己取決；同治帝同意於東太后，遂於一八七三年立阿魯特氏為後，立察富氏為慧妃，帝於是年親政（此時年已十八）。西太后因為選後的競爭失敗，便用母權干涉同治帝及帝后間的關係，不要帝后常相親近。同治帝憤而獨居，鬱鬱寡歡，行為漸不規則，形式上的親政僅一年有餘，便患病死了。（同治帝之死因，私家記載多謂由近侍引出微行，感染花柳病而死。惲毓鼎力為辨證，謂系患痘症。薛福成的記載，亦認有「太監越禮狀」，大概謂患痘者掩飾之詞也。帝死時年僅十九歲，即一八七四年。）同治帝沒有生子，病

危時，召其師傅李鴻藻入見，口授遺詔，謀以貝勒載澍承繼大統。鴻藻持遺詔赴西太后處，以詔草進，西太后覽草大怒，命鴻藻出。少頃，帝崩，外間尚不知道；西太后召宗室各親王密議繼統之人，西太后說：「帝疾不可為，繼統未定，誰其可者？」有人說：「溥倫長，當立。」惇親王奕誴說：「溥倫疏屬，不可。」西太后說：「溥字輩無當立者。奕譞（醇親王）長子，今四歲矣，且至親，予欲使之繼統。」所謂「溥」字輩者，在愛新覺羅氏的世系，為同治帝以下之一輩（同治帝為「載」字輩），若立「溥」字輩人繼統，則為同治帝立嗣，同治帝后將為太后，而兩太后將為太皇太后，不得再有垂簾聽政之權；若立「載」字輩中年長的人繼統，兩太后也不便再行垂簾。奕譞的長子，便是光緒帝載湉，他的母親是西太后的姊妹，所以西太后說是至親；用他來接承咸豐帝統，兩太后依然是太后，依然可以把持政權，所以西太后不用「溥」字輩人。那些宗室親王懾於西太后的淫威，沒有人敢反對，於是在清室的皇位繼承法中又開一個傳弟不傳子的新例，而載湉墮入苦海。

　　光緒帝繼統後七年（一八八一年），東太后也死了。據惲毓鼎所記，東太后之死亦由西太后進毒所致（參看惲毓鼎《崇陵傳信錄》）。在東太后未死以前，西太后雖縱慾無度，尚有所忌憚。（西太后所寵的太監安德海行為不法，朝臣敢怒而不敢言。一八六九年即同治八年，安德海奉西太后命往廣東織造龍衣，道經山東，招搖不法，山東巡撫丁寶楨執而殺之。丁氏實受東太后及同治帝密旨行事。清朝祖制，太監不許出北京，違者拿獲就地正法。當丁氏奏上時，東太后持祖制為言，西太后無如之何，從此心甚怏怏。）至此便沒有一個人在她的目中了。當同治初年，有一位御史滿人德泰，由安德海授意，奏請修復圓明園，並代呈內務府庫守貴祥所擬籌款章程，向京外各地方按戶按畝抽捐；為恭親王奕訢所格沮，不得行。同治帝親政時，因為一個廣東奸商李光昭想作官發財，向內務府呈請報效木

第三章　西法模仿時代

植，修復圓明園，以備兩宮太后燕息。同治帝或者也想藉此安頓他的母親，省得她來干政，於是准行，賞李光昭道員，任為工程監督，往各省採辦木植。御史沈淮上奏反對，無效。不久，李光昭除了在各省勒索橫行外，又因為購買外國洋木，虛捏價目（以五萬兩實價報至三十萬），和外國商人鬧出一件大訟案來，命李鴻章查辦；結果，李光昭被革職處刑，又把圓明園的工事暫行停止。到光緒帝時代，東太后去世後，遊宴土木之費日增月累；修造頤和園沒有錢，便挪用海軍經費。總管太監李蓮英的招權納賄，更遠出安德海之上；安德海以違背祖制出京，被丁寶楨殺之於山東；一八八六年，醇親王受命往天津巡視海口，西太后公然命李蓮英同往；御史朱一新因此上奏，請慎防宦寺流弊，便得到一個降職的處分。一八八九年，光緒帝大婚，形式上，太后雖已歸政於帝，說是由帝親政了，但事實上，皇帝一切用人行政還是要稟命於太后，皇帝仍不過是一個偶像。概括地說，同治以後的朝廷，全為西太后的朝廷。總管太監的權勢，漸至駕乎各親王及軍機大臣之上。前此肅順當權時，疏請太后臨朝的，說是怕威柄下移；現在一班親王大臣們眼睜睜地望著威柄移於閹宦，除了阿附以外，別無辦法。於此可見清皇族及在廷各大僚中，沒有一個有能力的人；換言之，清朝廷已成了一個空空洞洞、沒有實力的朝廷。

　　但是西太后以一弱女子，為什麼有這種籠蓋一切的能力呢？她所倚靠的就全在道德上的名教影子。就她的本身說，她是不顧名教，並且是名教主義的罪人；但她對付別人，卻全恃名教主義的威力。她自己不循祖宗的家法，對付皇室親貴，對付皇帝、皇后、皇妃，動輒藉口祖宗家法；親貴稍不如她的意旨，即拿交宗人府議罪；皇后、皇妃稍逆己意，輕則叱面，重則弛衣受杖，皇帝不敢庇護；對付在廷各臣僚，用倫理上母子君臣的名分，捧著一個兒皇帝作傀儡，把他擺在前面，各人不敢不低首於皇帝之下，便不敢不低首於皇帝的母親之下；「聖人以孝治天下」，久成為名教主

一　同光兩代的朝局及政治上的中心人物

義的金科玉律，沒有人敢違背這條金科玉律，便沒有人敢違抗她。東太后在時，這條金科玉律的把柄還是操在她們兩人手裡，故仍有所顧忌；東太后死後，祖宗的家法及一切名教上的威權都成了她個人的囊中物，故就可以為所欲為了。她還看清了一點：太平天國是名教主義之敵，若不將此敵消滅，她便快樂不成；滿洲的親貴大僚已沒有力量；難得曾國藩、李鴻章、左宗棠一班人，浸漬在名教主義的精神裡面，願意出死力，替她保持那種可以控制一切的名教；所以她就一心一意的依靠他們，將巨大的事權委給他們，用崇高的名位圈住他們；有了他們替她抵禦朝廷以外的敵人，朝廷以內可以安然無事，她就可以享樂。關於這一點，她的眼光，不唯與肅順相同，並且比肅順還要看得深切。所以對於信用漢人以制服漢人的政策，她便踏著肅順的舊路走去；到了太平天國平定後，還是守著這種方針不變。這是西太后的眼光銳敏處，也便是她所以能夠維持長久局面的原故。

二、政治上的中心人物

依前段所說，西太后所顧慮的在朝外不在朝內，她所倚靠的實在勢力，也是在朝外不在朝內，事實上已成為外重內輕之局；因此這時期政治上的中心人物，也不在朝內而在朝外。前一個時期是曾國藩的時期，這時期，差不多可以說是李鴻章的時期；曾國藩於一八七二年去世，李鴻章便是繼續曾氏負當時重望的人物。

洪楊戰役中李鴻章與胡林翼、曾國荃、左宗棠，同屬曾國藩一個系統的要人。胡林翼在太平天國顛覆前已經去世。曾國荃因為受了別人的攻擊，於攻克南京後依其兄所主張將所領湘軍的大部分率領回鄉遣散，他自己也請假休息，處於閒散的地位（後雖再出歷任疆圻，但非重要）。左宗棠於一八六三年授閩浙總督，仍兼浙撫，平定浙省後，辭浙撫，督軍入閩；一八六五年，掃平閩省的太平軍餘黨，又受命入粵，剿滅粵省太平

第三章　西法模仿時代

軍的餘黨；次年（一八六七年）正月回閩，八月，調授陝甘總督，擔任剿捻（西捻）、剿回的工作；此後左氏的活動區域限於西北，直到一八八〇年，始由新疆調回北京。（時新疆「回亂」平定，因伊犁問題，調左回京，令左氏在軍機大臣上行走；不久，出任兩江總督。中法戰起，又令督辦閩省軍務，旋病逝於閩。）曾國藩、李鴻章於平定江南時，曾氏任江督，李氏任蘇撫；一八六五年，曾氏授命為欽差大臣赴山東河南一帶剿捻，命李鴻章署理江督；旋曾氏因多病乞休，不許，乃命李氏繼任欽差大臣督師剿捻，曾氏仍回江督原任，兼籌剿捻軍後路軍火；一八六七年，東捻平，次年西捻亦平；曾氏授直隸總督，江督以馬新貽繼任，李氏賞太子太保，以湖廣總督，協辦大學士（未到任），旋命署湖北巡撫；一八七〇年，「天津教案」起，曾氏辦理「天津教案」，為一般士大夫所不滿意，曾氏不自安，恰好兩江總督馬新貽被刺死，清廷又調曾任兩江總督，李鴻章繼任直隸總督。曾氏於一八七二年在兩江總督任內去世，李鴻章作直隸總督一直作到一八九五年中日戰爭失敗時止，前後共二十五年（中間僅因母喪丁憂回籍，離去直督任數月耳）。這是洪楊戰役後，曾李一派要人的略歷。為什麼要把他們的略歷如此瑣敘呢？就是要使讀者明白他們幾個人在此時期內的地位關係。此時代是一個西法模仿時代，西法的模仿，以福州的馬尾、江南的上海、直隸的天津，為三個中心地點。而曾、左、李三人，便是主持這三個地方模仿西法的要人；左氏專征西北後，福州模仿西法的事務交與沈葆楨，沒有多大的發展；曾氏去世後，江南模仿西法的要人又去了；只有李鴻章一個要人留在直隸總督的地位，繼續努力模仿西法的工作（福州、江南的工作並未停止，不過主持的人不如以前的認真）達二十五年。並且自各省的亂事平定後，東南各省的督撫地位雖然重要，到底不如直隸總督；直隸密邇畿輔，為北京朝廷的封鎖，與北京聲息相通；曾國藩去世後，李鴻章又是所謂中興立功的唯一重臣，為西太后所倚任；除領有直隸

120

總督的本任外,又兼任北洋通商大臣,並且戴有大學士的頭銜(初為協辦大學士,後升任大學士),部下又有兵有將,可以指揮如意;所以李氏成為此時代唯一的中心人物。他在直督任內的二十餘年,不唯為主持西法模仿的要人,凡此時代的重要外交問題,大抵皆由他主持;其他各種要政,西太后也多徵求他的意見。外國人的眼中,也只有一個李鴻章,要辦什麼交涉,也多向李鴻章進行。故此時代的直隸總督,幾有成為清政府第二朝廷的趨勢,李鴻章便是這個第二朝廷的主腦人物。但是,排斥洋務、痛恨西法的士大夫,也多把李氏看作怪物,甚至罵他作漢奸;不過心裡雖然嫉惡他,卻沒有方法打倒他,因為西太后信任他的原故;一旦遇有罅隙可乘,便群起而攻;所以李鴻章一方面為此時期中的幸運兒,一方面又是此時期之末的最不幸者。

二　西法模仿與士大夫心理的反感

中國需要模仿西法的動機,最早起於鴉片戰爭結局時。魏源在此時所成的《海國圖志》序文內說:「是書何以作?曰:為以夷攻夷而作;為以夷款夷而作;為師夷之長技以制夷而作。」師夷之長技以制夷,便是模仿西法的動機。因為受鴉片戰爭的挫敗,知道夷人也有夷人的長技,非中國人所能及,非師其長技不足以制之。在洪楊戰役中又受了一次英法聯軍入北京的大恥辱,這種感覺愈加迫切。李鴻章、左宗棠在江浙兩省與太平軍爭鬥,除得外國軍人的援助外,並得了外國槍炮、輪船種種利器的援助,對於夷之長技,更得了一番實地的經驗。李鴻章在同治二年(一八六三年)四月,致曾國荃的函說:「……此間於三月望日。克復太倉,實借戈登大砲之力。程方忠督所部逼扎崑山城下,該逆死拒絕出。中隔大河,無法攻

第三章　西法模仿時代

打，仍須參用開花炮或可得手。……」是月中，李氏又兩次致書曾國藩，其一次書中說：

……西洋炸炮，重者數萬數千斤，輕者數百數十斤，戰守攻具，天下無敵。鴻章現僱洋人數名，分給各營教習；又募外國匠人由香港購辦造炮器具，丁雨生即來監工。又託法英提督各代購大砲數尊，自本國寄來，大約今年底可漸集事。每思外國用兵，口糧貴而人數少，至多一萬人即當大敵。中國用兵多至數倍，而經年積歲，不收功效，實由於槍炮窳濫。若果能與西洋火器相垺，平中國有餘，敵外國亦無不足。俄羅斯、日本，從前不知炮法，國日以弱；自其國之君臣卑禮下人，求得英法祕巧，槍炮輪船漸能制用，遂與英法相為雄長。中土若於此加意，百年之後，長可自立。仍祈師門一倡率之。……

又一次的書中說：

……洋務最難措手。終無辦法；唯望速平賊氛，請求洋器。中國但有開花大砲、輪船兩樣，西人即可斂手。日本小國，現與英人構釁，提督糾伯臨之以兵，日本君臣欲與開仗，糾酋遂一再展期。此明證也。……

李鴻章傾心西法的精神，在此兩書中已經表現得很清白。他以為只要有了開花大砲、輪船兩樣，便可以對付外人，故他們的西法模仿，便首先銳意於此兩樣；方在與太平軍爭鬥中便購買造炮機器，設局製造。到一八六五年，便與曾國藩協定奏請設立江南機器製造局於上海（不久後又設分局於金陵）。是為積極的模仿西法之始。此後接續有下列各種的西法模仿事業：

（一）設輪船製造局於福州馬尾（一八六六年由左宗棠奏請設立）。

（二）設機器製造局於天津（初設年歲未詳，大約在曾國藩督直時已設立；一八七〇年，李鴻章繼任直督，奏請擴充整理）。

（三）派選學生赴美國留學（一八七二年由曾國藩、李鴻章協同奏請而

行，是為中國派遣留美學生之始，所派者皆年輕幼童，學問、思想多無根底）。

（四）設輪船招商局（一八七二年）。

（五）籌辦鐵甲兵船（一八七五年）。

（六）派武弁往德國學習水陸軍械技藝，又派遣福建船政學生出洋學習（一八七六年是為中國派留歐學生之始）。

（七）購買鐵甲兵船，設水師學堂於天津，又設南北洋電報局（一八八〇年）。

（八）設開平礦務商局，創設公司船赴英貿易（一八八一年）。

（九）築旅順軍港船塢，又設商辦織布局於上海（一八八二年）。

（十）設武備學堂於天津（一八八五年）。

（十一）成立北洋艦隊（一八八八年）。

這些事業，除第三項以前由左宗棠、曾國藩與李鴻章共同計劃外，以後各項皆為李氏所經營的事業。李氏對於所謂洋務與西法的心理，可以在他奏請設立江南機器製造局的奏語末段看出，他說：

……中國文物制度，迥異外洋獉狉之俗；所以郅治保邦，固丕基於勿壞者，固自有在；必謂轉危為安，轉弱為強之道，全由於仿習機器，臣亦不存此方隅之見；顧經國之略，有全體，有偏端，有本有末；如病方亟，不得不治標，非謂培補修養之方即在是也。……臣於軍火機器，注意數年，督飭丁日昌留心仿求又數月；今辦成此座鐵廠，當盡其心力所能及者而為之；日省月試，不決效於旦夕，增高繼長，猶有望於方來。庶幾取外人之長技以成中國之長技，不致見絀於相形，斯可有備而無患，此臣區區之愚誠所覬倖者也。……

第三章　西法模仿時代

他相信中國的文物制度，比外國獉狉之俗好，不過亟則治標，非取外人之長技以為中國之長技不可。故他的洋務事業的範圍，不外造船，制械，築軍港，設電報局、招商局、織布局、礦務局，概括的說，不出於軍事、經濟的兩方面，而經濟方面又以裕餉為目的；就是興學堂、派遣留學生，也是全為軍事起見，否則為造就翻譯通使人才起見；對於政治、教育思想及制度上的根本改進，完全沒有夢想過，因為他認定中國的文物制度比外國好的原故。所以梁啟超批評他，說他「知有兵事而不知有民政，知有外交而不知有內務，知有朝廷而不知有國民，知有洋務而不知有國務」（見梁啟超著《李鴻章傳》）。他所辦的事業，郭嵩燾在中法戰役以前，已知道不是根本救濟中國的辦法，不能靠著作用，不如日本模仿西法的方針正確。郭氏於一八七七年（光緒三年，時為中國駐英法公使）在倫敦致書李鴻章說：

　　……日本在英國學習技藝者二百餘人，各海口皆有之，而在倫敦者十九人；嵩燾所見有二十人皆能英語。有名長岡良芝助者，故諸侯也，自治一國，今降為世爵，亦在此學習法律。其戶部尚書恩屢葉歐摩，至奉使講求經製出入，謀盡仿行之……而學兵法者絕少。蓋兵者末也，各種創制皆立國之本也。中堂方主兵，故專意考求兵法。愚見所及，各省營制，萬無可整頓之理，募勇又非能常也。正慮殫千金之技以學屠龍，技成無所用之，嵩燾欲令李丹崖攜帶出洋之官學生，改習相度煤鐵鍊冶諸法，及興修鐵道電學，以求實用，仍飭各省督撫多選少年才俊，資其費用，先至天津、上海、福建各機器局，考求儀式，通知語言文字，而後遣赴外洋，各就才質所近，分別研習。……

郭氏寫此書時，正是李鴻章第一次派遣學生到歐洲，學習軍事及軍械方面的藝術；派往德國的幾人，由兵弁中選出來的，其他則由福建船廠中

二　西法模仿與士大夫心理的反感

附設的船政學堂裡（略如今日之職工學校）選出來的。郭氏看到這種辦法遠不如日本；他又看到外國的長處不僅在船堅炮利，故想勸李鴻章改變方針，把模仿西法的範圍擴大。但李氏的答書說：「……鄙人職在主兵，亦不得不考求兵法……兵乃立國之端要，欲捨此而別求其大者遠者，亦斷不得一行其志，只有盡其力所能為而已。……」梁啟超說他知有洋務而不知有國務，實在不是過當地批評。

但是我們要知道，李鴻章雖然只知有洋務不知有國務，他還知道一點洋務；大多數與他同時代的士大夫階級，連他所知道這一點洋務都根本地不承認。假使李氏再把西法模仿的範圍擴大，他必定受人攻擊得更利害，甚至於連地位都保不住。同治六年，北京設立了一個同文館，廷臣中有人受了曾李一派人的影響，提議於閣部翰林宮中，選年少聰穎者，入館學習外國語言文字及天文、算學、造船、製器諸法。那位講程朱之學的大學士倭仁極力反對，向皇帝上奏說：

……數為六藝之一，誠如聖諭為儒者所當知，非歧途可比。唯以臣所見，天文算學，為益甚微。西人教習正途，所損甚大。……竊聞立國之道，尚禮義，不尚權謀；根本之圖在人心，不在技藝。今求之一藝之末，而又奉夷人為師；無論夷人詭譎，未必傳其精巧；即使教者誠教，學者誠學，所成就者不過術數之士。古今來未聞有恃術數而能起衰弱者也。天下之大，不患無才。如以天文算學，必須講習，博採旁求，必有精其術者，何必夷人，何必師事夷人。且夷人吾仇也；咸豐十年，稱兵犯順，憑陵我畿甸，震驚我宗社，焚毀我園囿，戕害我臣民，此我朝二百年來未有之辱，學士大夫無不痛心疾首，飲泣至今，朝廷亦不得已而與之和耳，能一日忘此仇恥哉。議和以來，耶穌之教盛行，無識愚民，半為煽惑，所恃讀書之人，講明義理，或可維持人心。今復舉聰明雋秀，國家所培養而儲以有用者，變而從夷，正氣為之不伸，邪氣因而彌熾；數年以後，不盡驅中國之

第三章 西法模仿時代

眾咸歸於夷不止。伏讀聖祖仁皇帝御製文集，諭大學士九卿科道云：西洋各國千百年後，中國必受其累。仰見聖慮深遠，雖用其法，實惡其人。今天下已受其害矣，復揚其波而張其焰耶。聞夷人傳教，嘗以讀書人不肯習教為恨。今令正途學習，恐所習未必能精，而讀書人已為所惑，適墮其術中耳。伏望宸衷獨斷，立罷前議，以維大局而弭隱患，天下幸甚。

還有一位倭仁的同鄉、御史張盛藻附和其意，上奏說：

……天文算學，宜令欽天監天文生習之；製造工作，宜責成工部督匠役習之。文儒近臣，不當崇尚技能，師法夷裔。……

這些奏議傳出，北京的士大夫人人稱賞，說是至理名言。於是凡以「士君子」自尊自重的人，皆以讀洋書為恥辱，沒有人肯入同文館；結果同文館所收的學生，大半是想借當翻譯通使謀飯吃的人才，沒有遠大的志趣思想。

左宗棠在福建設的造船廠，左氏專征西北後，交給沈葆楨主持，沈氏也頗能「蕭規曹隨」；但沈氏沒有左氏那樣強悍的魄力，蒙受了十分困難；到了一八七二年頃（同治十一年），因為船廠費去的錢很多，而成效又不見得很大，經費又十分支絀，便有人上奏，主張把它停止。清廷提交各疆吏複議，左宗棠聞知，在西北一再陳奏力爭，李鴻章也極力反對停止，才勉強維持下去。李氏反對停止的奏語說：

……臣竊維歐洲諸國百十年來，由印度而南洋，由南洋而中國，闖入邊界腹地，凡前史所載，亙古所未通，無不款關而求互市。我皇上如天之度，概與立約而通商……合地球東西南朔九萬里之遙，胥聚於中國；此三千餘年一大變局也。西人專恃其槍炮輪船之利，故能橫行於中國；中國向用之器械不敵彼等，是以受制於西人。居今日而曰攘夷，曰驅逐出境，固虛妄之論；即欲保和局，守疆土，亦非無具而能保守之也。……士大夫

二　西法模仿與士大夫心理的反感

囿於章句之學，而昧於數千年來一大變局；狃於目前苟安，而遂忘二三十年之何以創鉅而痛深，後千百年之何以安內而攘外；此停止製造輪船之議所由來也。臣愚以為國家諸費皆可省，唯養兵設防，練習槍炮，製造兵輪之費萬不可省。求省費則必屏除一切，國無與立，終不得強矣。……

可見李鴻章在當時的士大夫中，還是一個有特別見解的人物；他知道此時為三千年來一大變局，而一般士大夫還是睡在夢裡，口喊要攘夷，要驅逐洋人出境，不許學洋文，讀洋書。外國人修成了的一段淞滬鐵路，迫著政府出錢購回，把它拆毀，連鐵軌都要丟到海裡去（此光緒初年事）。因為他們認為火車、輪船為世界上最不祥之物，是洋鬼子的奇技淫巧；若有人使用輪船、機器，便要激起士君子的義憤來。郭嵩燾因為喜談洋務，勸人不要空口攘夷，被一班守道的文人學士攻擊得不能容身；他出使英法，到了倫敦，還有人參劾他；回國時，至於不敢入京；那種反對洋務西法的空氣之濃厚，就可想而知了。郭氏在倫敦與李鴻章往來的書札，有兩篇可以證明當時一般人反對西法的情形，附錄於後，以備參證：

一、郭嵩燾與李鴻章書

前歲入都，本意推求古今事宜，辨其異同得失；自隋唐之世，與西洋通商，已歷千數百年；因鴉片之禁而構難，以次增加各海口，內達長江，其勢日逼，其患日深；究明其本來，條具其所以致富之實，其發明，其用心，而後中國所以自處與其所以處人者，皆可以知其簡要。謀勒為一書，上之總署，頒行天下學校，以解士大夫之惑；朝廷所以周旋遠人之心，固有其大者遠者，當使臣民喻知之。……道天津，亦曾為中堂陳之。聲及至京師，折於喧囂之口，喋不得發。竊謂中國之人心有萬不可解者，西洋為害之烈，莫甚於鴉片煙。英國士紳，亦自恥其以害人者為構釁中國之具也，方謀所以禁絕之；中國士大夫，甘心陷溺，恬不為悔，數十年來，國家之恥，耗竭財力，無一人引為咎心。鐘錶玩具，家皆有之，呢絨洋布之

第三章　西法模仿時代

屬，遍及窮荒僻壤；江浙風俗，至於舍國家錢幣而專行使洋錢，且昂其值，漠然無知其非者；一聞修造鐵路電報，痛心疾首，群起阻難，至有以見洋人機器為公憤者；曾頡剛（即曾紀澤，國藩之子）以家諱乘南京小輪船至長沙，官紳起而大譁，數年不息；是甘心承人之害，以使腹吾之膏脂，而挾全力自塞其利源，蒙不知其何心也。辦理洋務三十年，疆吏全無知曉，而以挾持朝廷曰公論；朝廷亦因而獎飭之曰公論。嗚呼，天下之民氣鬱塞壅遏，無能上達久矣！而用其嚻張無識之氣，鼓勵遊民，以求一逞，又從而導引之；宋之弱，明之亡，皆此嚻張無識者為之也。嵩燾楚人也，生長愚頑之鄉，又未一習商賈與洋人相近，蓋嘗讀書觀理，歷舉古今事變，而得之於舉世非笑之中，求所以為保邦制國之經，以自立於不敝，沛然言之，略無顧忌，而始終不相諒。竄身七萬里外；未及兩月，至一參再參，亦遂幡然自悔其初心，不敢復為陳論矣。……

二、李鴻章答書

……西洋政教規模，弟雖未至其地，留心諮訪考察幾二十年，亦略聞梗概。自同治十三年，海防議起，鴻章即瀝陳煤鐵礦必須開採，電線鐵路必應仿設，各海口必添洋學格致書館，以造就人才。其時文相（即軍機大臣文祥）目笑存之；廷臣會議，皆不置可否，王孝鳳、於連舫獨痛詆之。曾記是年冬底赴京叩謁梓宮，謁晤恭邸（即恭親王奕訢），極陳鐵路利益……邸意亦以為然，謂無人敢主持。復請乘間為兩宮言之，渠謂兩宮亦不能定此大計。從此遂絕口不談矣。……鄙意鐵路須由開煤鐵礦作起，興此大役，而鐵尚須購自海外，絕難告成。目下雞籠煤鐵已有成效，武穴、池州均甫開局。魏溫雲亦在寶慶、衡州等處試採煤鐵；但官紳禁用洋法機器，終不得放手為之。凡此皆鄙人一手提倡，其功效茫如捕風。而文人學士，動以崇尚異端，光怪陸離見責，中國人心真有萬不可解者矣。……

三　西法模仿時代的對外關係問題（一）

—— 俄國侵占伊犁與新疆改設行省

　　李鴻章等模仿西法的時代，正是世界帝國主義積極發展的時代。（李鴻章於一八六五年開始模仿西法，至一八七〇年任直隸總督，這五六年間是世界政治史上最可注意的時期。美國的南北戰爭於一八六六年告終，聯邦政府的權力漸趨鞏固集中；德意志與義大利的統一事業皆於一八六六年至一八七〇年間完成；法蘭西於一八七〇年普法戰爭後成立第三共和，政制確定，內亂歸於靜止，作成向外發展的基礎；日本於一八六八年改元明治，遷都江戶［即今之東京］，德川幕府歸政，藩制廢除，開明治維新之基，採定開國進取的方針。）帝國主義的精神是積極侵略的，進取的；李鴻章等模仿西法的精神，不外「繕防固邊」四字，是消極防禦的，保守的。前章所述曾國藩答西太后的話：「兵是必要練的，那怕一百年不開仗，也須練兵防備。兵雖練得好，卻斷不可先開釁；講和也要認真，練兵也要認真，二者不可偏廢。」意思就是「能戰而後能守，能守而後能和」。李鴻章一生治兵與對外的政策，也就是以這幾句話為根本方針，一面模仿西法，一面務求避去對外的戰爭。依正當的道理說起來，不輕於對外開仗，未見得不是很對的；日本在明治初年，也是採不輕於對外開釁的方針。不過，中國的不輕於對外開仗，根本的精神上是保守的，而西法的模仿又僅得其皮毛，未能從政治的根本上有所重新整理；那種保守的精神，實際上已有頹廢衰敗的傾向。一般多數的士大夫階級，精神本已傾於腐化，知識又極固陋，但是那種虛驕之氣卻又高得不可當；一方面鄙夷西法，一方面凡遇對外問題發生，總是主張開戰。清廷把這種虛驕之氣，看作可靠的所謂「士氣」，所謂「公論」。於是李鴻章等幾個比較明白的人，一方面對外要應付侵略的帝

第三章 西法模仿時代

國主義者，一方面對內要應付這種士氣與公論，時常陷於極困難的苦境。結果，在此時期內，帝國主義者向中國的侵掠政策，無處不成功；中國「繕防固邊」的政策，無處不失敗。綜計此時期中，中國對外最重要的問題有三方面：一、西北方面對俄；二、極南方面對法；三、東面及東北方面對日。這三方面的問題，只有西北一方面失敗尚屬有限，餘則失敗不堪言狀。本節先就西北方面的問題略述其大概，其餘於後二節分別述之。

二、左宗棠平定新疆

一八七三年，陝甘回匪肅清。清廷便決計派兵出關收復新疆，初令左宗棠將軍事、餉事、統籌全域性的詳細辦法奏聞。左氏雄心勃勃，便把收復新疆的出兵計劃及所需軍餉若干一一具奏；一八七五年（光緒元年），左氏受命為欽差大臣督辦新疆軍務。此時廷臣多以需用軍費過大，成功又未必可靠，想把天山南路的八城放棄不要了，駐北京的英國公使也替阿古柏遊說；左宗棠力持不可，上奏說：「……臣年六十有五，豈思立功邊域覬望恩施。顧事有萬不容已者，乾隆中，準部既克，即平回部，於各城分設軍府，然後九邊靖謐者百數十年。今雖時異世殊，不必盡遵舊制；而伊犁為俄人所據，喀什噶爾各城為安集延（即指阿古柏）所據，事平後應如何布置，尚費綢繆；若此時即置之不問，似後患環生，不免有日蹙百里之患。……」清廷壯其言，遂命相機進行。左氏分路進兵，於一八七六年（光緒二年）收復天山北路；次年春，收復吐魯番。吐魯番為天山南路的門戶，阿古柏恐懼，駐北京英公使又為阿古柏遊說於清廷，勸清廷封阿古柏為王，立為被保護國。左氏反對，奏稱：「安集延非無立足之所，何待英人別為立國；即欲別為立國，則割英境與之，或即割印度與之可也，何乃索我腴地以市恩？」又謂：「英人陰圖為印度增一屏障，公然強我，回疆撤一屏障，此何可許？我愈示弱，彼愈逞強，勢將伊於胡底？臣奉職邊方，

唯有勉效駑鈍，不顧目前成敗利鈍圖之。現在南路之師，擬於八月中旬、九月初旬分起出發，前聞英人遣使安集延，臣已馳告劉錦棠、張曜（左之部下兩大將）善為接待，如論回事，則以奉命討侵占疆土之賊，以復我舊土，他非所知；如欲議論別事，請向肅州大營（時左氏自駐肅州）。彼如來營，臣自有以折之。」阿古柏知事不可為，服毒死；是年冬，南路八城以次克復；除伊犁尚為俄人所踞外，新疆全定。

當南路八城將近克復時，清廷令左氏統籌全域性，直抒所見，左氏復奏的語中有云：「重新疆者所以保蒙古，保蒙古者所以衛京師。……俄人拓地日廣，由西而東萬餘里，與我北境相連，僅中段有蒙部為之遮閡，不可不預為綢繆。今北路只伊犁未收……俄人方爭土耳其，與英相持；我收復舊疆，兵以義動；設有意外，爭辯在我，仗義執言，絕無屈撓。竊以為地不可棄，兵不可停……至省費節勞，為新疆劃久安長治之策，紓朝廷西顧之憂，則設行省。改郡縣，其事有不容已者。……」於是收回伊犁與新疆改設行省，便成為對西北的兩大問題。

三、收回伊犁的經過

俄人占領伊犁時，以清廷威力能再行於西北即當交還為言；現在新疆既定，清廷向俄人要求交還，又值俄土戰爭，俄人不便說不交還；但答以須保證國境將來之安寧，並賠償俄國代守伊犁之軍政費。清廷乃於一八七八年（光緒四年）派侍郎崇厚為全權大臣赴俄京交涉。崇厚在聖彼得堡交涉許久不得要領，到次年始與俄政府定約十八條，規定中國於償還俄國占領伊犁軍費五百萬盧布外，割伊犁南部特克斯河流域廣大肥沃之疆土與俄國。崇厚受委時，僅以償費及保證國境安寧兩條件（即俄方原來要求之條件）為限；割讓疆土，實屬越權行為。條件傳達北京，朝野上下皆大憤激，西太后也異常憤怒，不肯承認。崇厚又不待朝命，逕自回國；回

第三章　西法模仿時代

國後，立即下獄，議罪至斬監候；俄政府見清廷此種行動，認為侮辱俄國，也表示憤怒；國交便有破裂之勢。俄國一面增兵伊犁，一面派海軍艦隊遊弋中國海面示威；中國的士大夫階級，議論激昂，大都主張向俄國開戰；張之洞（時為翰林院侍讀學士）便可說是主戰派的代表，他的奏語中有一段說：「……我之禦俄，本有可勝之理，即或疆場之役，利鈍無常，臣料俄人雖戰不能越嘉峪關，雖勝不能破寧古塔，終不至制動全域性；曠日持久，頓兵乏食，其勢自窮，何畏之有。然則及今一戰，乃中國強弱之基，尤人才消長之會；此時猛將謀臣，足可一戰；若再越數年，左宗棠雖在而已衰，李鴻章未衰而將老，精銳盡澌，欲戰不能……他日鬥之於戶庭，悔何及乎。……」這種主戰的妙論真是幼稚得可笑。清廷為這種書生的空論所激動，一面命左宗棠布置戰備，左氏即於一八八〇年（光緒六年）五月由肅州進至哈密；一面命李鴻章整備天津及附近各處海防，聘德人漢納根築旅順黃金山炮臺。一八八〇年的春夏間，中俄的戰爭幾有不可免之勢。李鴻章心中不願意有戰事，但懾於所謂公論，並且整理戰備也是他所認為必要的，故也積極地準備。此時唯駐英中國公使曾紀澤，不主張開戰。英人戈登因與李鴻章的舊關係，被招至中國，初與李鴻章會晤於天津，勸李氏勿輕於主戰。旋至北京，力言中國戰守準備不具，若開戰，俄軍必由黑龍江南下，震動北京。戈登的臨別贈言中，至謂「中國有不能戰而好為主戰之議者，皆當斬首」，並且說中國一日以北京為建都之地，即一日不可與外國開戰，因北京離海太近，中國無防禦海疆之具，外兵容易侵入的原故。清廷在是年春間，已命曾紀澤由英赴俄，要求廢棄崇厚所訂之草約；曾氏在俄京費盡無窮口舌，於一八八一年與俄政府改訂新約，將償費一項由五百萬盧布增至九百萬盧布，割讓於俄之土地僅限於霍爾果斯河以西的一小部分，又與俄人以通商上的各種權利；俄人則將伊犁交還。特克斯河流域廣大的疆土算是救住了，收回伊犁的問題算是解決了。

四、新疆改設行省

　　此問題自左宗棠建議後，清廷也頗注意，但因事體重大，頗多懷疑；左氏力持設省之議。在南北路平定後、伊犁收回前，左氏便積極布置。他的大方針為「先實後名」四字，就是先把可以施行郡縣制的實在，辦理有條緒，再以郡縣制之名行之。新疆的地方，原來就是漢代的西域。自漢代納入中國的勢力範圍以來，歷朝都是用一種羈縻政策應付之，所謂「因俗施治」，未能與內地「一道同風」。清代對於該地的統治機關有將軍，有都統，有參贊大臣，有辦事大臣，有協辦大臣，有領隊大臣；職分互相等夷，複雜而無系統，彼此不相上下。就大體上說，都是統兵的軍官，並且多出自宮廷禁衛的武員；對於民治吏事，一切不懂。除了括取糧餉，用軍隊抑制變亂外，他們也沒有要理民事的思想觀念；朝廷也沒有要開化邊地的意思，一切皆放任，聽其自然，民族又極複雜。所以最易發生變亂，一有變亂，便蔓延不易收拾。左宗棠採定「先實後名」的方針，於南北兩路平定後，積極地進行民事：

　　一、鑿井開渠；二、廣興屯墾；三、清丈地畝；四、釐正賦稅；五、鑄造錢幣；六、興辦蠶桑事業；七、分設義塾。第七項的關係異常重大，左氏的奏語說：

　　……新疆戡定已久（指清代初年之戡定），而漢回彼此扞格不入，官民隔閡，政令難施。一切條款，均藉回目宣傳，壅蔽特甚。將欲化彼殊俗，跟我華風，非分置義塾，令回童讀書識字，通曉語言不可。臣與南北兩路在事諸臣籌商，飭各局營，多設義塾，並刊發《千字文》、《三字經》、《百家姓》、四字韻語及雜字各本以訓蒙童，續發《孝經》、《小學》，課之誦讀，兼印楷書仿本，令其摹寫。諸本讀畢，再頒六經，俾與講求經義。疊據防營局員稟，興建義塾已卅七處；入學回童聰穎者，多甫一年，而所頒各本已讀畢矣；其父兄競以子弟讀書為榮，群相矜寵，並請增建學

第三章　西法模仿時代

舍,頒發《詩經》、《論》、《孟》,資其講習。……並稱蒙童試誦告示,皆能上口。……蓋讀書既能識字,而由音聲以通語言,自易為功也。張曜因出《聖諭十六條附律易解》一書,中刊漢文,旁註回字,刊發纏民(即纏回),見者寶貴。……

　　這是左氏的教育同化政策。這種政策,若能繼續地努力擴充,影響當然是很大的(可惜後來統治新疆的人不大注意於此)。左氏舉辦前列各種事業,無非想把新疆弄到和內地各省一樣;換言之,就是要立定改設行省的基礎。至於制度建置的方面,左氏的原意,想在天山北路的烏魯木齊設一個總督,在南路的阿克蘇設一個巡撫,管治各道的府廳州縣。及伊犁爭議問題發生,中俄戰爭將啟時,清廷要左氏回北京備顧問,關外經營的事業,乃交與左之部屬劉錦棠;劉氏仍能蕭規曹隨。伊犁收回後,再經一二年,改建行省的基礎略具。到一八八四年(光緒十年)冬,清廷便行添設「甘肅新疆巡撫」,以烏魯木齊為省治(即迪化府),裁撤烏魯木齊都統等缺,任劉錦棠為巡撫,是為新疆施行與內地同等統治之始。為什麼稱為「甘肅新疆巡撫」呢?這又是劉錦棠變更的小心計劃。劉氏曾經奏稱:「初議將新疆另為一省,臣頗不謂然。新疆與甘肅,形同唇齒,若劃為兩省,以二十餘州縣,孤懸絕域,勢難自存,擬仿江蘇建置大略,添設甘肅巡撫一員(原來甘肅無巡撫,由陝甘總督直接統治之),以烏魯木齊為省治,改名迪化。」清廷也恐怕新疆還難自立為一省,因採劉氏的建議,暫設「甘肅新疆巡撫」,把行省建置的各種事宜責成劉氏辦理,從一八八四年至一八八五年(光緒十年至十一年九月),府縣建置的規模大定,新疆成為中國一行省的基礎完全成立;幾千年來視同藩服的羈縻地,現在納諸與內地同等的位置了。這件事情,算是此時期中政治上一件成功的事。對伊犁的外交問題,雖有損失,也還損失得有限;新疆至今能夠保持,不為安南、朝鮮之續,未嘗不是因為在此時期中作成了一個比較安固的基礎。

四　西法模仿時代的對外關係問題（二）

—— 中法戰役與海軍衙門的創設

一、安南與中國的關係

　　安南與中國的關係，就歷史上說，比新疆還要早；就文化上說，感受中國文化的程度比新疆更深，所有一切典章制度文物，無不成為中國化；但就政治上說，時隸中國版圖，受中國的直接統治，時復脫離，僅為朝貢的藩屬國。在清代的幾百年間，便僅為中國的藩屬國，按期向清廷朝貢，清廷對於它的內政外交，一切不加干涉；遇新王即位，與以冊封；遇有內亂，則派兵征討撫定之；定後仍聽其自治。故在政治的關係上，還不如新疆的密切。因此，當其被法國勢力蠶食時，中國政府全未注意；直到法國的勢力由下交趾蔓延及於北部安南，影響於滇桂的邊境，中國始有危險的感覺。及至感覺危險，已有不能救濟之勢了。

二、法國侵略安南的由來

　　法國與安南發生關係，遠在法國大革命以前。安南王室本屬黎氏，乾嘉時，阮、鄭二族爭權，發生內亂；阮嘉隆王（廣南王阮定之姪）依賴法國的援助，取得安南的王位，漸受法國勢力的支配。到洪楊戰役期間，法國已用武力奪取下交趾，據西貢為根據地；此時清廷方為太平軍所苦，自然沒有餘暇顧及藩屬國的事情。再進至同治朝，法人因為湄公河不適於航行，旋以法國商人在雲南販賣軍械（時雲南有回亂，馬如龍為剿滅回匪故，需要外國軍械，由法商秋畢伊供給），發見北部安南的富良江（即紅河）可以直通雲南，便蓄併吞北部安南之志至。一八七四年（同治十三年），用詭詐的手段與安南政府成立一種條約，表面上說是承認安南為獨立國，實際上已把安南作為法國的保護國了。條約共十條，其要點如次：

第三章　西法模仿時代

（一）法國以王禮待遇安南國王，承認安南為獨立國；

（二）安南如有內亂外患，法國盡力援助，並供給安南各種軍械及需要人員；

（三）此後安南之外交事務悉依法國指導；

（四）下交趾六州之地割讓於法國；

（五）沿富良江至中國邊境之河道，許法船自由航行。

法人與安南定約後，於次年（一八七五年，光緒元年）由駐北京法國公使以條約全文通告清廷總理各國事務衙門。清廷見約文中有承認安南為獨立國的話句，覆書不承認。覆文的大意說：「法安兩國和約之副本已收到；然約中有承認安南為獨立國之語，為中國政府所不解；安南自昔為中國屬邦，故中國政府，不能公認此條約。」法公使署的華文翻譯員，把中國的覆文譯成法文時，譯得極簡單模糊，法公使以為中國已承認了。清廷既不承認，便應該再有一種積極的行動，但是把答覆法公使的覆文發出後，暫時竟別無何種積極的舉動。

三、法國活動的進展與中法爭議的醞釀

法國方面根據法安條約，積極施行預定的侵略政策，至一八八〇年（光緒六年），竟於北部安南富良江流域的河內、海防二府配置守兵，於江岸要地自行建築堡壘。安南政府漸漸知道前次的條約不利於安南，仍舊想受中國的保護，與法訂約後，仍舊向中國進貢兩次（一八七六年及一八八〇年）；法人干涉不及。又安南政府想利用劉永福的黑旗黨勢力（劉永福本為太平軍的餘黨，失敗後率餘黨亡命安南邊境，據地自雄）來對抗法人，富良江上游的法國航運常受其威嚇妨害，故有配兵築壘之舉。法人在富良江配兵築壘時，中國滇省的總督劉長佑見法人的行動可怕，奏請清廷注意，清廷至此始謀向法政府提出交涉。此時正值伊犁問題，與俄國發

生最嚴重的爭議；曾紀澤由英赴俄，經過巴黎，略向法國政府試採風色；清廷因為對俄交涉緊迫，不敢積極行動；次年（一八八一年，光緒七年），伊犁問題解決，曾紀澤回巴黎，向法政府提出關於安南事件的抗議，無結果。又次年（一八八二年），法國在安南已與黑旗黨劉永福發生戰事，法軍炮擊河內；曾紀澤又向法政府提出抗議。法國主張安南為獨立國，謂中國無干涉之權；曾氏再三抗爭，謂一八七四年的法安條約，中國早已宣告不承認；法政府不為所動。清廷見法人在安南的軍事行動日進無已，一八八三年（光緒九年），令由滇粵派兵進入安南邊境。時李鴻章方丁母憂回籍，清廷強令出任艱難（因此時朝鮮方面亦與日本發生衝突）。

法國方面亦發生內閣更迭的事情，繼任內閣政策較平和，令駐華法公使與清廷會商平和解決方法。由李鴻章與法使會議，成立一種中法平和草約，把安南置諸中法兩國共同保護之下。草約成後，法國內閣又更迭，繼任內閣又屬諸積極侵略派，不滿於草約內容，未批准，並將原任法使調回，別任駐日法使脫利古來中國；一面由議會通過遠征軍費案，並另組遠征艦隊。中國方面見法國悔約，主戰的空氣也很濃厚，但是李鴻章極不願意有戰事發生；曾紀澤在法國，見清廷久無一定主見，十分焦慮。法國方面的軍事行動，以討伐黑旗匪黨、迫令安南政府履行條約為口實；中國方面的進兵，始終僅以保護邊境為詞，因為李鴻章既不願意有戰事，清廷亦無對法開釁的勇氣，故一面向法國主張對安南的宗主權，一面又不敢向法國作積極敵對的表示，所派去的軍隊只在安南邊境上隱為劉永福的後援；安南政府全無實力，所靠者也全在劉永福的黑旗黨。法軍首先把安南首府攻下，迫令安南政府與法另結保護條約；中國仍舊只作口頭上的抗爭。此時中國的軍隊已達到安南的諒山、北寧、大原、興化等處；劉永福已受清廷的任命，黑旗軍已與中國的軍隊聯合；但清廷仍是希望和平解決。到次年（一八八四年，光緒十年）春間，法軍向北部進展，黑旗兵與中國的軍

第三章　西法模仿時代

隊皆敗退，北寧、大原、興化等處皆為法軍所占領。中法的戰端事實上已經開始了，但是清廷仍無戰意。

西太后聽說戰端已經開始，北寧等處失守，恐怕法國艦隊乘間侵入沿海各省，異常憤怒，責備廷臣措置失當，將恭親王奕訢以下各軍機大臣一律免職，以醇親王奕譞（光緒帝之父）代奕訢。旋以廣東稅務司德人德璀琳居間調停，清廷又命李鴻章與法使在天津開和平談判，於是年四月，成立簡單條約五款：

（一）法國保證不侵犯中國之邊境；

（二）中國承認法國與安南所訂之一切條約，現屯北部安南之中國軍隊悉撤至中國境內；

（三）法國不要求賠償軍費；

（四）自後法國與安南或結新約，或改正舊約，不插入有傷中國體面之詞；（五）由兩國再派全權委員，對於本約各款擬定詳約。

此約成後，李鴻章大受攻擊，參劾他的奏章達四十七起。法國方面的侵略派，應該可以滿足了；但是因為第四款尚含有預設中國對於安南保留宗主權的類似意味，仍不滿足，未經議會批准，旋因諒山方面撤兵事，發生小衝突，又起一大波瀾，中法的戰爭遂終不可免了。

四、戰爭的破裂及結果

在諒山的中國軍隊，尚未接到撤兵的命令時，法軍即迫欲交割；中國軍隊以未接到命令，不允，遂起衝突。結果，法兵死傷共約數十人，法人大譟，說中國違背條約上的撤兵期限，致令法軍蒙此損失，要求鉅額的損失賠償金。此時李鴻章因為受了所謂清議的攻擊，極不人望，西太后不敢再用他當談判之衝，乃命兩江總督曾國荃與法使會議於上海。李鴻章既以外交

四　西法模仿時代的對外關係問題（二）

軟弱之故，受了多數士大夫的唾罵，法人的要求又極無理，曾國荃當然傾於強硬的一方面，對於法使提出的要求不予承認。法人因曾氏不承認賠償金，便命法艦隊向中國開始軍事行動，想占領中國沿海一要地以屈服清廷；清廷以主戰派慷慨激昂之故，也下令備戰守，但實際仍無戰意。法軍以艦隊三數艘炮擊基隆，謀占領該處，被守將擊退。法使向清廷提出最後通牒，清廷不屈，法使下旗離北京，法政府也命駐法中國公使李鳳苞（此時曾紀澤已回倫敦原任）離去巴黎，國交正式破裂。法艦隊即於是年（一八八四年）七月闖入閩江口，破毀中國保護福州船廠之艦隊十餘艘，並船廠破毀之。清廷得報大驚，始發出宣戰之布告。法艦隊繼續攻擾台灣及其附近島嶼，並封鎖揚子江口以南各要埠，謀斷絕中國南北海運的交通；北方漕運大感困難。適有一中國海關所轄管理沿海燈塔的小船，被法艦隊捕去，不肯放還；總稅務司英人赫德，電令其駐英代理人康普倍（Compbell）向法政府交涉放還該船事，並乘間探查法政府有無和解之意旨。此時法政府見清廷於福州船廠破毀後，並無屈服的表示，法國內部的黨爭又極紛擾，援軍的派遣極感困難，急欲謀和（法艦隊司令官請攻占旅順口，法政府不許，以援軍派遣困難故也），便密向康普倍表示可以和解之意。康氏電告赫德，遂以赫德為介，祕密進行談判，成立一種簡單的基本條件，即中國仍承認前次由李鴻章與法使所訂之五款，法國不再提出別種要求。中國的陸軍在諒山方面與法軍交戰，起初，中國軍隊節節敗退，到次年（一八八五年，光緒十一年）春間，以馮子材奮戰之力，法軍大敗於諒山。馮子材於攻克諒山後，方與諸將商議進取的方略，忽然奉到停戰的命令，異常憤恨；岑毓英所統之軍尚未接到停戰命令，猶併力進攻，破法軍，克廣威、成祥，進逼興化，安南人大喜，旋亦奉到停戰令而止。因為清廷早已允許赫德所介紹之和議，一得到諒山的捷報，便認為議和的絕好機會；法政府得到安南方面的敗報，主戰派的威勢更殺。於是由英國駐華公使出面調停，清廷仍命李鴻章為全權大臣，與法使巴特納（Pate-

第三章　西法模仿時代

notre）會議於天津，於是年（一八八五年）四月二十七日（陽曆六月九日）簽訂條約十款，其要點略如下：

（一）中國承認法國與安南所訂一切條約；

（二）中國擇勞開以上、諒山以北二處，開為通商口岸；

（三）法國撤退基隆、澎湖之軍隊；

（四）中國將來築造鐵路可僱用法國工程師；

（五）兩國另派委員勘定中國與安南之邊界，協定陸途通商條約。

自此，安南與中國的藩屬關係完全斷絕。中國雖然免了賠償費，但所蒙經濟上的損失，共達一萬萬兩以上（據李鴻章與曾紀澤書謂，因此戰發生之新債務，亦達二千萬），並且替法國開放了一條由安南進攻雲南的途徑。

此次法國的成功，成功於僥倖；中國的失敗，失敗於寡斷。那些空口主戰的清流書生，完全不懂得內外的情勢，固不足道；曾紀澤是當時比較明白的人，平素與李鴻章同意志，又留駐歐洲有年，對於當時法國的內情，觀察比較清楚，知道法國的弱點；李鴻章則只知道中國的弱點；故曾、李二人，對於此次的問題，意見也不一致。外國人的議論，謂李為主和派，曾為主戰派，其實曾氏並不一定是主戰，不過他是偏於強硬對付的一方面。他相信法國尚沒有可以持久作戰的兵力、財力，黨派紛爭，內閣三兩月一倒，政策難堅持；假使中國老早就表示強硬，積極的準備實行對抗，並不要真正開戰，法國侵略派的威勢是可以屈撓下去的；故他老早就希望政府採取斷然不屈的態度。李鴻章認定中國此時斷無對外作戰的能力，那幾艘微弱的軍艦斷不能防護遼遠的海岸線，自己所部的陸軍也不能開到安南去（因為此時朝鮮已發生問題，朝鮮比安南更重要），滇粵方面的軍隊未必可以作用（李鴻章與人書，謂南省軍隊對於新式軍械尚不知使用），萬一決裂，那一點經營多年的微弱海軍基礎，必根本破壞；他並不

知道法國方面也有弱點；故他始終不主戰議，即到法軍炮擊基隆時，尚不願福州方面的海軍取敵對行動（關於曾紀澤與李鴻章對此次事變的態度，可參看二人全集中之書札）。西太后一面相信李鴻章的穩重見解，一面又為那些空口主戰的清議所激動、所包圍；所以也是時硬時軟，游移不定，直到福州方面海軍覆沒，始正式宣戰。故此次中國的失敗，可以說是失敗於「游移寡斷」四字。

五、朝局的小變動

在恭親王奕訢居軍機首班時，朝局雖甚腐敗，尚有一點畏懼清議。因為當時所謂清流的言官倚李鴻藻為後援，最喜歡以敢言博聲譽，謀升遷；鴻藻亦居軍機，與奕訢相倚托。西太后早已不喜歡奕訢。安南事急，別有一派夤緣勢力的人物，想藉此排去李鴻藻，遊說當時的言官，謂樞臣應付法越事情失當，上章彈劾。（兩廣總督張樹聲於李鴻章丁憂期中，署理直隸總督，謀見好於張佩綸，奏調佩綸幫辦北洋軍務；反對者謂疆臣不得奏調京僚，佩綸因此不能即得外簡，反恨樹聲之奏調為多事；樹聲恐佩綸不利於己，乃由其子遊說言官，彈劾樞臣，以去佩綸之奧援李鴻藻。）西太后便乘此將奕訢等所有軍機大臣，一併免職，而代之以醇親王奕譞。奕譞援引孫毓汶等入軍機，自此朝局更腐敗，所謂清流派的言官也失了倚伴，賄賂公行，上下俱無所忌憚了。這是此期中朝局一個小變動。

六、海軍衙門的創設

福州的船廠和艦隊，在此次戰爭中破壞了，但在北京方面卻醞釀了一個海軍衙門出來，使清廷對於李鴻章等平素主張擴張海軍的信念更深一層。在中法戰役以前，直隸、江南及閩粵各省已經有了若干艘新式小兵艦，分隸於各省；那些兵艦大概都是由各省督撫籌款製造或訂購而來的，故悉由各該省調遣使用。一八七五年（光緒元年），因為台灣事變，與日本發生爭

第三章　西法模仿時代

議，籌備海防之說起，李鴻章主張向外國定購鐵甲巨艦，得旨允行，自此陸續定購，到中俄伊犁問題發生時，已經向外國定購了鐵甲艦若干艘，但尚多在製造中。英人戈登由天津回國時，向李鴻章提出臨別贈言二十條，其第七、八兩條說，中國宜先整頓陸軍，然後再議水師；陸軍勁旅無多，水師終於無用，急費鉅款購艦，甚為失計；其第十四條又說：「中國應有專管陸軍大臣一員，並專管水師大臣一員，該二員須常往各處巡視一切。」（戈登臨別贈言見《李鴻章全集》譯署函稿中，多切中情弊語）戈登此時，已把中國軍事無全體計劃及不統一的根本毛病看出，故所言如此。但李鴻章的地位是一個地方長官的直隸總督，沒有統攬全域性的權責，他雖把戈登的贈言錄送總理各國事務衙門，該衙門也不是統籌全域性的機關，並且管理該衙門事務的各大員，大都是些沒有眼光的庸人，當然沒有人注意戈登的建議。及中法戰機迫切，法國海軍艦隊出沒於中國海面，沿海各省所管的幾艘兵艦，各欲恃為防護各該省海口之用，沒有一個可以自由調遣的機關；那幾艘薄弱的小兵艦，本來就沒有防衛海疆的能力，加以在這種不統一的情形之下，勢力更等於零。因此，始感覺戈登的贈言中所說甚有理由；初由翰林院侍讀學士張佩綸建議於總理各國事務衙門，請創設水師衙門，管理全國水師。恭親王甚以為然，便想要李鴻章擔任辦理此事。李氏乘機答覆總理衙門，請仿各國先例，在北京設立海軍部，自己或可襄辦其事，但是軍機處不以為然。正在擬議間，恭親王及各軍機大臣忽被西太后免職，議途中止。未幾，張佩綸受命會辦福建海疆事宜，臨出京時又奏請設水師衙門，特簡重臣經劃一切；奉旨飭下南北洋先行會議；此時方在一八八四年（光緒十年）的春夏間，中法戰事尚未正式破裂，但已去破裂之期很近了。會議尚無結果，而福州艦隊已被破毀；幸訂購的鐵甲艦尚多未完成，北洋及江南方面，也尚有殘餘的幾艘。及和議既成，設立海軍衙門的議論，便見諸事實了。一八八五年（光緒十一年）陰曆九月的諭旨說：

四　西法模仿時代的對外關係問題（二）

……前因海防善後事宜關係重大，諭令南北洋大臣等籌議具奏……茲據奏稱統籌全域性擬請先從北洋精練水師一支，以為之倡，此外分年次第興辦等語，所籌深合機宜，著派醇親王總理海軍事務，所有沿海水師悉歸節制調遣；並派慶郡王奕劻，大學士、直隸總督李鴻章會同辦理；正紅旗漢軍都統善慶，兵部右侍郎曾紀澤幫同辦理。現當北洋練軍伊始，即著李鴻章專司其事，其應行創辦籌議各事宜，統由該王、大臣等詳慎規劃，擬立章程，奏明次第興辦。

這道諭旨，便是設立海軍衙門的正式公表。醇親王奕譞以親王資格總攬全權，下面設兩個會辦、兩個幫辦，都是一滿一漢，恰與六部的堂官分為滿漢兩組同一辦法。但醇親王只有一個總司全域性的空名，奕劻與善慶對於海軍的事務都是莫名其妙，一切計劃經營全出於李、曾二人。但李氏有直隸總督兼北洋大臣的職務在身，駐保定、天津的時候多，未能長在北京；後來在海軍衙門實際任事的人便全靠曾紀澤。李鴻章於前記諭旨發表後，與曾國荃的書中說：「鴻章在京，勾留兩旬，召對五次。敷陳時事，愧無以仰贊高深，與當軸意見不能盡合。大抵禧聖（指西太后）與醇邸，銳意圖政，欲力變從前媕婀虛飾之習，而諸臣墨守舊規，似不足振興。亦不敢有所建白。……海軍一事，條陳極多，皆以事權歸一為主，鴻章事煩力憊，屢辭不獲，雖得兩邸主持而仍不名一錢，不得一將；茫茫大海，望洋悚懼，吾丈何以教之。」次年（一八八六年）陰曆正月，又與曾紀澤一書，說：「……海軍之役，同舟共濟，藉資贊襄，鄙人方幸卸肩有期，執事乃欲稱病避事（曾紀澤此時尚在歐洲未歸，嘗引病辭卻幫辦海軍之事）。受恩深重，只可鞠躬盡瘁，徐圖幹濟時艱耳。法事平後，各省須還洋債近二千萬；海軍無可恃之餉，尚未能多購鉅艦，將才尤乏。欲仿英制萬分之什百，一時實辦不到。甚盼及時採仿西國水師兵制，以備他日逐漸振興，公其有意乎？」觀此二書，可見李氏的苦心孤詣，及對於曾紀澤的期望。

但是他雖向曾國荃說「禧聖……銳意圖政，欲力變從前婾婀虛飾之習」，後來的海軍衙門卻變成了「禧聖」的「新內務府」。戶部尚書閻銘敬，在戶部千方百計的撙節，替海軍衙門預備一點經費，那位「禧聖」時時向閻索取，弄得閻氏不能安於其位；閻氏一離戶部，海軍衙門的預備費變為「禧聖」的頤和園工程費了。曾紀澤後來在海軍衙門，事事被滿人幫辦掣肘，因憤成病而死。北洋艦隊雖於一八八八年成立了，有艦大小二十八艘，但是徒具形式，組織的內容及軍需的設備腐敗不堪。李鴻章於一八九〇年會同山東巡撫張曜親出洋面校閱後，頗表示滿意，誰知甲午的大恥辱，便在此時安置了伏線呢！

五　西法模仿時代的對外關係問題（三）

—— 中日戰爭

　　中日兩國歷史上的關係雖甚久遠，但在清代，兩國初無正式的國交；發生正式的國交，恰在李鴻章就任直隸總督時；李氏的政治生命，實與中日爭鬥相終始。自甲午戰爭失敗，李氏在中國政治上的中心位置移交維新黨去了。本節就中日爭鬥的經過，分別略述之：

一、日本近代侵略中國的發端

　　日本在明代即屢次侵害中國，現在不必遠溯，但就其維新運動開始時略一考察。日本維新志士的老前輩吉田松陰在獄中所著的《幽囚錄》中有云：「今急修武備，艦略具，炮略足，則宜開發內諸侯，乘間奪加摸察加澳都加，諭琉球朝貢，會同內諸侯，責朝鮮納質奉貢如古盛時，北割滿洲之地，南收台灣、呂宋諸島，漸示進取之勢。然後愛民養士，慎守邊圉，

則可謂善保國矣。」又其獄是帖中有言:「培養國力,兼弱攻昧,割取朝鮮、滿洲,併吞中國,所失於俄美者,可取償於朝鮮、滿洲。」還有一位佐藤信淵(德川時代人)所著的混同政策,略云:「凡侵略他邦之法,必自弱而易取始。當今世界萬國中,我日本最易攻取之地無有過於中國之滿洲者。何則滿洲之地與我日本之山陰、北陸、奧羽、松前等處隔一衣帶水,遙遙相對,距離不過八百里,其勢之易於擾亂可知也。故我帝國何時方能征討滿洲,取得其地,雖未可知,然其地之終必為我有,則無可疑也。夫豈但得滿洲已哉,支那全國之衰微亦由斯而始。既取得韃靼以後,則朝鮮、中國皆次第可圖矣。」(以上均見《獨立評論》劉叔雅論日本侵略中國的各文所引)

當英法聯軍攻陷北京時,日本有一個諸侯島津氏說:中國以如此大邦,竟為英法所屈,日本為自衛計,宜先發兵略取中國一省——最好是台灣、福建——為根據地,擴張日本的勢力,以免英法的東侵。但此時日本的內部,也方在幕府專政、封建割據的情形之下,鎖國論與開國論競爭得很烈,斷無餘暇亦斷無能力來進圖中國,故島津氏的議論也不過是一種空論。開國論戰勝,明治維新的基礎既定後,即派柳原前光來中國(一八七〇年,同治九年,即日本明治三年),求訂通商修好條約;中國總理各國事務衙門初僅允通商,以李鴻章斡旋,始允立約。次年,日本命伊達宗臣為全權大使,與李鴻章訂通商修好條約於天津,此為中日兩國正式締交的開始。在此約尚未批准交換時,台灣方面曾有生番殺害琉球難民之事;日政府早有併合琉球的意思,至此並想乘機略取台灣的生番地,歸入日本的版圖;於一八七三年(同治十二年)派外務大臣敷島種臣來中國交換前次所訂的條約,乘機向總理衙門提出琉球難民被台灣生番殺害的問題;總理衙門的毛昶熙只顧省事,避免中國的責任,答說:台灣的生番皆屬化外,非中國政教所及,其殺人與中國無關。敷島氏對於毛氏的答語

不置辯；次年，日政府便派西鄉從道帶兵至台灣征討生番，清政府始悟毛氏前此的答覆失計，一面詰問日本，一面派沈葆楨（時為福建船政大臣）督兵入臺，促日本撤兵。日本先後派柳原前光、大久保利通來北京交涉，幾至決裂，後以英公使調停，由中國賠償撫卹難民費十萬兩，並日軍在臺修治道路及建築房屋費四十萬兩，約束生番日後不再加害航民，日本始撤兵。此次交涉，台灣雖得保全，但無意中預設琉球為日本的屬邦；日政府即於是年積極進行併吞琉球的計畫；琉球屢向中國哀請救援，左宗棠頗主張救援，但以伊犁問題，正與俄國發生嚴重的爭議，清廷付之預設，琉球遂入日本的版圖，變為日本的一縣（一八七九年，光緒五年）。

二、日本經營朝鮮的發端

日本向台灣、琉球進攻時，同時並已向朝鮮進攻。前次日使因台灣問題在北京與清廷交涉時，便乘間向總理衙門訴說朝鮮對於日本的無禮，希望中國負責，改善朝鮮對日本的關係；總理衙門的人只顧省事，也用避去責任的話答說：朝鮮雖為中國藩屬，受冊封，奉正朔，但內政、外交皆聽其自主，我朝向不與聞。日使也默不置辯，回國後，遂與日政府議定以自由行動對付朝鮮。

此時的朝鮮王李熙，也是一個十二歲的小孩子，由旁系入繼王統，由其父大院君握權（李熙繼統在一八六三年，同治二年）。大院君是一個最頑固的持鎖國論者；日本於明治建元時，遣使通舊好，大院君因日本國書中稱大日本皇帝，拒絕受，並以日本開國維新，用夷狄之法，尤至深痛惡，布告國人不許與日本人交際；故有日使向中國前述之訴說。在日使未來中國以前，急進的侵略派如西鄉隆盛等，已大唱征韓之論；及得到中國總理衙門不負責任的答語，積極進攻的方針遂定。一八七五年（光緒元年），日政府派兵艦測量朝鮮及中國遼東半島沿岸各地，過朝鮮江華灣，

下小艇，溯漢江，被阻；日軍開炮，毀岸上炮臺，焚永宗城，交涉遂起。日政府旋於次年春初，派黑田清隆、井上馨率軍艦六艘、陸軍一隊入朝鮮，迫脅朝鮮政府與之定約：

（一）認朝鮮為獨立自主國，與日本平等，彼此互派公使；

（二）朝鮮開仁川、元山為商埠；

（三）朝鮮沿海各境，准日人自由測量。

是即所謂日韓《江華條約》，即法國對於安南的同一辦法。當江華事變發生時，日政府曾遣森有禮至中國，向總理衙門告以對於朝鮮的行動意見；恭親王奕訢答以日本與朝鮮發生問題，宜先向中國交涉，不應直向朝鮮動兵；森有禮說：中國對於朝鮮的內政、外交既聽其自主，則日本當然以自主國待之。及《江華條約》發表，中國竟無積極的反抗舉動，於是日本第一步的政策成功。

三、中日兩國對於朝鮮的角逐

朝鮮與日本定約，全由受迫所致，故約定後仍倚中國為上國。此後，美國及歐洲各國陸續與朝鮮結通商修好條約，皆由中國介紹，其外交皆由中國指導；歐美各國無不承認中國與朝鮮的宗屬關係；唯日本自與朝鮮訂約後，一切交涉皆取直接行動，不認中國有干涉之權。日人在朝鮮曾惹起兩次大亂事：一為壬午之亂（一八八二年），一為甲申之亂（一八八四年）。

蓋自《江華條約》定後，朝鮮的朝廷也分為新舊兩派；新派以金玉均等為主腦，受了日本人的籠絡，倚王妃閔族的勢力，以抗大院君的舊派；大院君失勢退隱，新派勢力大張，聘日本人訓練新軍。一八八二年，因主持新軍的金閔黨人吞蝕軍餉，發生兵亂，大院君謀乘機恢復政權，嗾使亂兵犯王宮，殺閔黨要人，並殺訓練新軍的日本教練官，圍攻日本使館；日本公使花房義質逃歸長崎；日政府派海陸軍千餘人隨花房公使再入朝鮮問

第三章　西法模仿時代

罪。中國方面得朝鮮變亂訊息，即陸續派丁汝昌、吳長慶率北洋水陸軍隊數千人偕馬建忠入朝鮮。時因安南問題已與法國發生爭議，清廷恐日人藉端啟釁，命馬建忠等嚴重處分亂黨，捕大院君送天津，一面向日人調停斡旋；日本拒絕受。但中國的軍隊已經入朝鮮京城，變亂的「張本人」大院君也已經受了中國的處分，日人僅得向朝鮮責令賠償謝罪；旋即成立一種議和條約：

（一）由朝鮮賠償撫卹費五萬，軍費五十萬；

（二）允日本駐兵朝鮮京城，護衛使館，兵房設定費由朝鮮負擔；

（三）遣使往日本謝罪。自此中日兩國同有兵駐紮朝鮮，是為壬午之亂的結果。

壬午亂後，清廷對於朝鮮也漸知注意。袁世凱曾隨吳長慶軍入朝鮮；吳軍留駐，袁亦同留，陰與閔族相結托，以防制日本。日本仍用援助朝鮮維新獨立之名，籠絡朝鮮的所謂新黨，挑撥離間，閔族又與新黨的金玉均、樸泳孝等勢同水火。到一八八四年（光緒十年），駐朝鮮的日本公使竹添進一郎，見中國因安南問題已與法國開戰，便想乘機驅逐中國在朝鮮的勢力。是年冬間，竹添氏陰與金、樸等勾結，唆令新黨乘郵局開幕宴客之夜即席刺殺閔族要人，於鄰近放火；金、樸等赴王宮，矯令請日使帶兵入衛王宮，並要殺閔黨多人，挾制朝鮮王改組新政府。閔黨求援於中國駐軍，袁世凱奮勇率兵入王宮討亂黨，竹添氏督軍拒戰，不能敵，挾朝鮮王逃出宮門，朝鮮王旋逃入袁世凱營中，竹添氏失其所挾，乃自焚日本使館，走仁川；所謂新黨的要人金、樸等皆逃亡日本。日政府聞變，派外務大臣井上馨為全權大使，率海陸援軍赴朝鮮；清廷得報，也命吳大澂為欽差大臣，率海陸軍向朝鮮出發。井上氏到朝鮮，吳大澂也到了。井上氏與朝鮮政府開談判，吳大澂想從旁監視，被井上氏拒卻；朝鮮政府允償費、

懲凶、謝罪、修復日使館等屈辱條約而罷。是即所謂甲申之亂。

此次的變亂，本為竹添氏投機冒險的行動，初非出於日政府的命令；日政府此時尚無與中國開釁的意思，故結果僅如是而止。次年（一八八五年，光緒十一年），日政府派伊藤博文為全權大使來中國，商議對於朝鮮的善後問題；清廷命李鴻章與伊藤氏會議於天津，定約三款：

（一）中日兩國駐紮朝鮮之軍隊，各自撤退回國；

（二）朝鮮練兵，中日兩國皆不派教練官；

（三）將來朝鮮有事，兩國或一國如須派兵，須先行文知照。

此條約無異承認朝鮮為中日兩國共同的保護國。李鴻章因為中法戰爭尚未結束，國庫兵備皆極空虛，故終容納伊藤氏一部分的主張，結此勢力均等的條約。中日戰爭的伏線，即發端於此約。

四、東學黨之亂與中日戰爭的破裂

自天津定約後八九年間，中日兩國表面上無何種衝突；日本鑒於壬午、甲申兩次的不成功，注重充實內部的勢力，對朝鮮暫以維持條約上的權利而止；朝鮮王廷因金、樸等失敗，亡命日本，所謂新黨的勢力衰落，仍傾心受中國的保護；袁世凱因當「甲申事變」時行動敏捷，為李鴻章所賞識，於天津定約後，奏授總理朝鮮交涉通商事宜，長駐朝鮮；朝鮮對外的一切關係皆受袁監視、指導。日人對袁十分嫉視，一方面撥弄朝鮮的亡命黨人金玉均、樸泳孝等陰謀構亂；一方面密派少年軍人策士多人，組織所謂「天佑俠團」潛入朝鮮，煽動朝鮮內部的不平分子，破壞秩序，製造出兵的機會。到一八九四年（光緒二十年）春間，發生金玉均、樸泳孝被刺的交涉；（金、樸在日本與朝鮮之同黨通訊息，謀亂，朝鮮王廷不安，乃密遣刺客赴日，謀刺金、樸。金氏被誘至滬，在滬被刺死。樸氏在日，謀刺樸氏之李逸植反被樸氏所捕，與李同謀之刺客權東壽等，逃入駐日朝

第三章　西法模仿時代

鮮公使館，日政府直向該使館索捕權氏等，朝鮮公使俞箕煥憤而歸國，日人不顧。金氏在滬被刺後，刺客洪鐘宇亦被捕，滬當局以金屍並洪氏解歸朝鮮，洪氏受朝鮮王廷庇護，金氏更受戮屍之刑。日人大憤，或主張向朝鮮問罪。）繼又發生東學黨的亂事，遂為中日戰爭的直接導火線。

所謂東學黨，也是朝鮮的守舊黨，其源起於崔福成，雜取中國儒家及佛老之說，自衍為一派，稱東學，以明人倫、誅汙吏、救民生相號召。大院君當權時，禁天主教，捕治教黨，牽及東學黨，黨人喬某被殺；至是黨人請為喬某昭雪，不許；朝鮮人民為惡政所苦，多思亂，黨人乘機煽動，亂事遂起；而從中操縱指揮者則為日本所密派的「天佑俠團」，東學黨又實為日人構亂的工具。亂事初起於全羅道之古阜縣，漸次蔓延，朝鮮政府剿治無效，乃請援於中國。當金、樸被刺案發生時，傳聞日本有派兵入朝鮮之意，李鴻章電駐日中國公使汪鳳藻及朝鮮袁世凱探查；袁氏兩次回電，一次說：「詳審在韓日人情形及近日韓日往來各節，並日本時勢，應不至遽有兵端；調兵來韓說，或未必確。」一次又說：「探大鳥（日本駐朝鮮公使名大鳥圭介）詞意，毫無生事端倪，並藉風聞有日本兵船數只將來韓，詢以有無，大鳥笑答確無，必系謠言等語，似無生釁事。」（此二電均見《李文忠集》電稿中，汪公使覆電如何未可知）袁世凱大約相信日本此時尚沒有積極進攻朝鮮的可能性。及東學黨亂起，李鴻章方在小站一帶檢閱軍隊，得報，初亦無派兵助剿的意思。李鴻章四月二一日電譯署，謂：「韓王未請我派兵援助，日亦未聞派兵，似未便輕動，俟續信如何再酌。」袁氏在朝鮮電李氏，也說：「未聞日有派兵說。」但是日本實在已想出兵，並且慫恿中國出兵。（袁世凱四月二十八日電李鴻章，謂「日使譯員鄭永邦，以使令來……謂匪久擾，大損商務，諸多可慮，韓人必不能了……貴政府何不速代韓戡亂……我政府必無他意」等語。三十日，袁氏又電告李，謂：「日使署杉村來晤談，意亦盼華速代戡亂，並詢華允否……杉與凱舊

好，察其辭意重在商民，似無他意。」李鴻章電譯署，亦謂駐津日本領事來晤，語意與杉村略同，皆足為日本慫恿中國派兵之證。）李鴻章、袁世凱，都相信此時日本尚不至有積極的行動。朝鮮政府向袁氏請求派兵助剿，袁氏告以須由該政府正式具文請求，一面電告李鴻章，謂：「韓廷求華代戡，自為上國體面，未便固卻。……乙酉約，華日派兵，只先行文知照，初無華派日亦派之文，日如多事，似不過藉保護使館為名，調兵百餘名來漢（指漢城朝鮮王京）。匪距漢尚遠，日兵來，反騷動，韓外署應駁阻，各洋員（指各國駐朝鮮人員）尤不願日先自擾。」這是袁世凱料度敵人的見解。李鴻章接袁氏轉來朝鮮政府正式請兵之電文，便請奏派北洋陸軍提督葉志超及總兵聶士成領兵一千五百人入朝鮮，屯駐牙山；一面行文知照日本政府（陰曆五月初二日）。

中國的知照公文尚未達到日廷，李鴻章在天津已接到日本駐津領事的通知，說日本已派兵入朝鮮保護使署及商民；北京的總理衙門與在朝鮮的袁世凱，也同時接到日本派兵的知照。中國派兵僅一千五百人，日本第一批即派出七千餘人，直赴朝鮮的首都漢城。原來此時日本已施行憲政，召集國會，伊藤博文為內閣總理大臣，陸奧宗光為外務大臣；國會對於內閣攻擊得很利害。袁世凱以為日本的國會方與內閣為難，絕不能對外生釁，故有「日本時勢應不至遽有兵端」之語；誰知陸奧氏與伊藤氏等一決定出兵朝鮮，日本國民的視線全集中於對外的問題上面去了。朝鮮的東學黨見中日兩國皆派大兵到來，便無形消散。中國以亂事既平，要求日本與中國仍照約同時撤兵；日政府不唯不允撤兵，並且更進一步向中國提出共同改革朝鮮的內政案來。陸奧氏逆料中國對於日本的提案必不贊成；不贊成，則取單獨的自由行動。李鴻章、袁世凱至此始有點心慌。清廷對於日政府的共同改革朝鮮內政案，當然不能贊同；起初以「日本既認朝鮮為自主，即不應干涉其內政」的理由，拒絕日本提案；後見日本繼續增兵至朝

第三章　西法模仿時代

鮮，李鴻章要求日本先撤兵再議改革。日本堅持不讓，進兵愈亟。歐美各國的駐使也頗認日本的行動為過當。此時李鴻章與總理衙門各要人唯一的希望，在歐美各國出面干涉日本的行動，俄國尤為李氏等所重視。因為俄國公使起初曾向李氏表示積極干涉的意思，李氏以為俄公使的話十分可靠；英國也頗盡調停之力；美國亦曾忠告日本。但日政府方針既定，不為各國的調停所搖動，對俄略示不侵占朝鮮土地之意，俄國便立於旁觀的地位。清廷見日政府的行動日趨強橫，忙無主意。空論的書生派一面攻擊李鴻章，一面鼓吹增派大兵。總理衙門想增派大兵，又怕激起兵釁；不增兵，而英俄各國的調停又茫無效果；但是他們總夢想英俄各國的調停或者可以生效，李鴻章以誤信俄使所表示的原故，尤不願增兵，惹起戰端。袁世凱、葉志超等見日兵陸續增加，占據各要害地點，一面電請將葉軍由牙山移近漢城，一面又電請增兵，李氏尚覆電令勿輕動，謂和平解決之希望未絕。日本大兵既據漢城，又將各兵事上的扼要地點占領了，便向朝鮮王廷提出強迫改革案，並向駐日英公使間接宣言（因英使從中調停之故），說中國既不贊成改革朝鮮內政，現日本已單獨行之，中國若增派援軍，即認為有意向日本挑戰。這分明是要向中國宣戰了。但是李鴻章和平解決的念頭還是未斷。直到最後，朝鮮王廷全落入日人的手中，預備實行驅逐在朝鮮的中國人員時，李鴻章始奏請下令增派援軍八千人，由衛汝貴等統率向平壤出發；（據《李文忠集》電稿，增派援軍在陰曆六月十四日，去交涉開始時已一月有半。）援軍派出後，李氏猶電戒葉志超勿輕於開仗；（六月十八日，李覆葉電謂「日雖竭力預備戰守，我不先與開仗，諒彼不動手，此萬國公例，誰先開戰，即誰理屈，切記勿忘，汝勿性急，頃奉寄諭，亦密囑此節」，可見清廷與李氏始終無戰意。）英俄各使的調停動作也尚未完全終止，李氏猶希望有萬一和解的可能。及中國援兵的運送船「高升號」在豐島附近被日本海軍轟沉（並損失護送兵艦二艘），駐牙山的葉軍也受

日軍圍攻，始知戰事已無可免。

五、戰爭的結果

自陰曆六月後旬戰事破裂，至次年三月初休戰條約成立，交戰的期間雖有七八個月之久，但勝負的結果早已決定。日軍早把軍事上的要地占據，中國只能從北部的平壤進兵；日軍以漢城為根據地，向平壤取包圍的攻擊；八月中旬，中國的陸軍由平壤潰退。丁汝昌統率海軍艦隊十二艘，與日本艦隊相遇於大東溝附近，苦戰半日，中國的艦隊僅存八艘，且皆受損傷，退歸旅順船塢修理；後移守威海衛，不敢復出，黃海的制海權全歸於日本。日軍自陸海兩方得勝後，步步進逼，至十月中，旅順、大連及奉天東南各要地悉被日軍所占領。十二月，日軍別隊由山東榮成灣上陸，進圖威海衛；丁汝昌率北洋各殘艦死守，將卒皆不用命；至次年正月，日軍招降，丁汝昌不屈，服毒自盡，部將遂以艦隊及威海衛降於日軍。中國的主戰派當交涉逼緊時，氣焰萬丈，肆口攻訐李鴻章，鼓吹開戰，到了旅順、威海衛以次失守，漸漸喪膽。李鴻章受了清廷的革職處罰，一面還是要經營戰守，一面仍不斷的運動歐美各國公使向日本調停，求休戰議和，皆無效。後以美國的誠意調停介紹，日本始略略表示可和意。清廷初派張蔭桓、邵友濂二人為全權大臣，赴日本請和。日政府以二人所受文憑不合全權資格，拒絕與議，無結果而回。李鴻章此時已為一般的所謂公論所唾罵，故清廷起初不想用他為議和專使，及張、邵二人被拒後，始任李為議和全權大臣。李於一八九五年（光緒二十一年）二月中抵日本馬關。日政府起初提出嚴重的休戰條款，尚未成議，李鴻章忽被一日本小民小山豐太郎（一名小山六之介）所刺傷；日政府恐受世界各國的輿論所責難，始允無條件休戰（休戰期限僅二十一日）。旋於休戰期內，成立和約二十一款，其最要各點如下：

第三章　西法模仿時代

（一）中國確認朝鮮為獨立自主國。

（二）中國割遼東半島、台灣及其附近島嶼與日本。

（三）中國賠償日本軍費二萬萬兩。

（四）中日兩國以前所訂條約一概廢棄，另訂新約，以中國與歐洲各國現在約章為基礎，並增開沙市、重慶、蘇州、杭州為商埠。

（五）日本人在中國各通商口岸，得自由從事各種製造工業；各種機器僅納入口稅，得自由裝運入口；日本人在中國內地製造之貨物，其一切課稅均照日本輸入貨物之例辦理，享受一切優例豁免。

前例最後一項，為中國國民經濟上的最大致命傷；西方的帝國主義者屢次壓迫中國受城下之盟，皆未曾提出如此的條款。自日約中有此條款，各國皆援最惠國待遇之例一併共享，於是，中國工業全被東西帝國主義的資本所壓倒，不能抬頭。此時中國處於戰敗的地位，已全無抵抗之實力，休戰的限期又極短促，李鴻章無法，只得一一俯首承受。但是他知道俄國對於朝鮮東三省皆有野心，一面與日本磋商和議，一面將日本所提出的要求條款通知北京各外國公使，以激動各國的嫉妒心，引起干涉。及約文公表，俄國果約同德法各國出而干涉，迫令日本將遼東半島退還中國；日本暫時無力抵抗，也只得俯從。李鴻章一生「以夷制夷」的外交策略，僅於此略略發生一點效力。但是此後的問題卻更難應付了；遼東半島的名義雖仍為中國所保留，不久，俄索旅大，德索膠澳，法索廣州灣，英索威海衛，中國亦無不俯首屈從，日俄戰爭的大禍也伏機於此。

六、中國失敗的原因

此次戰爭失敗的原因詳細地分析起來，有許多種；但概括地說，不外下面的幾點：

五　西法模仿時代的對外關係問題（三）

（甲）腐敗。這個腐敗的病，從西太后起一直到最下級的小官吏，能免了的很少。西太后除了移用國家正當的軍政費供自己個人的快樂外，又率領宮廷內的妃嬪及閹宦小人，相率出賣官缺，於是上行下效，凡供給於政府機關的人員，也相率以苞苴賄賂圖謀個人位置的維持並升遷。北洋海陸軍的重要將領及主管人員，多屈身於李蓮英的門下稱門生。苞苴賄賂品的來源，不外刻扣軍餉，侵吞公帑，於是弄得軍事上的設備窳劣不堪。據英人蒲蘭德（Pland）的記述說：在戰事發生前兩年，漢納根（在李鴻章部下服務的德國人）便請李鴻章購買多量克魯伯廠所造的大開花彈，供戰鬥艦上大砲之用。李氏已經簽發了命令，但是終於不曾實行。不實行的原因，就是因為當時主持軍需事務的大人物張佩綸反對，說耗費鉅款購買這種開花彈，儲藏無用，太不合算；實則他所謂不合算，只是他們主管軍需的人員的不合算。及到戰爭破裂時，李鴻章急急忙忙向英德各國添買軍需品，各國因為限於守中立的原故，不能明賣；買得了，不易運到。當黃海海戰時，至有兩艘鐵甲戰鬥艦共同只有三顆大口徑的開花彈；因此在大半日的苦戰當中，中國戰艦所發射的炮都是小口徑的炮，大口徑的巨炮皆閒擱不能作用；這又安得不失敗呢？至於中國自己製造的魚雷，據嚴復所說，有用鐵渣來代替火藥裝在裡面的；這又安能守護海面呢？海軍是李鴻章用全力經營的，內容的腐敗如此，陸軍就更不用說了。所以當朝鮮問題發生時，李鴻章十二分的不願有戰事，千方百計想用外交手段解決；那些書生參劾他，罵他畏戰，催他出兵，他總是遲疑不決，就是自己知道自己的弱點的原故。

（乙）不統一。這個不統一的病，包括當時政治上的各方面，軍事上、外交上、財政上以及其他，無不如一盤散沙。形式上，皇帝握有一切大權，好像十二分的統一；事實上，皇帝只是一個偶像；皇帝上面的西太后，只有賣官鬻爵、黜陟官吏的大權；遇有外交問題，令多頭並立的總理衙門

第三章　西法模仿時代

協定；總理衙門又要與離開北京的北洋大臣或南洋大臣協定。李鴻章有擔負外交事實上的責任，卻沒有主持外交事務的全權；總理衙門和南北洋大臣以外的許多學士們，御史們，尚書、侍郎、督撫們，對於外交問題，差不多人人可以發言，人人可以出主張，外交的全權到底不知道在何人手裡。日本只有一個內閣總理，一個外務大臣，只要對付國會一個機關。李鴻章既不是內閣總理，不是外務大臣，要對付許多不負責任散漫龐雜的學士們、御史們以及其他的人；皇帝和太后也到底不知道誰的主張好。從問題發生到問題解決，一時一刻，千變萬化，沒有一個人今天知道明天如何行動，簡單地說，就是自始至終無所謂方針。為什麼不能有方針？就是事權不統一的原故。再就軍事上說：海軍衙門說是管理並指揮全國海軍的，但是實際上僅能指揮北洋艦隊；若要調遣北洋以外的南洋艦隊，就非繞一個彎先打電報和南洋大臣商議不可。即海軍衙門的本身，總理之下有兩個會辦，再加上兩個幫辦；總理有「權」無「能」，會辦、幫辦有「能」有「不能」，而「權」則彼此相掠；故在該衙門的自身，事事就不能統一。陸軍的不統一，更甚於海軍。兵部是配相的機關，各省的兵已經成了各省督撫的兵；李鴻章可以直接調遣的，限於北洋的陸軍；其他各省的軍隊雖然可以奏調，但是編制、訓練器械既不統一，指揮的將校又各不相習，那種散漫無紀的狀況，比海軍更甚。再就財政上說：戶部說是管理全國財政的機關，但是事實上，有錢的機關是各省藩庫；各省的督撫，權比戶部更重。李鴻章負有支配軍事費用的責任，卻沒有運用全國財政的權力；他所能直接籌備、支配的限於直隸一省的收入；若向他省要錢，必須奏撥，皇帝得奏，例交戶部審議；部議准了，再以諭旨下之於指撥的各省；各省有時候也可以託詞告乏；所以雖然奏撥准了，還要向指撥各省的主管機關講人情。對外的問題發生了，說硬話的督撫是很多的，要他們供給軍費，就要看對於各該本省的財政活動上有無妨礙。所以李鴻章說他自己是「以直隸一省，

當日本全國」，這並不是他掩飾自己過失的話，而是實在的情形。

（丙）總結原因。上面兩點，是就當時政治上所表現的情形分別說的。還有一個總原因，就是日本已經成了一個近代新式國家的組織，政府是一個國民結合體的單位，有一個主腦的神經系，五官、四體運用靈活，無障無礙。中國還是停滯在舊時代中的國家，政府自為政府，人民自為人民；國家的各種機關，是皇家的機關；立於皇家最高位的人，又成了沒有活動能力、沒有靈敏感覺、沒有振作精神與純正德性的偶像；立於這個偶像之下供他役使的人員，無異於衰敗之家的奴僕，各圖各的利益與快樂，懶惰、偷竊、爭鬥，無所不為；有十二個忠實有為的人站在裡面，想把那個衰落的門楣支撐起來，縱具三頭六臂，也無所施其技。當李鴻章和伊藤博文在馬關會議彼此應酬的閒談中，李氏說：「貴大臣之所為，皆系本大臣之所願為；然使易地而處，即知我之難為，有不可勝言者。」伊藤博文答說：「要使本大臣在貴國，恐不能服官也。」（語見《中東戰記本末》）這雖是應酬的話，卻是實情。原來日本所以致勝，因為日本已經過一次政治的革命，不流血的革命；維新黨先致勝於內，故能致勝於外。中國此時最需要的也是政治革命，但是主持西法的新人物還是拘束在舊偶像之下，不敢作政治革命的活動，內部國民全無整個的活動新精神，對外安得不失敗呢？不過有了這一次的失敗，舊偶像的威力不能再維持下去了，政治革命的勢力要開始發生了。

第三章　西法模仿時代

第四章　維新運動的初步

一　兩個維新運動的領導人物 —— 孫中山與康有為

　　中國在甲午戰爭以前，早已產生了兩個新人物：一個是孫中山，一個是康有為。孫中山在光緒十一年（一八八五年）已決志傾覆清廷，康有為在光緒十五年（一八八九年）也就以諸生伏闕上書請變法。兩人都是產生在廣東 —— 與西方文化接觸最早的地方，又是鴉片戰爭爆發的地方 —— 所受外來的刺激都是相同。但是兩人所處的家庭環境、幼年時所受的教育薰陶卻大有差別，所以兩人維新的志願方向及出發點，最初就不相同。請將兩人少年的略歷，寫在下面：

　　孫中山「中山本名文，字逸仙，又號德明，後因逃亡日本隱名為中山樵，遂以中山稱於世。清同治五年（一八六六年）生於廣東香山縣翠亨鄉。父道川，母楊氏，家世業農，舉三男，長眉，字德彰，次早逝，中山其季也。……家貧，故中山在髫齡即助理耕作，聞鄉人談洪楊故事，即以洪秀全第二自任。年十三曾入其叔所設之私塾，旋於是年隨長兄德彰赴檀香山。時檀島有華僑約四萬人。德彰在檀島所屬之茂宜島營牧畜業甚久，後有牛至千數百頭。中山隨兄居檀，因入該地教會學校凡三年，繼又入聖路易學校。光緒七年（一八八一年），由檀島回國，尋入廣州博濟醫學校，在校得交鄭士良（號弼臣），鄭固三點會員也。次年，轉學於香港阿賴斯醫院，又得交陳少白、尤少紈、楊鶴齡、陸皓東，昕夕談革命；港澳間親友，至呼中山與陳、尤、楊為四大寇。光緒十一年（一八八五年），中山年已二十，其自傳曰：予自乙酉中法戰敗之年，始決傾覆清廷之志，

第四章　維新運動的初步

由是以學堂為鼓吹之地,借醫學為入世之媒。」中山二十歲以前的略歷,大概如此。(所記中山由檀回後及入醫校年歲,各人所記略有出入,茲以吳稚暉《中山年系》為據。)

康有為「有為原名祖詒,字廣夏,又號長素,咸豐八年(一八五八年)生於廣東南海縣,其先代為粵名族,世以理學傳家。曾祖式鵬,講學於鄉,稱醇儒。祖父贊修為連州教諭,專以程朱之學,提倡後進,粵之士林,鹹宗仰焉。從祖國器當咸同間從左軍,以功至廣西巡撫。……父達初早逝,母勞氏,生子二人,長即有為,次廣仁。有為既早孤,幼受教於祖父,七歲能屬文,有神童之目……成童之時,便有志於聖賢之學,鄉里俗子笑之,戲號之曰『聖人為』,蓋以其開口輒曰聖人聖人也。(康生時,其祖贊修,方官欽州,錫名有欽,郵傳濡滯,而其太伯祖先命名有為,後以祖詒名應試,乙未成進士,後名有為。據張伯楨《南海康先生傳》。)……年十八始遊朱九江之門授學焉。九江者名次琦,字子襄,粵中大儒也。其學根於宋明而以經世致用為主,研究中國史學、歷代政治沿革,最有心得……從之遊凡六年而九江卒。其理學、政學之基礎,皆得諸九江。九江卒後,乃屏居獨學於南海之西樵山者又四年……既出西樵,乃遊京師。其時西學初入中國,舉國學者莫或過問,先生僻處鄉邑,亦未獲從事也,及道香港、上海,見西人殖民政治之完整,屬地如此,本國之進更可知,因思所以致此者,必有道德學問以為之本原,乃悉購江南製造局及西教會所譯各書盡讀之。當時所譯者,皆初級普通學,及工藝、兵法、醫學之書,否則耶穌經典論疏耳。於政治、哲學毫無所及。而先生……別有會悟,能舉一反三,因小以知大,自是於其學力中別開一境界。……」(據梁啟超所著《康有為傳》)康有為少年時的略歷大概如此。

把他兩人少年的略歷比較,可以得到下面兩點:

一、孫是出於先世業農的家庭。農業的家庭，在生活上是須奮鬥的，在思想上是單純素淨的。雖然免不了幾千年傳統的習俗，但是所受名教思想的束縛比較甚淺。康是出於「世以理學傳家」的家庭，祖父作過教官，從祖官至巡撫，讀書作官的家庭，縱然「以理學傳家」，那種理學本身的內面，就不免含著多少不健全的質素，不流於虛偽，便拘於網羅。所以，中山在十一二歲時便表現一種自然活潑的思想，不以作洪秀全第二為汙辱；有為在成童時，便套入理學的圈子裡去，口口聲聲要作聖人。

二、中山幼年所受的教育，是西方的新式教育，以科學為基礎，對於西方文化的觀感是直接的觀感，所以他發出來的思想不涉於玄想；初聞其議論的人彷彿覺得謬妄膽大，然實際很切於事情。康所受的教育，是東方的舊式教育，以玄學為基礎，對於西方文化的感受是間接的感受，所以他發出來的思想，總免不了玄杳空洞；初聞其議論的人覺得很新穎，但是實際上終不能脫去舊圈套。

總括一句話，兩人少年所養成的精神，根本就不相同：一個是創造、奮鬥，一個是傾於因時、修改；所以一個不惜為「四大寇」之一，一個勉力作「聖人為」。這是兩個維新領導人物最初的差別。

二　適應一時環境的康有為

從甲午到戊戌（一八九四至一八九八年）的五年，可算是維新運動的初步時期。在此時期內，兩位運動的領導者都開始活躍。孫中山在甲午戰事發生後就往檀香山創立興中會，本年十二月回國，次年春正月，在香港成立興中會幹部，謀於廣東組織第一次的革命軍。康有為在甲午年作了舉人，次年，趁著會試就在北京發起「公車上書」，痛陳改革救亡的辦法。但

第四章　維新運動的初步

是此時的環境適合於康，不適合於孫，故此時期是康的時期，不是孫的時期。孫要領導活動，除了祕密會黨以外，沒有幾個人肯受他的領導；康要領導活動，肯受他的領導的人卻很多。如孫在檀香山發起興中會的時候，所得的同志不過他的胞兄德彰和鄧蔭南等十餘人；康在北京發起「公車上書」，簽名的就有一千二三百人。第一次革命軍在廣州失敗之後，國內人士雖然因此有知道孫文的名字的，但是報上講到孫文都要把「文」字旁加上三點水作「汶」，形容他與強盜亂賊一樣。……以為這位姓孫的有什麼紅眉毛、綠眼睛，是最利害的公道大王，想不到他是美秀而文，真是不愧名「文」（節錄吳稚暉《我亦一講中山先生》語）。

次年（一八九六年，丙申），中山再往檀香山、美洲並英國各埠去推廣興中會，歡迎革命主義的，每埠不過數人或十餘人。在與西人接觸的國外尚且如此，國內更不待言了。是年，中山在倫敦被騙，拘入華使館，倒是在英國惹起一般人的注意了，但是國內注意他的人仍是極少，就是注意他的人，仍把他放在「紅眉毛、綠眼睛的公道大王」一類。例如康有為的信徒麥孟華在《時務報》上作的《論會匪宜設法安置》一文內說：「今日之會匪，其勢之大，其人之智，更非發逆所能望其肩背……哥老、理教、三合、興中諸會匪，或洩於東南，或洩於西北，或動於內地……孫汶之案，沙侯詰難（沙侯即當時英外長沙斯伯裡侯），徒辱國體，實張彼焰。忍而置之，則養癰貽患；起而救之，則乏下手之策。」維新志士的論調如此，我們可以知道中山當時所處的環境了。所以中山在此時期內的活動，除了在倫敦造出一個小小的外交風潮以外，在國內政界上不能發生出什麼大風潮來。康有為的活動雖然也是歸於失敗，但是在國內造出的風潮就大了。上自在位的皇帝及內外大僚，下至在野的讀書階級，都被他掀動了，他所以能夠造出較大風潮的原故就是因為他很合於當時的環境。

第一，當時中國政治界的潛勢力，以經生文人的士大夫階級為中心，因甲午戰敗而發生一點反省的人，也只有這一個階級。康有為新由舉人得中進士（乙未年），是這個階級裡面的新貴。吳稚暉說：「我起初瞧不起孫文，就因為他不是科第中人，不是經生文人，並且疑心他不識字。」康有為既是科第中的新貴，又是經生文人，並且能作激昂慷慨、洋洋灑灑上皇帝的萬言書，所以就得到這個階級人士的賞識了。

　　第二，當時中國人的政治思想。在下層的小百姓，不用說對於皇帝認為天之子，是神聖不可侵犯的；至於經生文人的士大夫階級，受了幾千年來名教學說的浸漬，對於皇帝尤其不敢妄起不敬的念頭。吳稚暉說：「其時我雖然也進了一步，從溫和的維新黨變作了激烈的維新黨，我終還忘不了光緒皇帝……覺得那種反叛的事業，做呢未嘗不可做，終究像不正當，常想讓孫汶去做罷，我是不做的。」「君臣之義已定，天澤之分難越。」「食毛踐土，誰非臣子？」康有為的上皇帝書，隨處不忘「列祖列宗及我皇上深仁厚澤涵濡煦育數百年之恩」，什麼「公羊之義，臣於一例」，什麼「聖清二百餘年未有之大辱」，讀起來又「正當」又「忠憤」，經生文人的士大夫階級沒有讀了不動心的。所以雖是不十分看得他起的吳稚暉，也要到米市衚衕的南海館去看看這位愛國志士，談談除三害的事業。在此種環境之下，當時國內維新運動的領導權就自然而然地要落到他的掌握裡去了。

三　康有為維新運動的思想基礎和進行方法

　　在上面所述的環境之下，康有為自然比孫中山容易得到維新運動的領導權。但是當時經生文人的士大夫階級裡面，不止康有為一個人是科第中的新貴，也不止他一個人是謹守君臣之義的人，並且當時向皇帝上書請變

第四章　維新運動的初步

法的,也不止他一個人,為什麼獨有他做了維新運動的領導者呢?我們要知道他所以能做當時的領導者,因為他的思想見解在當時士大夫裡面有些與眾不同的處所。試看他上皇帝書裡面的兩句話說:「竊以今之為治,當以開創之勢治天下,不當以守成之勢治天下。」這兩句話便不是當時在位士大夫所敢說的,因為若說「開創」,便有蔑視列祖列宗的嫌疑了。但是專就這兩句話上,還看不出他維新思想上的基礎來。中國的政治向來是奉聖經為準衡,故六經就是中國的憲法。康有為的政治思想,也是由六經裡面紬繹出來的,他所以能做維新運動的領導者,造成一時的大風潮,也是因為他對於六經先作了一番維新革命的工作。他的弟子梁啟超在壬寅年曾說:「今日中國聞立憲共和之論而卻走者尚占大多數,不引徵先聖最有力之學說以為奧援,安能樹一壁壘,與二千年之勁敵抗耶?」所以康有為要作政治的維新運動,老早就從聖經裡面去找維新的路徑。梁啟超敘述其師學術思想的來源如下:

　　……數新思想之萌櫱,其因緣固不得不遠溯龔(定庵)、魏(默深),而二子皆治今文學。……今文之學,對於有清一代學術之中堅而懷疑者也。龔、魏及祖述龔、魏之徒則近於詭辯者也,而我思想界亦自茲一變矣。……其與龔、魏相先後而學統有因緣者,則有若陽湖李申耆、長洲宋於庭、仁和邵位西。宋氏傅會太過支離太甚,不足以當鉅子;李並明算,長於地理,其治經則排斥《周官》特甚;邵氏則卓然一經師也。蓋申耆始治今文《春秋》,默深始治今文《詩》、今文《書》,而位西則言今文體,著《禮經通論》,以《逸禮》三十九篇為劉歆偽造,自是群經今文說皆出,而湘潭王壬秋、壬秋弟子井研廖季平集其大成。……王氏以公羊說六經,公羊實今文學之中堅也,廖氏受師說而附益之,著書乃及百種。……吾師南海康先生,少從學於同縣朱子襄先生,朱先生講陸王學於舉世不講之日,而尤好言歷史法制得失,其治經則綜糅漢宋今古,不言家法。康先生之治

公羊，治今文也，其淵源頗出自井研（廖平），不可誣也。然所治同，而所以治之者不同，疇昔言公羊者皆言例，南海則言義。唯牽於例，故還珠而買櫝，唯究於義，故藏往而知來。以改制言《春秋》，以三世言《春秋》者，自南海始也。改制之義立，則以為《春秋》者，紬君威而申人權，夷貴族而尚平等，去內競而歸統一，革習慣而遵法治，此南海之言也。疇昔吾國學子，對於法制之觀念，有補苴，無更革；其對於政府之觀念，有服從，有勸諫，無反抗。雖由霸者之積威，抑亦誤學孔子，謂教義固如是也。南海則欲對此種觀念施根本的治療者也。三世之義立，則以進化之理，釋經世之志，遍讀群書而無所於閡，而導人以後來之希望，現在之義務。夫三世之義，自何邵公以來，久闇習焉……南海以其所懷抱，思以易天下，而知國人之思想，束縛既久，不可以猝易，則以其所尊信之人為鵠，就其所能解者而導之，此南海說經之微意也。……

……南海尊《禮運‧大同》義，謂傳自子游，其衍為子思、孟子。《荀子‧非十二子》篇，其非思、孟之言曰「以為仲尼子游，為茲厚於後世」，是其證也。子夏傳經，其與荀卿之淵源，見於《漢書‧藝文志》，故南海謂子游受微言以傳諸孟子，子夏受大義以傳諸荀子，微言為太平世大同教，大義為昇平世小康教。因此匯入政治問題，美孟而劇荀，發明當由專制進為立憲共和之理。其言有倫脊，先排古文以追孔子之大義，次排荀學以迫孔子之微言。此南海所以與井研異也。井研為無意識之排古，南海則有所為而排之，以求達一高尚之目的也。……

梁啟超敘述康有為學術思想的來源如此。綜其要點：

一、以晚清的所謂今文學派為出發點，宗《春秋》的公羊家說；

二、由公羊家所謂「張三世」（據亂、昇平、太平）之義，衍為專制立憲共和政治進化的理論。

他在甲午以前便著了兩部書，一部是《新學偽經考》，一部是《孔子改

第四章　維新運動的初步

制考》。《新學偽經考》所謂「新學」不是「新舊」的新,是「新莽」的新;說《周禮》、《逸禮》、《左傳》及《詩》之毛傳,凡劉歆所爭請立學官的,都是劉歆的偽經;劉歆是王莽的國師,故對於這些經義的東漢學說,算不得「漢學」,只能算是「新學」。這部書的作用,是想藉此打倒盛極一時的「漢學」,另闢思想界的新天地。《孔子改制考》說周秦諸子都是託古改制的人,如老子託黃帝,墨子託大禹,許行託神農。孔子作《春秋》,寓有改制創作的大義微言在裡面,不是一般人所能懂得的。堯舜不過是孔子所託的人物,其人的有無不可知,經典中所稱堯舜的盛德大業,都是由孔子理想所構成。公羊家說的「通三統」(謂夏、商、周三代不相沿襲)、「張三世」,深得孔子改制的精義。這部書的作用,就是想把陳舊古典的封面,黏上一紙「維新變法事例」的籤條,借大成至聖孔子先師的牌位,鎮服反抗變法的人。這便是他維新運動思想上的基礎。(關於康有為學術思想的全部,可參看梁啟超《清代學術概論》。)

　　至於康有為運動進行的方法上,與孫中山根本不同。孫是從下層社會著手,康是從上層社會著手。康的運動進行可分兩個方面說:

　　一、設法抓住皇帝,作他的傀儡。他知道在中國的政治組織上,君主專制主義已經發達到了極點,一切權都在皇帝手裡。倘若皇帝不信服你,隨你有如何完美的主義、如何高強的本領,終歸無所施其技;倘若皇帝信服了你,不知不覺作了你的傀儡,就可以為所欲為了。所以他向皇帝一次上書不達,就再次,由再次而三次,四次,至於七次,總要使皇帝賞識了他的議論,信服了他的主張,然後罷手。後來得徐致靖等的疏薦,由皇帝召見,皇帝果然賞識他了。(一般人的傳言,都說康是由翁同龢薦的,但據翁的日記所載,翁與康的意見實有點不對,茲節錄翁的日記數節如下:「甲午五月初二日,看康長素《新學偽經考》,以劉歆古文,無一不偽,竄

亂六經,而鄭康成以下,皆為所惑云云,真說經家一野狐禪也,為驚詫不已。……戊戌四月初七日,上命臣索康有為所進書,令再寫一份遞進,臣對:『與康不往來。』上問何也?對曰:『以此人居心叵測。』曰:『前此何以不說?』對:『臣近見其《孔子改制考》知之。』四月初八日,上又問康書,臣對如昨,上發怒詰責,臣對:『傳總署令進。』上不允,必欲臣詣張蔭桓傳知。臣曰:『張某日日進見,何不見諭?』上仍不允,退乃傳知張君。……已亥十一月二十一日,新聞報記十八日諭旨,嚴拿康梁二逆,並及康為翁同龢極薦,有其才百倍於臣之語,伏讀悚惕。竊念康逆進身之日,已微臣去國之後,且屢陳此人居心叵測,臣不敢與往來,上索其書,至再至三,卒傳旨由張蔭桓轉索,送至軍機處,同僚公封遞上,不知書中所言何也。厥後臣若在例,必不任此逆猖狂至此,而轉以此獲罪,唯有自艾而已。……』可知康由翁薦並非事實,茲謂由徐致靖所薦。據惲毓鼎《崇陵傳信錄》所記。)他的著作,也得皇帝的御覽了。戊戌四月,命以工部主事在總理各國事務衙門行走,從此漸與皇帝親近,皇帝不難變作他的傀儡了。

二、向士大夫階級裡面廣求同志,盡力宣傳主義(含有造黨的意味)。他知道雖然在政治制度上,一切權都在皇帝手裡,但是在當時的政治,實際上皇帝一人沒有運用這種政權的能力;因為可以向皇帝上奏說話的人太多了,皇帝實不容易應付;要實行變法,非在士大夫階級裡面廣求同志、盡力宣傳主義不可。他在甲午以前,已經得到幾位弟子,最有力的就是梁啟超。後來作了科第中的新貴,在北京大小各僚中,得到翰林院侍讀學士徐致靖、御史楊深秀、給事中高燮曾以及張蔭桓、李端棻、楊銳、林旭、劉光第等一輩同志;在督撫中得到陳寶箴;張之洞起初也是他的同情者。其他如黃遵憲、陳三立(陳寶箴之子)、徐仁鑄(徐致靖之子)、汪康年、屠守仁、黃紹基等趨集於他旗幟下面的人,不勝列舉。湖南的譚嗣同,尤

第四章　維新運動的初步

算他同志中的急先鋒。康氏宣傳主義的方法，首先就是倡立學會，創辦報館。他在兩廣講學的時候，曾經倡立了一個桂學會。丙申年，在北京遇到文廷式等一班名士，組織強學會，他就抓住這個強學會，推張之洞作會長；袁世凱（時官溫處道）也是強學會的贊成人；又設分會於上海。北京的強學會，並附設強學書局，刊行一種報紙名《中外紀聞》。上海方面又發行一種《強學報》。但是因為《強學報》上以孔子降生紀年，把張之洞駭慌了，隨即禁止發行。御史楊崇伊受人嗾使，說強學會的宗旨不正當，隨即奏請把它封了。（後由御史胡孚辰奏請就強學書局改設官書局，李端棻又奏請推廣學校，將官書局推廣，改為京師大學，便是後來北大的前身。）上海方面的分會自然也被封禁，於是由黃遵憲、汪康年、梁啟超、麥孟華、徐勤等組織一種《時務報》，大受時人歡迎；梁啟超的聲名由是噪起，康梁並稱也就起於此時。天津方面，嚴復、夏曾佑等也發行了一種《國聞》雜誌，與《時務報》相呼應；嚴復《天演論》就在該雜誌上發表。（但這不是康的直系機關，不過和他表同情；並且嚴復對於康梁的議論，間有不同意的地方，嚴、梁二人嘗有書札往復論難。）自強學會被封後，康的聲勢略略受了一點挫折；但是不久德國強奪膠州灣的事件發生，舉國人士又好比打了一個嗎啡針，大為震撼，康有為又趁此時在北京大大地活動，倡立保國會。又以「振作士氣，乃保國之基礎，欲令各省志士各為學會，以相講求……於京師先倡粵學會、蜀學會、閩學會、浙學會、陝學會」等（梁啟超《林旭傳》中語）。這是以各省在京人士為基礎，散布勢力到各省的方法。此時，各省中感受這種維新運動最著的要算湖南；因為湖南在戊戌以前，由乙未至丁酉間，遇著一位賢明學使江標，提倡新學風，署理臬司黃遵憲、湘撫陳寶箴及其公子三立，皆與之賡同調，得湘人士譚嗣同、熊希齡、唐才常等同心協力，曾經創辦了一個時務學堂（梁啟超曾講學於此），刊行一種《湘學新報》，又倡立了一個南學會，江標於丁酉冬去職

後，繼任學使徐仁鑄（徐致靖之公子）又是同他們一氣的，後又出了一種《湘報》。到戊戌春夏間，新的空氣算是很濃厚了。

四　百日維新的失敗 —— 戊戌政變

　　維新運動，在戊戌年春夏之交，已經達到最高潮。北京方面，康有為最有力的奧援，大約要算徐致靖、楊深秀、楊銳幾個人。最初由楊銳打通了高燮曾，上疏極薦，於是始諭令王大臣傳康至總署，詢問變法事宜；王大臣始取其上年呈請工部代奏之書以上；帝覽之，指其篇中「求為長安布衣而不可得，及不忍見煤山前事」等語，謂軍機大臣曰：「康某何不顧死生乃爾，竟敢以此言陳於朕前。」然帝不之罪，仍命嗣後康某如有條陳，當即日呈遞，毋許扞格，並宣取所著《日本變法》、《俄大彼得傳》等書。（這事在戊戌年春間，即康有為得到皇帝賞識之始。）不久因徐致靖、楊深秀的先後奏請，於戊戌四月二十三日下詔定國是。隨即諭令翰林院侍讀學士徐致靖保薦工部主事康有為等，著於本月二十八日召見。旋命有為在總理各國事務衙門行走。光緒帝本想更重用他，因為此時光緒帝名雖親政，實際上凡二品以上大員的黜陟，皆須詣頤和園取進止，帝不得自專，故僅得到「總理各國事務衙門行走」的官職。從此所謂新政開始了。舉其最要的如下：

　　一、命自下科始，鄉會試及生童歲科各試，向用四書文者，改試策論。

　　二、賞舉人梁啟超六品銜，辦理譯書局事務。

　　三、定鄉會試隨場去取之法，並推行於生童歲科學考察，又停止朝考。

　　四、命刪改各衙門則例。

第四章 維新運動的初步

五、命於京師設立農工商總局。

六、下裁汰冗官令，命裁撤詹事府、通政司、光祿寺、鴻臚寺、太僕寺、大理寺衙門，湖北、廣東、雲南三巡撫，並東河總督缺；其各省不辦運務之糧道、向無鹽場之鹽道亦均裁撤。其餘京外應裁文武各缺，命大學士、六部、各省將軍督撫分別詳議以聞。

尚有其他的所謂新政，不必列舉。從四月到八月百餘日內，要算是康有為最得志的時期，所謂「百日維新」就是這時期。但是在這時期中，康雖得了志，卻有最不得志的地方：他雖抓住一個皇帝，但是皇帝上面還有一個西太后，皇帝下面還有一個軍機處，北京以外還有一個兵權所寄的直隸總督。他以一個「總理衙門行走」，哪能夠制服這些人和機關呢？他入總理衙門行走時，西太后便命光緒帝將直隸總督實授榮祿，又命將裕祿放在軍機大臣上行走。裕祿是西太后所寵信，特把他放在軍機處偵探政局內情的。康有為既沒有方法抓住軍機處，終不能大行其志，於是在七月內得各方的運動保薦，掀動了光緒帝，命「內閣候補侍讀楊銳，刑部候補主事劉光第，內閣候補中書林旭，江蘇候補知府譚嗣同，均賞加四品卿銜，在軍機章京上行走」。這是因為光緒帝不敢將軍機大臣更換，故特擢此四人做軍機處的實際辦事員，想把軍機處的實權拉過來的方法。梁啟超說：「自四卿入軍機，然後皇帝與康先生之意始能少通，銳意欲行大改革矣。」可見此事的重要。從此凡有奏摺，皆經四卿閱覽；凡有上諭，皆經四卿屬草，其餘軍機大臣就無不側目而視。但是四卿握權不到十天，有名的大政變就起來了。

當譚、楊、林、劉四卿未入軍機以前，有一件革斥禮部六堂官的事，原因是：有一位禮部主事王照向皇帝上書言事，禮部尚書懷塔布、許應騤等不肯替他代奏，王照當面責難他們，說他們違背帝旨，於是堂司交鬨，

四　百日維新的失敗—戊戌政變

鬧到光緒帝知道了。光緒帝在此時，也想要借一件事情，黜退幾個守舊大臣，立一點威風，便把懷塔布、許應騤並該部侍郎堃岫、溥頲、徐會澧、曾廣漢所謂六堂官一齊革職，賞給王照三品頂戴，以四品京堂候補。（吳稚暉說，禮部六堂官革職的上諭，是康有為在南海館用客人名片反面寫好遞入，光緒帝照抄，後來被太后在光緒帝處檢得，故憤怒尤甚。）原來懷塔布的妻常在頤和園侍奉西太后，很得西太后的歡心。此事發生，她便向西太后哭訴，說光緒帝將把滿人都去了。（其實所革六堂官，滿漢一律。吳稚暉說，懷塔布的母親是西太后長親，哭訴於西太后的是懷之母親。茲據《崇陵傳信錄》。）西太后聽了她的話，就很不以光緒帝為然了。到四卿入軍機後，更觸犯了樞輔的嫉忌；而四卿新進氣銳，恨不得將諸事立刻加以改革。惲毓鼎說：「四卿憤上之受制，頗有不平語，上手詔答之，略謂『頑固守舊大臣，朕固無如何，然卿曹宜調處其間，使國富兵強，大臣不掣肘，而朕又上不失慈母之意，否則朕位且不保，何有於國。』（這便是後來所謂『衣帶詔』。其實據此詔語意，雖有朕位不保之語，並無謀去西太后之意。據十五年二月《申報》所發表袁世凱《戊戌日記》載譚嗣同示彼之硃諭，語意亦略相同。）於是蜚語浸聞於西朝。」詔中所謂「朕位且不保」的話，是因當時已有一種謀廢立的風傳，即所謂「九月天津閱兵」的陰謀。當時榮祿作直隸總督，節制北洋三軍（董福祥的甘軍、聶士成的武毅軍並袁世凱的新建軍）。西太后不滿光緒帝所為，與榮祿密謀，諷御史李盛鐸奏請帝奉太后至天津閱兵，於帝至津時，因以兵脅之而行廢立。李盛鐸奏上，帝請於太后，太后欣然許諾，遂下諭定九月奉太后赴津閱兵。諭下後，廢立風說日緊一日。四卿得到上記的手詔，知道光緒帝的地位很危險，一時忙下無計，便想羅致袁世凱去制服榮祿，並以制服西太后。（據梁啟超《林旭傳》所說，當時林旭獨不贊成此計，曾作一小詩代簡致之譚等，曰：「伏蒲泣血知何用，慷慨何曾報主恩，願為公歌千里草，本初健者

第四章　維新運動的初步

莫輕言。」)他們以為「袁世凱久使朝鮮,講中外之故,力主變法」(他又曾為強學會之贊成員),是可以拉過來的。於是密請皇上,結以恩惠,於八月初一日,召見袁世凱,開去其直隸按察使缺,以侍郎候補,專辦練兵事務;初二日,復召見;初三日夜,譚嗣同便去遊說袁世凱,要他在九月閱兵時保護聖主,復大權,清君側,肅官廷。袁世凱被譚嗣同脅住了,陽為表示同意。(關於譚嗣同遊說袁世凱詳情,梁啟超《譚嗣同傳》內所記,與《中國近百年史數據》中袁世凱《戊戌日記》所載大致相同,唯袁所記詞氣間有為自己及榮祿洗刷並表示譚等輕妄之意。請參觀梁著譚傳並《中國近百年史數據》。)但是等到袁世凱請訓回津時,事變已經發動了,初六日即下諭抄捕南海館;說皇帝病了,西太后復行臨朝訓政。「自四月以來,京師謠言,皆謂帝病重,然帝仍日日召見臣工,固未嘗有病,及革禮部六堂官,擢四京卿,懷塔布及御史楊崇伊等,先後至天津,謁榮祿,遂相與定謀,檄調聶士成軍五千駐天津,又命董福祥軍移長辛店,三次急電至總理衙門,言英俄在海參崴開戰,英艦七艘泊於天津,請飭袁世凱返津防禦。世凱至津,榮祿即乘專車抵京,與懷塔布、許應騤、楊崇伊、張仲炘至頤和園,上封事於太后。請訓政太后立命以榮祿之衛兵守禁城,令榮祿仍回津以候召命,會議至夜半而散。翌晨,新黨謀圍頤和園之謠起,(先是太監於茶店中創一種風說,言帝設謀傾害太后,且引外人助己,士大夫多深信之,互相傳播。)太后垂簾之詔下。」這是《清史紀事本末》所記的。據惲毓鼎所記,則謂:「御史楊崇伊、龐鴻書,揣知太后意,潛謀之慶王奕劻,密疏告變,請太后再臨朝,袖疏付奕劻轉達頤和園。八月初四日黎明,上詣宮門請安,太后已由間道入西直門,車駕倉皇而返。太后直抵上寢宮,盡括章疏攜之去,召上怒詰曰:『我撫養汝二十餘年,乃聽小人之言謀我乎?』上戰慄不發一語,良久囁嚅曰:『我無此意。』太后唾之曰:『痴兒,今日無我,明日安有汝乎?』遂傳懿旨以上病不能理萬機為詞,

臨朝訓政。」（二者所說略有不同，但無關大旨。不過事變的發表確為初六日，而非初四日，恐憚記有誤。）這時候康有為已經出京。原來在六月間軍機大臣就想把康排去北京，由孫家鼐奏請命康往上海督辦官報局（上海官報即由《時務報》改）；但康不願去，光緒帝也不想他去，命他緩行；及至七月杪八月初，風聲日緊，光緒帝連下密諭，要他趕快離京，他才於八月初五離京。初六日下詔捕拿時，他已到了海船上了。張蔭桓、徐致靖、楊深秀、楊銳、林旭、劉光第、譚嗣同及康弟廣仁，一齊被拘下獄。張、徐二人一戍邊，一永禁；其餘六人不久便殺了，所謂「六君子」者便是。康有為的維新工作，至此告終；他的政治生命，也可說在此時告終了；因為此後，便不是他的時期了（後來的保皇會和復辟運動，不過是他的餘波罷了）。

五　維新運動失敗的原因及其結果

　　戊戌變法失敗的原因，表面上彷彿就是光緒帝和康有為鬥不過西太后的法寶，問題的關鍵全在帝與太后的權勢消長上面。後來幻想和平改革的人，回憶此事，都只痛恨西太后，說當時若沒有西太后掣肘，光緒帝一定可作日本的明治天皇，變法可以成功，不致有後來排滿革命的大風潮，中國就早已進於富強的地位了。這種見解，未免把當時的事情太看簡單了。光緒帝和康有為的失敗，絕不是西太后個人有制服他們的能力；問題的關鍵，也不全在帝與太后的權勢消長上面。約略言之，可分三層，除了西太后不肯放棄權勢的一層以外，還有兩層大原因：

　　一、是因為康有為的維新學說，褻瀆了聖典，觸犯了一大部分經生文人的眾怒。前面說康在此時，比較中山，是容易得士大夫階級裡面經生文

第四章 維新運動的初步

人的賞識的，所以能取得維新運動的領導權。但是經生文人也有幾多種，除了一種借「通經以致用」的人肯受他的領導外，其餘一種以「衛道自任」和其他一種「假道求食」的多數人，就都要把他看作妖魔鬼怪了。例如朱一新是因參劾李蓮英受處分的人（李蓮英隨醇王校閱海軍時，朱上奏參劾李氏），當《新學偽經考》、《孔子改制考》刊行時，他便寫信給康有為說：

……自偽古文之說行，其毒中於人心，人心中有一六經不可盡信之意，好奇而寡識者，遂欲黜孔學而立今文。夫人心何厭之有？六經更二千年，忽以古文為不足信，更歷千百年，又能必今文之可信耶？……竊恐詆訶古人不已，進而疑經；疑經不已，進而疑聖；至於疑聖，則其效可睹矣。

又說：

……從古無不敝之法，有王者作，小敝則小修之，大敝則大修之。法可改，而立法之意不可改。……今託於素王改制之文，以便其推行新法之實，無論改製出於緯書，未可盡信，即聖人果有是言，亦欲質文遞嬗，復三代聖王之舊制耳，而豈用夷變夏之謂哉。……乾嘉諸儒，以義理為大禁，今欲挽其流失，乃不求復義理之常，而徒備言義理之變。彼戎翟者，無君臣，無父子，無兄弟，無夫婦，是乃義理之變也。將以吾聖經賢傳為平澹不足法，而必以其變者為新奇乎。有義理而後有制度，戎翟之制度，戎狄之義理所由寓也。義理殊斯風俗殊；風俗殊，斯制度殊。今不揣其本而漫云改制，制則改矣，將毋義理亦與之俱改乎。

這時候，康有為尚未得志，所以朱一新還是平心靜氣和他討論，沒有毒罵他。翁同龢也是主張變法的人，但是看見康的《新學偽經考》，就說他是「說經家的野狐禪」；看見他的《孔子改制考》，就向皇帝說「此人居心叵測」。等到他在北京大出風頭，他的弟子梁啟超在湖南替他宣傳主義學說的時候，那些「衛道」的先生們就群起而攻。湖南曾廉在北京向皇帝

五　維新運動失敗的原因及其結果

上書，說「康有為可斬」；葉德輝說：「寧可以魏忠賢配享孔庭，使奸人知特豚之足貴，斷不可以康有為擾亂時政，使四境聞雞犬之不安；其言即有可採，其人必不可用。」（見葉德輝《與皮鹿門書》）那時候，梁啟超在湖南時務學堂，開口閉口，不是「公羊」便是「孟子」，不是「孟子界說」便是「春秋界說」，不是「通三統」便是「張三世」，使得王先謙、葉德輝一班「衛道」的先生們恨入骨髓。葉德輝與石醉六的書說：「今之公羊學，非漢之公羊學也，漢之公羊學尊漢，今之公羊學尊夷。」又與黃、劉兩生的書說：「康有為……其貌則孔，其心則夷。」他們除了在湖南的《湘報》上打筆墨官司以外，還與北京「衛道」的先生、弟子、朋友們書札往還，互相應援，要盡力把這個瀆亂聖教的妖魔鬼怪撲滅。我們可知道戊戌變政的失敗，不單是「帝」、「后」權勢消長的問題了。

　　二、是因為變法的進行，要打破許多人的固定飯碗，和得飯碗的機會。那些「假道求食」的先生們，是斷不甘心的。我們試想想，一個裁汰冗官令下來，在北京要消滅詹事府、通政司、光祿寺、鴻臚寺、太僕寺、大理寺等六個吃飯的衙門，在外省要消滅湖北、廣東、雲南三個巡撫，一個東河總督和許多不辦運務的糧道、無鹽場的鹽道衙門。並且說：「其餘京外應裁文武各缺，命大學士、六部、各省將軍督撫分別詳議以聞。」單這一道命令，打破了幾多人的既得飯碗，激起若干人的恐慌。倘若讓它進行下去，不知還要怎樣。所以那道命令下來後，「群情大駭，謂帝大背祖宗制度，皆赴寧壽宮請太后保全，收回成命」；但是「太后笑而不言」。那道變更科舉程序、廢棄八股文的命令，彷彿並沒有打破人家既得飯碗；但是那裡面的飯碗機會卻不少，範圍且更大。不知有若干萬人，費了若干的心血光陰，揣摩高頭講章，咿唔之乎也者，希望在裡面得到「玉堂金馬」，忽然要他們另換方法，豈不是前功盡棄麼？年輕的人，還不難改弦易轍；年老的人，就難費事了。所以，嶽麓書院裡的先生們望著時務學堂裡的人，

第四章　維新運動的初步

無異「洋奴」、「漢奸」，因為他們所假以求食的「道」，忽然要「道其所道，非吾所謂道」了，安得不切齒痛恨呢？梁啟超說：

　　……今守舊黨之阻撓變法也，非實有見於新法之害國病民也。吾所挾以得科第者曰八股，今一變而務實學，則吾進身之階將絕也。吾所恃以致高位者曰資格，今一變而任才能，則吾傲人之具將窮也。吾所藉以充私囊者曰舞弊，今一變而核名實，則吾子孫之謀將斷也。……吾今日所以得內位卿貳，外擁封疆者，不知經若干年之資俸，經若干輩之奔競而始獲也。今既……不辦一事，從容富貴，窮樂極欲，已可生得大拜，死諡文端，家財溢百萬之金，兒孫皆一品之蔭。若一旦變法，則凡任官者皆須辦事；吾將奉命而辦事耶，則既無學問，又無才幹，何以能辦；將不辦耶，則安肯舍吾數十年資俸奔競千辛萬苦所得之高官，決然引退以避賢者之路哉。……（見梁啟超《變法通議》）

這段話雖然說得太過火了，但是那些「假道求食」的先生們的心理，實在是如此。梁啟超又說：「張之洞嘗與余言，以廢八股為變法第一事矣，而不聞上疏廢之者，蓋恐觸數百翰林、數千進士、數萬舉人、數十萬秀才、數百萬童生之忌，懼其合力以謗己而排擠己也。」康有為能夠不「恐」不「懼」所以稱為一時維新的領袖，亦唯不「恐」不「懼」所以失敗。

有上面所述那些複雜原因，所以戊戌變法的失敗，是必然不可避的，並不是偶然的。

至於此次維新工作的結果，除了失敗本無成績之可言，但是也有幾種意想不到的成績：

第一，給予青年知識界思想上一種刺激。對於康有為的學說，無論接受與反對的人數怎麼樣，朱一新所謂「訿訐古人不已，進而疑經；疑經不已，進而疑聖；至於疑聖，則其效可睹矣」，這種「可睹的效」，的確由此

不遠了。這是康有為的最大的成績。

第二，給予反動派一種更堅的自信力，使得反動派越趨於反動，激起後來的波瀾（待後面詳述）。

第三，促起漢滿種族惡感的復活。

關於這一層，不唯康梁不肯承認，恐怕一般人都不大相信。因為康有為明明白白向皇帝上條陳，梁啟超也明明白白著論說，要化除滿漢的界限，怎麼說他們「促起滿漢種族惡感的復活」呢？但事實的表示卻是如此。梁啟超不是說「南海之奏對，其政策之大宗旨，曰滿漢不分，居民同治，斯言為滿洲全部人所不樂聞」麼？不是又說「滿人之仇視皇上，謂皇上有私愛於漢人，有偏憎於滿人」麼？不是又說「滿洲某大臣之言，曰變法者漢人之利，而滿人之害」麼？當楊深秀奏請宗人府保薦王公貝勒等遊歷各國，蒙諭旨批准的時候，「親貴大譁，謂帝破壞中國禮法，使滿洲之權勢處於危險地位」，帝不得已，又把諭旨取消。及下令「八旗人丁，如願出京謀生計者，任其自由」，滿洲人又「大譁不已」。政變起後，有一位滿洲御史會章見當時株連黨人太眾，抗疏略謂「外間浮言，頗有以誅戮悉屬漢人，遂疑朝廷有內滿外漢之意」等語。這都是當時的事實。原來自咸同後，滿漢的感情已有漸就融和的趨勢。因為變法的原故，想把滿漢界限完全消滅，反促起滿洲人的懷疑，這是出於意料之外的結果。從此，這個滿漢問題非等到愛新覺羅氏棄去皇位，不能解決了。

第四章　維新運動的初步

第五章　維新運動的反動

一　反動勢力的解剖

從戊戌年（一八九八年）秋間到庚子年（一九〇〇年）的夏間，可稱為維新變法的反動時期。反動的事實，以所謂「戊戌政變」開幕，以義和團大鬧北京收場。但是我們要認識這次反動真正的內容，非先將當時的反動勢力，略為解剖一下不可。因為這種反動勢力，內容並不單純，原因也不只一端。就勢力的構成來說，上自西太后，下至小百姓，都包括在內，約略分之為三：

一、握有重權的親貴（利用「拳匪」排外的人）；

二、一般士大夫階級（鼓吹「拳匪」排外的人）；

三、失業的群眾（「拳匪」）。

這三種人，雖然同含在這種勢力以內，但就他們反動的心理上或精神上來解剖，卻不盡相同；有彼此一致的處所，有所謀各殊的處所；也有可原恕的處所，有全不可原恕的處所。現在請就他們反動的心理上分別敘述：

一、民族的自尊

大凡個人在社會裡面，不願自居於劣等的地位，一個民族在民族團體裡面，也沒有自願居於劣等民族的位置的，何況中國民族幾千年來常常是居於優秀地位的呢？甲午以後，一部分醒悟的人士，固然知道現在所遇的外族不是往時的外族可比，但在大多數拘於舊歷史觀念的人，卻以為現在

第五章　維新運動的反動

的碧眼赤鬚兒，仍不過是往時匈奴、契丹、吐蕃、回紇等的一例，雖然一時在武力上受了逼迫，終久是要受我們的聖教感化的；一般新進之士不盡力宣揚自己的聖教去「用夏變夷」，反而自「變於夷」，這是何等可恥的事。我們試看葉德輝《與皮鹿門書》的書說：

> ……近世時務之士，必欲破夷夏之防，閡中外之教，此則鄙見斷斷不能苟同者……昨讀世兄歌辭（時皮鹿門之子作《醒世歌》，有「若把地球來參詳，中國並不在中央。地球本是渾圓物，誰居中央誰四旁」等句），敢以管見所及，一明其是非。……地球圓物，不能指一地以為中，但合東西南北考之，南北極不相通，則論中外，當視東西矣。亞洲居地球之東南，中國居東南之中，無中外獨無東西乎。四時之序先春夏，五行之位首東南，此中西人士所共明，非中國以人為外也。五色黃屬土，土居中央，西人辨中人為黃種，是天地開闢之初隱與中人以中位。西人笑中國自大，何不以此理曉之。若以國之強弱大小定中外夷夏之局，則春秋時周德衰矣，何以存天王之名。魯之弱小遠於吳楚，何以孔子曰我魯，此理易明，無煩剖辨。堯、舜、禹、湯、文、武之教，周公成之，孔子大之。三代而下，異教之為聖教漸滅者不可殫述。即以文字論，佛法盛於六朝，而其梵夾之經典，反藉中文而後傳；遼、金、元人憑陵宋室，可謂至極，今三國之書不存一字；此第聖人糟粕中之糟粕而已，潛移默運，掃蕩異教於不覺，何論旁行詰屈之書乎。……

葉氏與人書還有一段說：

> ……夫強鄰逼處，勢力之口亦烏足憑。甲申之役，法敗而中勝，則中國進於文明，甲午之役，中潰而日興，則中國淪於半教，驢鳴狗吠，詎曰知時。蠶食鯨吞，無非肉弱。非我族類，仇視宜然。獨怪今之談時務者，若祖若父，本中國之臣民，若子若孫，皆神明之嫡脈，而亦幸災樂禍，人云亦云，問之此心，天良胡在。……

我們現在看他這種解釋「中國」兩字的妙論，什麼「五行之位首東南」，「五色黃屬土，土居中央」，中國人是黃種，便是「天地開闢之初隱與中人以中位」，真是要笑脫牙齒。但這種自尊自大的口吻，確足代表當時一般人的心理；義和團的「坎字拳」、「乾字拳」等等，與這種「五行之位首東南」、「五色黃屬土」，思想淵源上也是一貫的；義和團的首領曹福田說「吾奉玉帝敕，命率天兵天將，盡殲洋人，吾何敢悖敕命」，與這種「天地開闢之初隱與中人以中位」的見解，也沒有多大區別的。御史徐道焜上奏說：「洪鈞老祖已命五龍守大沽，夷兵當盡滅。」御史陳嘉言說：「得關壯繆帛書，言夷當自滅。」編修蕭榮爵說：「夷狄無君父二千餘年，天將假手義民盡滅之。」由有知識的士大夫階級到無知識的群眾，都認中國人是天地神明特別重視的一種人，縱然受屈一時，天地神明必維持它永久尊貴的地位。這種心理，從壞的方面說，自然是愚蠢可憐之極；但從好的方面說，即所謂「民族的自尊」，卻是民族立國的一種要件，愚蠢中尚有幾分可以原諒。

二、公共的積憤

這種積憤的心理，是根於自尊而來的，從鴉片戰爭到中日戰爭，繼之以德取膠州、俄索旅大等，累次受外國暴力的壓迫，雖以神明華貴的民族，對於這種壓迫卻是無可如何；加以當時的基督教徒驕橫、跋扈，動輒恃其後面的帝國主義勢力，干涉中國的民政；所謂數十年的積憤，上下鬱勃，無可發洩。我們試看下列兩段拳亂中的故事就可以知道：

……聯軍既破京津來保定，廷雍（本直隸臬司，時升藩司，護理直督，率領拳匪仇殺西教士及言新學者）方護督，遂被執，並及保紳。各軍公訊，雍云：「保紳脅從令，可釋，若焚殺汝人，皆我也。」叩以何為？雍曰：「道光以還，汝曹欺我太甚，倘得勢，孰不報汝，今至此斧鉞由

第五章　維新運動的反動

汝，問何為。」遂見殺，今地方人尚多哀之。（見酧鳴《書〈庚子國變記〉後》）

徐桐以漢軍翰林至大學士，以理學自命，惡新學如仇。其宅在東交民巷，惡見洋樓，每出拜客，不欲經洋樓前，乃不出正陽門，繞地安門而出。……拳匪起京師，桐大喜，謂中國自此強矣，其贈大師兄（拳匪首領之稱）聯云：「創千古未有奇聞，非左非邪，攻異端而正人心，忠孝節廉，只此精誠未泯；為斯世少留佳話，一驚一喜，仗神威以寒夷膽，農工商賈，於今怨憤能消。」

這兩個人的聲口，已很足表示當時積憤的心理；還有郎中左紹佐請戮郭崇燾之屍以謝天下；主事萬秉鑑謂曾國藩辦「天津教案」所殺十六人，請予議恤。他們以為中國累次屈辱，都由於郭、曾這輩人賣國，現在非把多年的積憤大大地發洩一番不可。

三、生活的不安

自五口通商以後，外國的經濟勢力侵入，中國固有的舊式工業受了壓迫，失業的人漸次增多；加以累次對內對外的用兵，因軍費賠款、橫徵暴斂而生出來的負擔加重，軍事完結後，兵勇的解散，潰卒的流亡；並且自光緒即位以來二十餘年間，沒有一年不被天災，或大水，或大旱，或河決，北方幾省尤甚（試參看文明書局出版的《清史紀事本末·光緒入繼》一篇可知）：皆足以擴大失業人民的數量。概括言之，就是民眾的生活上受了壓迫（即所謂經濟的壓迫），社會上必然生出不安的現象來。但是這種經濟的壓迫，上面所舉三種人的第一種（握有權位的親貴），自然是不會感覺的；就是第二種（一般士大夫階級），感覺得也很少。第三種所謂失業的群眾，本是由經濟壓迫所產生，對於這種壓迫，自然特別感覺痛苦。但是他們只知自己的生活無所依靠，卻並不知他們的生活所以失靠的真正

原因。他們很籠統的思維，以為使得我們窮困都是由於中國的不太平，不太平都是由於洋人的欺負。修鐵路，開礦山，把我們的龍脈挖斷了，地藏的寶氣洩漏了；設教堂，把我們的神祇祖先侮蔑了：所以使得我們一天窮困一天。我們要想免除這種窮困，非把一切洋人驅逐出去不可，那班信洋教、講洋學的人都是漢奸，也非一律殺掉不可。他們把一切的害惡，籠統歸納到「洋教」兩個字上面。但是看見洋人的兵艦槍炮卻著實利害，於是想到「封神」、「西遊」在戲臺上所表顯的神通法力，必定是有幾分可靠的；起初由少數的奸猾者藉以哄騙多數，漸至彼此互相哄騙，久而久之，大家自己哄騙自己。這便是所謂群眾的心理，由生活的不安演為借神力以排外。從德國奪取膠州灣後一年半間，山東一省鬧出來的路、礦、教三項外交案，共達一千餘件；從己亥年冬到庚子年春夏幾個月間，拳民的聚積達若干萬人，都是由這種群眾心理結合而成的。

四、政爭的陰謀

自戊戌變政以來，西太后痛恨光緒帝，痛恨康梁；一般依附西太后謀得政權的人，也和西太后一樣的心理。但是康梁的逃走，都是由於外國人的救護（康之脫險，由上海英領事的救護，見梁啟超《記南海先生脫險事》；梁之出險，由日本大島兵艦之保護）。後來康梁在外國倡立保皇會，外國人不唯不加以干涉，並且還予以保護，於是由恨康梁之心，而遷怒到外國人身上去了。羅惇曧的《拳變餘聞》上述說：「剛毅奉命江南查案……得梁啟超《清議報》進於孝欽後，後大怒，憤外國之庇康梁，必欲報此仇，益恨德宗，思廢之。立端王載漪之子溥儁為大阿哥，將於庚子正月行廢立，剛毅實主之，力引載漪居要職，寵眷在諸王上。後又慮廢德宗，各國有違言，先命榮祿私於李鴻章以廢立意詢各國公使，皆不協，後益大恨。剛毅日言仇洋，見談洋務者皆斥為漢奸，過金陵見劉坤一之儲才

第五章 維新運動的反動

學堂立命閉之。」又說：「載漪自以將為天子父，方大快意，聞各國阻之，乃極恨外人，思伺時報此仇。適義和團以滅洋為職，乃大喜。……」惲毓鼎的《崇陵傳信錄》也說：「義和團為邪教……朝廷所以信之者，意固別有所在，邵陵高貴之舉，兩年中未嘗稍釋，特忌東西鄰責言，未敢倉猝行。載漪又急欲其子得天位，計非藉兵力以懾使臣，固難得志也。義和拳適起……載漪遂利用之，以發大難。故廷臣據理力爭，謂邪術不足信，兵端未可開，皆隔靴搔癢之談也。」可見，西太后和一班親貴的反動心理，又別有所在。

上述四種反動心理，第一、二、三是士大夫階級和一般群眾所同具的，可命之為國民的心理，第四種是政府當局獨具的心理，合起來遂構成一種大大的反動勢力。反動雖同，所要求的卻不同。國民的心理是公的，愚而可恕；政府的心理是私的，就悖而不堪問了。

二　反動的演進 —— 己亥建儲與庚子拳亂

戊戌八月西太后再行臨朝訓政，為反動的開始。一方面排除所謂新黨，除前章所記捕拿康梁，殺戮六君子，謫戍張蔭桓，永禁徐致靖以外，凡與維新有關係的人，一律革黜，最著的如湖南巡撫陳寶箴、尚書李端棻等。一方面布置親信剛毅、榮祿、啟秀等以次入軍機，實授裕祿以直隸總督。北洋各軍，向由直督節制指揮，榮祿既由直督召入軍機，仍舊節制北洋各軍，僅以裕祿為幫辦：這是西太后鞏固樞府實權的辦法。於是將前百日所舉辦的所謂新政，在一個月內，一律翻過來：

一、命京內詹事府等飯碗衙門，照常設立，毋庸裁併；

二、復設湖北、廣東、雲南三省巡撫並河道總督各缺；

三、停止各省書院改設學校之舉；

四、命各項考試仍用八股文、試帖、經文策問；

五、停止經濟特科；

六、廢農工商局；

七、廢官報局；

八、禁止士民上書言事；

九、禁止結會；

十、禁止報館，嚴拿主筆。

總括一句話，就是一切仍舊。在那年十二月裡，有位新授湖北的巡撫曾鑅，奏請變通成例，先後被人參劾，說他「擅請變法，莠言亂政」，就賞他一個「革職永不敘用」。從此沒一個人敢言及「新政」兩個字了。但是在西太后和親信的後黨心裡，還有一個不曾解決的最大問題，就是光緒帝的皇位。從戊戌秋到庚子夏，兩年的反動期間，所日夜經營不能放過的，就是這個問題。

在八月政變以前，本已密定了天津閱兵藉行廢立的計畫。及政變起後，光緒帝已幽於瀛臺，兵也不用閱了，光緒帝病重的謠言也散布滿了，要廢就可以廢了。但是老於世故的西太后，知道外重內輕之勢已成，雖然拿住了直督和北洋軍事權，卻不知南方各省督撫的意思如何，因令軍機處密電南方各督撫，探詢意旨。不料遇著一位不辨風色的兩江總督劉坤一，說出什麼「君臣之義已定，中外之口宜防」的十二個字來，把他們的計畫頓挫了，光緒帝有名無實的皇位又暫時保住了（這是戊戌冬間的事）。

到己亥年冬間，西太后和剛毅等到底忍不住了，因為康梁在海外天天

第五章　維新運動的反動

倡保皇，不把這個保皇的目標更換終究是禍。榮祿比較慎重一點。有一位被西太后極敬重的老理學家徐桐，和啟秀、崇綺很明瞭太后的意旨，於是這個問題又發動了。惲毓鼎的《崇陵傳信錄》說：「時承恩公崇綺久廢在私第，大學士徐桐覬政地綦切，尚書啟秀在樞廷，與徐殊洽，鹹思邀定策功；而大學士榮祿居次輔，雖在親王下，最為孝欽所親信，言無不從，大權實歸之。三公者（崇、徐、啟）日夕密謀，相約造榮第，說以伊霍之事，崇、徐密具疏草，要榮署名，同奏永寧宮。十一月二十八日，啟朝退，先詣榮，達二公意。榮大驚，佯依違其詞，速啟去，戒閽者勿納客；二公至，閽者辭焉。次日朝罷，榮相請獨對，問太后曰：『傳聞將有廢立事，信乎？』太后曰：『無有也。事果可行乎？』榮曰：『太后行之，誰敢謂其不可者！顧上罪不明，外國公使將起而干涉，此不可不慎也。』太后曰：『事且露，奈何？』榮曰：『無防也。上春秋已盛無皇嗣，不如擇宗室近支子，建為大阿哥，為上嗣，兼祧穆宗，育之宮中，徐纂大統，則此舉為有名矣。』太后沉吟久之曰：『汝言是也。』遂於二十四日（己亥十二月）召集近支王公、貝勒、御前大臣、內務府大臣、南上兩書房、翰林部院、尚書於儀鑾殿。上下驚傳將廢立，內廷蘇拉且昌言曰：『今日換皇上矣。』迨詔下乃立溥儁為大阿哥也。……」這便是所謂「己亥建儲」的由來。這次的動作，依榮祿的計畫，算是很慎重了；怕劉坤一又行反對，就預先命他來京陛見，以鹿傳霖署理兩江總督，這就是「調虎離山」的方法（次年仍命劉回兩江）。李鴻章這時候很失勢，是不反對的，就命他去作兩廣總督；因為康梁在海外聯繫華僑倡保皇，華僑多粵籍，恐怕廣東出甚變故，所以要李去鎮壓。這種布置，算是很周密了，不料上海又伏著一些什麼志士經元善、蔡元培等聯繫紳商千餘人電爭；海外華僑數十萬人也相繼電爭；大阿哥雖然立了，皇位的授受到底還要再等機會。實際上，他們對於這些反對的電報也不會太怕，他們所不敢即行的原故，還是不明瞭外國人的意

二 反動的演進—己亥建儲與庚子拳亂

旨。於是使人諷令外國公使入賀；假使外國公使對於立大阿哥的事肯來道賀，便是贊成廢立了。但是外國公使卻置之不理，於是他們憤極了，非借重八卦教的義民不可了。

八卦教的義和拳遠源起於嘉慶時，現在不必詳敘。利用它作排外工具的人，最初是李秉衡、毓賢，其次廷雍、裕祿，其次剛毅、載漪而達於西太后。李秉衡、毓賢、廷雍的行動是代表前節所謂國民心理的，剛毅、載漪、裕祿的行動是代表前節所謂政府心理的。光緒乙未，李秉衡作山東巡撫，山東有大刀會主仇西教，秉衡很獎許他們；丁酉十月，大刀會殺德教士二人（便是德據膠州灣的導源），因德人的要求，將秉衡革職。毓賢以曹州知府至藩司，是秉衡所最親善的，到己亥二月，任山東巡撫，循秉衡的舊規，獎勵大刀會；「匪」首朱紅燈自稱「義和拳」，建「保清滅洋」的旗號，毓賢出示改為「義和團」。「匪」樹毓字旗，殺教民，焚教堂。因為法國公使的責問，乃召毓賢入京，命袁世凱為山東巡撫。袁世凱力剿，把朱紅燈捕獲殺了，山東的拳黨就轉入直隸去了。毓賢在山西嘗向他的僚屬說：「義和團魁首有二：其一鑑帥（李秉衡），其一我也。」這是很確切的自白。到庚子春初，「拳匪」蔓延直省，吳橋令勞乃宣嚴禁傳習，並上書建議督署。總督裕祿以勞書示臬司廷雍及藩司廷傑。傑惡勞不先白司，廷雍則已暗與「拳匪」聯為一氣，因此將勞乃宣的建議置之不理。不久，裕祿也讚許了拳團；到三四月間，拳亂就蔓延直省各縣了。這是廷雍和裕祿在直隸養成拳亂的初步。毓賢前由山東入京後，向端王載漪（大阿哥的父親）、大學士剛毅等誇說義和團如何的忠勇可靠，載漪、剛毅就很歡喜地據以入告西太后（毓賢因此得授山西巡撫）。及至「拳匪」在直屬各處肆行焚殺教堂教民時，西太后一面嚴諭拿辦，一面命剛毅和刑部尚書趙舒翹等分途前往解散。其實並不是命他們去解散，而是命他們去檢視這種「義民」的情形的。舒翹看見這些義民都是市井無賴，知道他們不足用，但是

第五章　維新運動的反動

不敢違背太后的意向，就報告太后，說他們真是很可靠的義民。剛毅不唯說他們可用，並且和載漪等把這些義民引導到北京來了。這便是義和團入北京的由來。

拳民入京後，政府應付的經過，惲毓鼎的記述最為可靠，因為他是當時參與御前四次會議的人，現在把他的記述附錄在下面：

……五月十五日，戕日本使館書記杉山於馬家埠；日日殺教民，株連無辜。二十日，復縱焚正陽門西，火及城樓……其時使館街西兵，環甲實槍，嚴守東西街口，如臨大敵。午刻忽傳旨召王公大臣、六部九卿入見於儀鸞殿東室，約百餘人，室中跪滿，後至者皆跪於檻外。殿南向，上及太后背窗向北坐。樞臣禮親王世鐸、榮祿、王文韶、趙舒翹跪御案旁，自南而北若雁行，諸臣皆面南，剛毅則出京檢視未歸。既跪行一叩禮，上首詰責諸臣，不能彈壓亂民，色甚厲。翰林院侍讀學士劉永亨跪在後，與毓鼎相接，默謂毓鼎，適在提督董福祥許，董自任可驅拳匪出城外，毓鼎促其上聞。永亨膝行而前，奏云：「臣頃見董福祥，欲請上旨令其驅逐亂民。」語甫半，端王載漪伸大指厲聲呼曰：「好！此即失人心第一法！」永亨懾，不能畢其詞。太后默然。太常卿袁昶在檻外，高呼「臣袁昶有話上奏」。上諭之入，乃詳言拳實亂民，萬不可恃；就令有邪術，自古及今，斷無仗此成事者。太后折之曰：「法術不足恃，豈人心亦不足恃乎？今日中國衰弱已極，所仗者人心耳，若並人心而失之，何以立國？」太后又曰：「今京城擾亂，洋人有調兵之說，將何以處之？爾等有何見識？各據所見，從速奏來。」群臣紛紛奏對，或言宜剿，或言宜撫，或言宜速止洋兵，或言宜調兵保護。隨而派侍郎那桐、許景澄出京勸阻洋兵，一面安撫亂民，設法解散。遂麾群臣出。毓鼎與光祿卿曾廣漢、大理少卿張亨嘉、侍讀學士朱祖謀，見太后意仍右拳匪，今日之議未得要領，亂且未已也。乃行稍

後，留身復奏曰：「臣等尚有書。」亨嘉力言拳匪之當剿，但誅數人，大事即定。張閩人，語多土音，又氣急不盡可辨。祖謀言皇太后信亂民，敵西洋，不知欲倚何人辦此大事。太后曰：「我恃董福祥。」祖謀率然對曰：「董福祥第一即不可恃。」太后大怒，色變厲聲曰：「汝何姓名？」對曰：「臣為翰林院侍讀學士朱祖謀。」太后怒曰：「汝言福祥不足恃，汝保人來！」祖謀猝不能對，毓鼎應聲曰：「山東巡撫袁世凱忠勇有膽識，可調入京，鎮壓亂民。」曾廣漢曰：「兩江總督劉坤一亦可。」軍機大臣榮祿在旁應曰：「劉坤一太遠，袁世凱將往調矣。」毓鼎復言：「風聞驚輿有西幸之說，根本重地，一舉足，天下動搖矣。」太后力辯無此說。四臣遂起，太后於祖謀之出，猶怒目送之。

二十一日未刻，復傳急詔入見，申刻召對儀鸞殿。上先詰問總理各國事務衙門大臣、尚書徐用儀。用儀奏辦，語細不可聞，唯聞上厲聲拍案曰：「汝如此搪塞，便可了事耶？」太后隨宣諭：「頃得洋人照會四條：一、指明一地，令中國皇帝居住；一、代收各省錢糧；一、代掌天下兵權。……今釁開自彼，國亡在目前，若竟拱手讓之，我死無面目見烈聖。等亡也，一戰而亡，不猶愈乎？」群臣鹹頓首曰：「臣等願效死力。」有泣下者。唯既云照會有四條，而所述只得其三。退班後詢之榮相，其一勒令皇太后歸政，太后諱言之也。其時載漪及侍郎溥良力主戰，語尤激昂。太后復高聲諭曰：「今日之事，諸大臣均聞之矣。我為江山社稷，不得已而宣戰。顧事未可知，有如戰之後，江山社稷仍不保，諸公今日皆在此，當知我苦心，勿歸咎予一人，謂皇太后，送祖宗三百年天下。」群臣復叩首言：「臣等同心報國。」……於是立命徐用儀、立山、聯元往使館，諭以利害；若必欲開釁者，可即下旗歸國。立山以非總理衙門辭。上曰：「去歲各國使臣，瞻仰頤和園，非汝為之接待乎，今日事急，乃畏難乎。」太后怒曰：「汝敢往固當往，不敢往亦當往。」三臣先出，即諭榮祿以武衛軍備戰守；

189

第五章　維新運動的反動

復諭曰：「徐用儀等身入險地，可派兵遙護之。」群臣既退，集瀛秀門外，以各國照會質之譯署諸公，皆相顧不知所自來；或言北洋督臣裕祿實傳之，然亦無之。嗣乃知二十夜三鼓，江蘇糧道羅某遣其子扣榮相門，云有機密事告急；既見，以四條進；榮相繞屋行，徬徨終夜，黎明遽進御；太后悲且憤，遂開戰端。其實某官輕信何人之言，各國無是說也（一說由載漪命軍機章京連文中偽造）。故二十五日宣戰詔，不及此事。

二十二日申刻，復傳入見，籌議和戰，少頃即退。二十三日未刻，再召見於儀鸞殿，太后決定宣戰，命許景澄等往告各國使臣，限二十四點鐘內出京，派兵護行。上雅不願輕開釁端，搴景澄手曰：「更妥商量。」太后斥曰：「皇帝放手，勿誤事。」

侍郎聯元諫曰：「法蘭西為傳教國，釁亦啟自法，即戰，只能讎法，斷無結怨十一國之理。果若是，國危矣。」言且泣，額汗如珠，聞有與辯者。即派載瀾等加意扞衛宮牆，備不虞……諸臣皆退。旋傳諭二十四日辰刻更入見。次晨，俱集瀛秀門外。使臣來照會，要慶、端二王往議。召二王及樞臣先入見。剛毅適還朝，亦召入。二王旋出。命譯署復使臣曰：「有言但以書來，二王不能往也。」須臾樞臣下，傳旨撤全起（內呼召見曰「叫起」），蓋戰議成，無事啟謀矣。是為庚子御前四次大會議。方事之興，廟謨蓋已預定。特藉盈廷集議，一以為左證，一以備分謗。始也端王主之，西朝聽之；厥後勢寖熾，雖西朝亦無可如何。親暱如立山，視其駢誅，莫能阻也。當宣戰之日，固逆計異時之必歸於和，使館朝夷，皇位夕易矣。大事既成，盲風怪雨，不轉瞬而月星明概，雖割地以贖前愆，亦所不惜，無如一勝之不可幸邀也。

五月二十五日，發出宣戰的詔旨（外省督撫多未宣布），但是直到七月二十日，共計約近兩月，董福祥的甘軍和若干萬的義民，拿著引魂幡、

二　反動的演進—己亥建儲與庚子拳亂

混天大旗、雷火扇、陰陽瓶、九連環、如意鈎、火牌、飛劍、八寶法物，僅僅殺了一個德國公使，竟不能攻破東交民巷的公使館；而聯軍陷大沽，陷天津，陷北京；西太后逼著光緒皇帝同往西北，領略山水風景去了。（西太后至雁門語帝曰：「此次出京，得觀世界，亦一樂也。」）反動的大活劇，至此閉幕，此後便是《辛丑條約》的悲劇。

在這一幕反動活劇的當中，魯、粵、江、鄂四督撫袁世凱、李鴻章、劉坤一、張之洞四人，頗能盡力保持東南沿海、沿江各省的秩序。袁世凱常對他的幕僚誇說：「此次變亂，各督撫中，若無我輩四人搘拄，國事尚可問乎？」他們對於五月二十五日的亂命，相約不理，一面向榮祿電謀救濟，一面與各國領事及駐外各使設法疏解，把亂事限拘在直省一隅，頗費了一點苦心。最不可原恕的，要算是榮祿（剛、漪諸人不足責）。李鴻章電某督撫說：「榮擁兵數萬，當無坐視群小把持慈意之理。」原來北洋的軍權完全在他手裡，他既在軍機，又是西太后所親信的人，又知道「拳匪」不可利用，外釁不可妄開，假使當拳亂蔓延到直境的時候，便和袁世凱一樣的力剿，老早可以消泯。只因「依違取寵」的一個念頭，把他制住了。直到禍延肘腋，還是用依違的手段。我們看後來董福祥罵他的書便知，書中說：「祥負罪無狀，僅獲免官，手書慰問，感愧交併。然私懷無訴，能不憤極而痛哭也。祥辱隸麾旌，忝總戎行，軍事聽公指揮，固部將之分；亦敬公忠誠謀國，故竭努力，排眾謗，以效馳驅。戊戌八月，公有非常之舉；七月二十日，電命祥總所部入京師，實衛公也。拳民之變，屢奉鈞諭，撫囑李來中命攻使館。祥以茲事體大，猶尚遲疑。以公驅策，敢不承命。疊承面諭，圍攻使館，不妨開炮；祥猶以殺使臣為疑，公謂戮力攘夷，禍福同之。祥一武夫，本無知識，恃公在上，故效犬馬之奔走耳。今公巍然執政，而祥被罪，竊大惑焉。……」但是榮祿向江督劉坤一電告，卻又說：「……以一弱國而抵各數強國，危亡立見。兩國相戰，不罪使臣，自古皆

191

第五章　維新運動的反動

然。祖宗創業艱難，一旦為邪匪所惑，輕於一擲，可乎？……」一面命董福祥向使館開炮，一面向人說「兩國相戰，不罪使臣」。這種依違取巧的罪惡，實萬倍於剛、漪諸人。所以這一回的亂事，他是最不可恕的一人。

三　反動期中革命黨與保皇黨的離合運動

中山自傳說：「自乙未初敗以至於庚子，此五年之間，實為革命最艱難困苦之時代也。適於其時有保皇黨發生，為虎作倀，其反對革命，反對共和，比清廷為尤甚。……」他所謂「革命最艱難困苦」的真相怎麼樣，恐怕一般人還不易知道，我們須知道在庚子以前，中山革命唯一的地盤基礎，在國外是華僑，在國內是會黨。所謂士大夫讀書階級，差不多完全是康梁維新派的地盤基礎。戊戌以前，康梁有了士大夫階級的地盤，對於國外華僑及會黨尚不過問。及至戊戌政變以後，康梁逃居海外，把固有的地盤完全失了，要想活動無所憑藉，於是非利用向不過問的地盤，即華僑和會黨不可了。於是由中山歷年經營所得僅有的地盤，被康梁奪取一大部分去了。這是由維新反動所生出來的結果，便是「革命最艱難困苦」的真相。現在把這種侵奪地盤的事實，略略敘述幾件：

興中會在海外的分會，除檀香山外，以日本橫濱為中心。中山自乙未失敗後，常把橫濱作二次活動的策源地。當時橫濱會員約百餘人，多屬著名僑商。丙申冬，鄺汝盤、馮鏡如等組織一個教育華僑子弟的學校，想到中國來聘請教員，與中山商量。中山因為興中會員都是實際活動的人，不暇從事教育，以為康梁請求變法，可算是救國的同志，並且康講學多年，門徒很多，於是就寫一封介紹信給康，叫鄺汝盤持信往滬，與康面商，並且將校名定為「中西學校」。鄺到上海晤康後，康就薦徐勤、陳默庵、湯

三　反動期中革命黨與保皇黨的離合運動

覺頓等往任教務,並說「中西」二字不雅,更名「大同」,替他們親寫「大同學校」四字的校牌。徐勤到了日本,時與中山會面,也相互引為同志,但是徐勤等因為占得學校的地位,常與各僑商往來,慢慢地把僑商拉到他們手裡去了。戊戌八月後,康梁亡命到日本,中山以為同是為國事而失敗之人,親去見康,康以帝師自任,恐怕與革黨首領往還,於將來的活動有礙,託故不見。不久,橫濱就有保皇會出現,僑商的興中會員大半跑到保皇黨會裡面去了;大同學校並發現「不許孫文到校」的標語了。這是保皇會在橫濱侵奪革命黨地盤的故事。

梁啟超那時候卻不如康有為的矜持,與中山往來很密,並且表示贊成革命;中山也相信他。梁又曾與興中會員陳少白商議兩黨合併的辦法,後來推陳少白和徐勤起草聯合章程。但是徐勤、麥孟華暗中反對,寫信給康有為(此時康已赴新加坡)說:「卓如漸入行者圈套,非速設法救解不可。」康得信大怒,立派人攜款赴日促梁即赴檀香山辦理保皇會事。梁在日本起程赴檀時,約中山共商國事,還是說兩黨一定合作。因檀島為興中會發源地,託中山作書介紹同志。中山坦然不疑,便作書介紹於其兄德彰及其他親友。梁到檀後,拿介紹書去會僑商李昌、鄭金、何寬、卓海諸人,很受歡迎;又到茂宜島去訪德彰,德彰更優待他,並且把兒子託他帶往日本去讀書。梁在檀幾個月,漸漸倡議組織保皇黨,向各僑商說,名為保皇,實即革命。僑商因為他是中山介紹來的,也就相信他,並且捐集鉅款(作後來漢口起事之用)。後來中山得知,作書責梁失信,但已無可如何了,於是檀島的興中會員也大半變作保皇會員了。這是保皇會在檀島侵奪革命地盤的故事。

梁啟超在湖南時務學堂時,認識了唐才常、林圭(號述唐)。唐才常又是譚嗣同和畢永年(長沙人)的至友,譚嗣同遇害後,唐才常異常憤恨,想

第五章　維新運動的反動

乘機起事。此時畢永年已往日本，得交中山及日人宮崎寅藏、平山周等。畢與湘鄂會黨首領很有往來，中山因派平山隨畢赴湘，聯繫會黨，出入湘鄂好幾次。唐才常因為要與康梁商議起事的計畫，也於己亥年往日本去，畢永年便介紹他去見中山，籌劃長江各省與閩粵合作起事的辦法。林圭在湖南時也與會黨頭目很有往來，己亥年也到了日本，在高等大同學校讀書。此時在日本的中國留學生通共不過七八十人，但是具有革命思想的約莫也有一小半了，如蔡鍔、吳祿貞、秦力山、戢翼翬、黎科、傅慈祥……不必列舉。平心而論，畢、林、唐和那些具有革命思想的留學生，這時候對於清朝都沒有什麼顧惜，並且都有點厭惡了，就是梁啟超也是一樣的。不過厭惡的程度有深淺，而梁因康有為的關係，又受了光緒帝的知遇，就不能不站在保皇黨的旗幟下面。與梁親近一點的如唐才常、林圭、秦力山輩，也不便過於與梁立異。

　　畢永年很想把唐才常拉到中山的旗幟下面去，而康梁把唐當作他們的徐敬業。唐左右為難，經畢多方斡旋，始定「殊途同歸」之約，於是在己亥冬間，由唐、林率領秦力山等留學生共二十餘人回國，在湘鄂長江一帶謀大舉。由日本出發時，梁啟超、戢翼翬等在紅葉館設宴送別，中山和陳少白、平山、宮崎都在座。林圭於啟程前，並親往中山處作別，由中山作書介紹於漢口某俄國商行買辦、興中會員容星橋（後來林圭在漢口很得容的助力）。這便是庚子七月唐才常在漢口謀起事的先聲。唐、林等到了上海，便在上海祕密發起一個正氣會（後改為自立會），作運動的機關。林圭便往漢口上游招納會黨，散放富有票，畢永年也招納會黨，派往香港、廣東方面去。但是唐才常所訂正氣會章程的序文中有「非我種類，其心必異」的話，又有「君臣之義，如何能廢」的話，這本是他周旋兩派不得已的辦法，不過太自相矛盾了。畢永年因此很不以唐的辦法為然，與唐力爭，勸他斷絕康梁的關係。此時，唐不唯不忍與康梁立異，並且辦事的經費全

三　反動期中革命黨與保皇黨的離合運動

恃康梁在海外接濟，實有不能撇去康梁的苦衷，與畢相持，辯論至一晝夜，不得結果，畢大失望。不久，畢所招集派赴香港的會黨頭目李雲彪、楊洪鈞、張堯卿、李堃、師襄等，為康有為的金錢所誘，也舍卻興中會而投往唐的旗下。畢受種種刺激，憤而削髮為僧（改名釋悟玄，初往浙江普陀山，後又改名普航，中山謀起義於惠州時，彼又在香港活動相助，惠州之役失敗後，遂入羅浮山化去）。這雖不算是保皇黨奪取革命黨的固有地盤，頗有兩派互爭地盤的樣子，若就利用會黨一點說，是保皇黨開初第一回。假使沒有百日維新的失敗，便沒有這回事了。（對於上列各事，可參看馮自由《中華民國開國前革命史》。）

上述三件，都是反動期中發生的事故，後來革命黨與立憲黨的不相容，在此時期內已暴露著一點形跡出來了。

當唐才常、林圭在長江一帶預備舉事的時候，中山和興中會的同志也預備在廣東方面起事。到庚子夏初，義和團的事件發生，兩方面都認為是起事的最好機會，積極進行；廣東方面因有閏八月惠州之役，長江方面有七月漢口和大通之役。惠州之役，革命黨以寡敵眾，很打了幾回勝仗，因為外交方面情勢中變，中山潛入內地及武器接濟的計畫不成功，終歸失敗，犧牲了一位日本同志山田良政，史堅如在廣州謀炸粵督德壽（與惠州之役有關），亦失敗而死義。長江方面，唐、林在漢口，秦力山在大通，還有安慶、新堤、常德各處的布置，本約定七月十五日各處同時起事（林圭並曾作長函託容星橋轉達中山約在廣東同起），因康梁匯款不到，再三展期，而大通方面，於七月十三日已被政府察覺，十五日單獨舉事，自然失敗；漢口方面，則以候款之故，延至二十七日，總機關被張之洞破獲，唐、林以下同時被逮殉難者共二十人，常德、新堤、安慶各處自然同歸消滅。這是利用會黨，謀以武力保皇的最初一次，也就是最後一次，此後找

不到第二個徐敬業，除了在《新民叢報》上恭維光緒帝幾句空話以外，再沒有用武力去保皇的機會，也再沒有用武力去保皇的勇氣了。但是革命黨的身價卻因此抬高了一級。粵督德壽對於史堅如和惠州之役釋出的告示和奏摺，雖然在孫文的「文」字上仍舊加上三點水作「汶」，卻把孫和康梁並稱，什麼「無非因康、梁、孫汶各逆從中煽惑」，什麼「康、孫各逆勾結土匪」，把廣東方面的事也牽到保皇黨身上去，對於康梁未免冤屈了一點，但是把「紅眼睛綠眉毛」的孫，公然放在「帝師」一列，卻承他過於抬舉了。中山說：「當初次之失敗也（指乙未），舉國輿論，莫不目予為亂臣賊子，大逆不道。唯庚子失敗之後，則鮮聞一般人以惡聲相加。」這是實情。因為清廷的罪惡，現在已為多數人所公認。就是唐、林的本意也不是要保皇，不過借旗號罷了。唐、林失敗，給予青年知識階級一種很強烈的刺激，從此借用「保皇」兩字作旗號的人，反漸漸地減少了。這可算是由反動產出來的結果。

四　反動與袁世凱的幸運──北洋軍閥基礎的成立

北洋軍閥勢力，在最近幾十年的中國政治上關係極為重要，是人人知道的；袁世凱是創造北洋軍閥勢力的人，也是人人知道的。在此次反動期內，袁世凱除掉和李鴻章、張之洞、劉坤一等，盡力維持山東以南沿海的秩序外，彷彿別無重要關係；但是此次反動事變，實在是袁世凱絕大幸運的照臨，也就是北洋軍閥基礎確定的第一步。所以在本章之末，非把袁世凱小站練兵的由來，和在此次反動期中的遭遇，略略敘述一下不可。

袁世凱的第一個知己是吳長慶，第二個知己是李鴻章，第三、四個知己要算是榮祿、李鴻藻。他於光緒六年（一八八〇年）入慶軍（淮軍之一

| 四　反動與袁世凱的幸運—北洋軍閥基礎的成立

部）吳長慶幕府；光緒八年（一八八二年），隨吳長慶往朝鮮；後來因為在朝鮮幹了幾件冒險的事，被李鴻章賞識了，於光緒十一年（一八八五年）中日《天津條約》成立後，便保薦他以三品銜的道員，駐紮朝鮮，總理交涉通商事宜。甲午年，在朝鮮惹起中日戰爭的亂子後，奉召回國，便隨直隸臬司周馥辦理東征轉運事宜。袁在當時本以知兵自詡，他的朋僚也認他是長於兵事的。當軍事緊急時，長蘆運司胡燏棻勸他特練一軍以資策應，他答說：「須餉優械精，熟練數月，能操不潰之權，方敢措手，否則絕不願隨人奔潰。」但是說說罷了。不久有人奏請速練洋隊，就派定胡燏棻會同洋員漢納根在津招募創辦；因為該洋員所擬的辦法不能實行，中止，另由胡燏棻招練定武軍十營，步隊三千人，炮隊一千人，馬隊二百五十人，工程隊五百人，共四千七百五十人，參用西法教練。乙未，中日和議既成，袁以浙江溫處道留京，充督辦軍務處差委。軍機大臣李鴻藻和榮祿就在此時賞識了他，要他草擬創練新軍辦法（康梁和他交識邀他贊成強學會即在此時）。於是年十月，由醇王、慶王會同軍機大臣奏請變通軍制，在天津新建陸軍，保薦袁世凱督練，恰好此時胡燏棻派造津蘆鐵路，定武軍須人接統，便奏請由袁就固有的定武軍十營，加募馬步各隊，湊足七千人，依他所擬營制餉章編伍辦理，候有成效，逐漸擴充，奉旨照准。同時又請求派道員蔭昌挑選八旗精壯子弟附入天津武備學堂（由曾國藩、李鴻章所設立，袁之將屬多由此出身），為預備將校之用，與袁督練陸軍相依附。定武軍本駐離津七十里的新農鎮，就是津沽間所稱為小站（昔為淮軍駐所，且辦屯田，淮軍散後，成為廢壘）的地方。袁受委後，依所擬計劃進行，所用將校人員，一部分是宿將，一部分是從前天津武備學堂畢業的學生，如薑桂題、楊榮泰、吳長純、徐邦傑、段祺瑞、王士珍諸人皆隸麾下；馮國璋、陳光遠、王占元、張懷芝、何宗蓮、馬龍標、雷震春、王英楷、田中玉、孟恩遠、陸建章、曹錕、段芝貴等當時都屬偏裨；徐世昌也

第五章　維新運動的反動

在他幕中，參謀營務。這便是所謂「小站練兵」和「新建陸軍」的名詞所由來。

戊戌政變時，因為譚嗣同想利用他作光緒帝的心腹，得到一個候補侍郎的地位；因為他不為光緒帝所用，又得了西太后的賞識；但是除於榮祿入京時作了十天（初十至二十）的護督兼北洋大臣和四千兩新建陸軍賞銀以外，卻別無所得。十天後，裕祿來作直隸總督，他仍回小站營次。他的新建陸軍至此訓練已近三年，頗有一點聲名；次年己亥三四月間，奉旨開往山東德州、沂州一帶操演行軍陣法。此時，沂州有義和團鬧教案的事情，他曾陳請善為應付，五月回營。十一月，因毓賢在山東縱容「拳匪」，為外人所責難，乃將毓賢調京，命袁署理山東巡撫；到庚子二月，就實授山東巡撫。他往山東時，便將所練的新建陸軍（時已改稱為「武衛右軍」了）都帶到山東去。山東原有的勇隊尚存三十幾營，他把那些勇隊挑選裁併，編為二十營，奏請改稱「武衛右軍先鋒隊」，以新軍人員居中訓練；於是他的軍隊實力又擴充了一點。他運用這些軍隊把山東境內的義和團一霎時就趕跑了，因此外國人頗讚賞他。等到拳亂最盛時，山東竟安然無事；直省避難人民多往山東跑；「匪軍」到了德州地界，便不敢進了；德州與直省接近的人民，至用白堊在壁上大書「山東地界」字樣。李鴻章恭維他說：「幽薊雲擾，而齊魯風澄。」「袁世凱」三個字從此在中外人士的腦子裡面就有了一點印象，他的名望就漸漸地高起來了。這是幸運照臨他的一點。庚子五月二十一日，袁曾奉旨調新建陸軍入都，這是袁與北洋軍閥存亡的一個大關頭。

西太后的意思，是要他入京幫助義民的；榮祿的意思或者是要他去解散義民，或者是要他去保駕，不甚明瞭；東南各督撫，也有主張「袁慰帥即由山東提兵由保定進京，以清君側、護兩宮為要義」的；但是袁將所部

四　反動與袁世凱的幸運—北洋軍閥基礎的成立

軍隊一部分開到直、魯接境各處,卻不前進了。後來頗有人責備他,說他擁兵自重,不肯赴難的。但是我們試看看聶士成和他所領武毅軍的末路:一面被「拳匪」攻打,一面被聯軍攻打,結果聶士成以身殉難,武毅軍同歸破毀。假使袁果提兵北上,一定是那些義民的大敵;聯軍到了,恐怕也不認得他罷!他還是打義民呢,還是打聯軍呢?他和新建陸軍的末路,一定是和聶士成與武毅軍一樣,所以他帶兵出撫山東與此次屯兵不進,又是幸運照臨他的一點。自咸同以來,兵權寄於各省督撫,直隸總督尤為軍權所寄的重心;因為自李鴻章督直兼北洋大臣以來,盡力經營北洋軍備,而直省又是皇畿所在,所以直督的地位是各督撫中一個最重要的地位。中日戰爭,李鴻章受了所謂輿論的攻擊,於乙未七月命其入閣辦事,以直督授王文韶;到戊戌四月,光緒帝要變法,滿洲人是認為於他們不利的,西太后很與他們同意,知道要制服光緒帝和新黨,非把北洋軍權拿在手裡不可,於是把王文韶調京,把直隸總督授予親信的滿人榮祿。政變後,榮祿調入軍機,直督一席復以所親信的裕祿繼任。直到拳團鬧到不可收拾,裕祿也死於聯軍,才再把李鴻章請到北京來,又授以直隸總督。假使沒有這回的大亂子,不唯李鴻章沒有復任直督的希望,恐怕這個位置並非漢人所能期望了。恰當《辛丑和約》的悲劇閉幕時,李鴻章辭世了。李於臨逝前一日,口授於式枚草遺疏薦袁世凱繼任直督,說「環顧宇內人才無出袁世凱右者」,這是因為在拳亂中,李鴻章看見他的行動與眾不同,所以特別賞識了他。西太后得了李的遺疏,想了一想,除掉袁世凱,也找不到第二個人;因為從前對於他,已有相當的信任,現在又只有他所部的軍隊還可以鎮住北方;於是就把直督兼北洋大臣一席,授予他了。這是幸運照臨他的又一點。北洋軍閥的基礎,第一步從此確定。這也可算是由反動產生出來的結果。

第五章　維新運動的反動

第六章　維新運動的再起

一　言論界的驕子梁啟超

　　梁啟超是中國近代最重要的一個言論運動家，大概人人都知道的。他在戊戌以前《時務報》時代便已出了名，一般人便以康梁並稱。但是戊戌以前的梁啟超只能算作康有為的走卒，與徐勤、汪康年、麥孟華輩同在康有為的圈子裡過活。他的思想議論純粹是康的思想議論：康有為假公羊、孟子為護符，他也假公羊、孟子為護符；康有為倡保教尊孔，他也說保教尊孔。所以在戊戌以前，只能算是康有為的時代，梁啟超還沒有獨立的位置。戊戌失敗後，康的思想始終沒有一點變化，梁在日本一面作報，一面習日文讀新書，思想言論漸漸地脫離康的羈絆，要立起異來了；丟了公羊、孟子不講，而講盧梭、孟德斯鳩、伯理知理……了；不談保教尊孔，而「論保教非所以尊孔」。梁在日本所辦的報，前後共有三個名目，從戊戌十月到辛丑叫《清議報》，壬寅以後叫《新民叢報》，庚戌以後叫《國風報》。若就他的思想議論在學術上的價值說，自然是後勝於前，但就他在中國政治社會上所發生的影響說，卻是在《清議報》和壬寅、癸卯間的《新民叢報》時代。這時代的梁啟超，可算是言論界的驕子；報館雖在日本，影響及於中國的知識階級卻是非常地大。因為自戊戌政變後，國內新生的言論機關受了摧殘，己庚之間，上海雖有所謂《亞東時報》、《五洲時報》、《中外大事報》等頗倡新說，但當中國晦盲否塞達於極點的時候，不為人所歡迎，旋興旋滅；日本留學界在己庚之頃，也有所謂《譯書彙報》、《國民報》、《開智錄》等的發行，頗能介紹西方政治思想，但亦不能持久；獨《清議報》繼續至三

第六章　維新運動的再起

年餘，《新民叢報》的生命更長。這是影響較大的一個原因。其次，梁啟超的文章魔力，也不是當時一般言論家所能及，所謂「筆端恆帶情感」，最易激動讀者的心弦。到辛丑年科舉程序改變，廢棄八股，改用策論後，一班應考的秀才、童生們驟然失了向來的揣摩工具，《清議報》和《新民叢報》就變了他們的「小題文府」、「三山合稿」了；政府儘管禁止，國內卻是暢銷無滯；千千萬萬的「士君子」，從前罵康梁為離經叛道的，至此卻不知不覺都受梁的筆鋒驅策，作他的學舌鸚鵡了。這是它影響較大的又一原因。再其次，梁在這時代所發的議論，大約都是趨重打破現狀的議論；除了對於光緒帝仍舊稱「我皇上」、「我聖主」以外，排滿、革命、破壞、暗殺都視為救時之良藥。（甲辰、乙巳以後，他雖極端反對排滿，但在癸卯以前，排滿的民族思想常常流露於他的筆端，試通觀《飲冰室文集》可知。）我們試看他壬寅年的《新民叢報》中《敬告我同業諸君》一文所言可知，他說：

……著書者，規久遠明全義者也，報館者救一時明一義者也。故某以為業報館者，既認定一目的，則宜以極端之議論出之，雖稍偏稍激焉而不為病。何也？吾偏激於此端，則同時必有人焉偏激於彼端以矯我者，又必有人焉執兩端之中以折衷我者，互相倚，互相糾，互相折衷，而真理必出焉。若相率為從容模稜之言，則舉國之腦筋皆靜，而群治必以沈滯矣。夫人之安於所習而駭於所罕聞性也。故必變其所駭者而使之習焉，然後智力乃可以漸進。某說部嘗言有宿逆旅者，夜見一婦人，摘其頭置案上而梳掠之，則大驚；走至他所，見數人聚飲者，語其事，述其異，彼數人者則曰：是何足怪？吾儕皆能焉，乃各摘其頭置案上以示之，而客遂不驚。此吾所謂變駭為習之說也。不寧唯是，彼始焉駭甲也，吾則示之以倍可駭之乙，則能移其駭甲之心以駭乙，而甲反為習矣。及其駭乙也，吾又示之以倍可駭之丙，則又移其駭乙之心以駭丙，而乙又為習矣。如是相引，以至無窮，所駭者進一級，則所習者亦進一級，馴至舉天下非常異義可怪之

論，無足以相駭，而人智之程度乃達於極點。……二十年前聞西學而駭者比比然也，及言變法者起，則不駭西學而駭變法矣。十年以前，聞變法而駭者比比然也，及言民權者起，則不駭變法而駭民權矣。一二年前，聞民權而駭者比比然也，及言革命者起，則不駭民權而駭革命矣。今日中國學界之思潮，大抵不駭革命者千而得一焉，駭革命不駭民權者百而得一焉，若駭變法駭西學者殆幾絕矣。然則諸君之所以嚮導國民者可知矣。諸君如欲導民以變法也，則不可不駭之以民權；欲導民以民權也，則不可不駭之以革命；當革命論起，則並民權亦不暇駭，而變法無論矣；若更有可駭之論倍蓰於革命者出焉，則將並革命亦不暇駭，而民權更無論矣。大抵所駭者過兩級，然後所習者，乃適得其宜。某以為報館之所以導國民者不可不操此術……（這種議論，他在甲辰、乙巳以後是斷不肯發出來的。）

　　他的《清議報》和壬寅、癸卯間的《新民叢報》，確實是運用這種策略去作的。他的目的本不過在君主立憲，他的論議卻超過了君主立憲的範圍。但是一般讀者（除了政府當局）卻並不「駭」，不唯不「駭」，並且很歡迎。因為經過反動的大苦痛後，有志的知識界都醞釀著打破現狀的潛意識在心裡，有觸即發，遇到那種聲情激越的文字，沒有不投袂而起的。這是它影響較大的又一原因。總上面所述三因，梁啟超在此時期內，便握言論運動界的牛耳。後來嚴復罵他，說他「於道徒見一偏，而出言甚易」，又說他「主暗殺、主破壞，其筆端又有魔力，足以動人。主暗殺則人因之而偶然暗殺，主破壞則人又群然爭為破壞，敢為非常可喜之論，而不知其種禍無窮」，又說他與康有為是亡有清二百六十年社稷的人（見《學衡》所載嚴幾道與熊純如書）。這種譏評，雖然未免過當，但在戊戌反動以後的五六年間，梁啟超確有喚起青年群趨於打破現狀的效力，是不可掩的。所以在本章敘述維新運動再起的發端，就首先將這位言論運動界的驕子，略述如前。

第六章　維新運動的再起

二　新勢力復活的醞釀

　　梁啟超在《清議報一百冊祝辭》裡有幾句話說：「十九世紀與二十世紀交點之一剎那頃，實中國兩異性相搏相射，短兵緊接，面新陳嬗代之時也。」因為拳亂發生於一九〇〇年，是十九世紀的最後一年，也就是中國反動的舊勢力發洩到最高度的時候。接著一九〇一年（《辛丑和約》成立）便是新勢力復活的時期到了。二十世紀最初的五年間（從《辛丑和約》到日俄戰爭）可稱為中國新勢力復活的醞釀時期。此時期與維新運動的初步時期（甲午到戊戌），情勢已大不相同。在前期內，因為中日戰爭把中國的弱點完全暴露，西方帝國主義者的侵略野心就無限制地猖獗起來；但是中國大多數人士還只感覺外人的可惡可恨，對於清政府還不敢藐視。自經過拳亂的大禍後，帝國主義者對於中國國民頗起了一點戒心，侵略的方法稍稍變了；對於清朝廷，一面壓迫，卻又一面加以保持扶植。但是中國的大多數人士，卻把恨惡外人的心理完全移到清朝廷身上去了；越感覺外人的可怖，就越感覺清政府的無能。簡言之，就是清政府的信用至此已掃地無存。這便是此時期與前時期情勢不同的所在。所以在此時期內，中國必須變法已絕對不成問題，絕沒有人反對，不若在戊戌以前，尚有許多懷疑的人。此時期所成為問題的，就是戊戌百日維新變法方式尚可以應付當時的潮流，饜足國人的企望否？我們試把此時期由新勢力所發動的各種事端觀察一下，便可以答覆這個疑問。請分國內與留學界兩個方面觀察：

一、國內

　　當唐才常在上海組織正氣會時，拳亂方始萌芽，未幾，改名為自立會，謀在長江一帶起事。及至六月拳亂大作，北方的名士如嚴復等也避地南下至上海，唐才常便假保國救時的名義，運動在滬各省的維新志士，開

二　新勢力復活的醞釀

會於張園,名之曰「國會」。到會的名流有容閎、嚴復、章炳麟、宋恕、吳葆初、張通典、荻保元、馬相伯、戢元丞、文廷式、沈藎、龍澤厚等,共約數百人,推容閎為會長,嚴復為副會長,唐才常為總幹事。開會的時候,章炳麟當眾把辮髮剪去,表示對於清朝決絕的意思,頗聳動一般人的耳目。其實這種集會,參與的分子很複雜,知道唐、林的祕密的人極少,大多數的會員不過震於「國會」、「民權」等新說,乘興來會罷了。及至八月,唐才常的自立軍在漢口失敗,張之洞諮請江督劉坤一查拿「國會」要人,於是與會的名流人人自危,匿居租界,不敢出頭,並且有許多人逃往海外出國了,這還是庚子年的事。國內新勢力的運動,因此頗受一小挫折。辛丑年一年內,沒有什麼惹人注目的事端,但由戢元丞在上海創設了一個作新社,從事譯著新書,又發行一種《大陸報》月刊,鼓吹革命(秦力山、楊廷棟、楊蔭杭等皆屬編著人員)。到壬寅年,上海便有所謂中國教育會的創立,發起人為章炳麟、蔡元培、黃宗仰等。恰好在這年,東京留學生與駐日公使蔡鈞發生衝突,吳敬恆被逐回國,國內南洋公學也發生學生全體罷學的風潮;於是就由所謂教育會的人士章、蔡、黃及吳敬恆等主持成立了一個愛國學社,南京陸師學堂復有一部分的退學生如章士釗、何震生、穆湘瑤、胡敦復等,也來加入愛國學社的團體。由此,這個愛國學社就成為革命思想在中國的彙集所,張園便成了革命的演說場,《蘇報》便成了革命的宣傳品。(《蘇報》初為日本人所創,後湖南衡山人陳範,以江西知縣因教案落職來上海,感激時憤,遂承辦是報。

　　陳能隨時勢而進步,主辦是報約四年,是時由章士釗主筆,風行一時。)到癸卯年春間,便有張園反對桂撫王之春的大會(王之春有借法款假法兵平匪亂之議);四月,便有張園的拒俄大會(俄人要求改訂東三省撤兵條約);閏五月,便有所謂「蘇報案」的發生,章炳麟、鄒容因此入獄,(癸卯年四五月間,清商約大臣呂海寰受王之春囑託,函告蘇撫恩壽,謂

第六章　維新運動的再起

上海租界有所謂熱心少年者在張園聚眾議事，名為拒法拒俄，實則希圖作亂，請即將為首之人密拿嚴辦。蘇撫立飭上海道向各國領事照會拿人。各領事業經簽名許可，而工部局獨不贊成。上海英文《泰晤士報》著論嘉許工部局能主持公道。呂海寰指名逮捕者為蔡元培、吳敬恆、陳範、章炳麟、黃宗仰等。西報對於此事記載甚詳，因此被拿者聞之，多向工部局報告姓名、居址，工部局允予特別保護。但至閏五月初，蘇撫上海道等稱奉清帝諭旨，向租界交涉甚力，遂由租界當局分派中西警探多名，赴愛國學社拘拿章炳麟、吳敬恆、蔡元培等。吳、蔡外出，僅捕拿章炳麟一人；又赴《蘇報》館捕拿陳範。陳亦外去，捕去司帳員程吉甫一名。鄒容聞訊自往捕房投到。蔡元培走柏林，吳敬恆走倫敦，《蘇報》被封，愛國學社亦解散。）被拘三年。當此案在會審公廨審訊時，清政府所延的律師聲稱：「陳範住三馬路二十號門牌，登報大逆不道，汙衊今上。閏月初五，登論界說《康有為與覺羅氏之關係》；五月二十三，登《滿人九世深仇》；五月初八，登《客民篇》；五月十四，登《讀〈革命軍〉》，有『男降女不降，生降死不降，老降小不降，總之驅逐滿人，匡輔真主』；五月初五，登《章炳麟駁康有為書》，交通外人，能得歡心，可使中外子民輕蔑皇上；五月七日，登『殺人主義即復仇主義，以四萬萬人殺一人，能不快心』；五月初十，登特別要聞，東京留學生捏造上諭。總之，《蘇報》汙衊皇上事多，不勝一一指出。中國政府飭拿章炳麟、鄒容，因其大逆不道，謀為不軌。其《革命軍》一書，第一章敘『披毛戴角之滿洲人，應予殺盡，可比登三十六天堂，升七十二地獄，巍巍哉革命，皇皇哉革命』；第二章有『革命革命，人心不平，戴滿人而為君；滿人約五萬人，目不識丁者系親王大臣，唱京調者系將軍都統』等語。……」觀此，我們可以知道所謂《蘇報》的內容，並可知道當時國內新黨的言論聲勢。回溯己亥年，上海愛國志士由經元善、蔡元培所領導的愛國活動，尚以光緒帝的存廢問題為中心，現

在竟至呼清帝為「小醜」，可想見思想變動的程度了。愛國學社解散，《蘇報》被封後，蔡元培、吳敬恆等雖皆去國，章士釗、何靡施、張繼、盧和生等，又於本年六月在上海組織一個《國民日日報》，聲勢與《蘇報》相同（該報旋因內部發生問題停刊）。從癸卯到甲辰、乙巳的兩三年間，上海革命的出版品，如《皇帝魂》、《蘇報案紀事》、《國民日日報彙編》，章士釗的《蕩虜叢書》，劉光漢的《擬書中國民族誌》，陳去病的《祕史》、《陸沈叢書》，蘇元瑛的《慘世界》……不下百數十種。革命的思潮，逐漸增高。甲辰年九月，便有黃興等運用會黨馬福益謀在長沙發難的事（後再詳述）；十月有萬福華在上海行刺王之春的事。革命的思潮，漸漸地要隨處表現於行動了。上面所述，是二十世紀最初五年間新勢力在國內所表現的事端。

二、留學界

這時候中國往海外留學的以日本為中心。在己、庚二年間，留日學生雖有所謂《譯書彙編》、《開智錄》、《國民報》等的刊物，但是學生尚不滿百人。到辛丑、壬寅的二年間，中國留日學生驟增至數千人。辛丑年的春間，廣東的留日學生鄭貫一、李自重、馮斯欒、王寵惠、馮自由、梁仲猷等，成立了一個廣東獨立協會，主張廣東向清政府宣告獨立。留日的粵僑也有加入的，孫中山時居橫濱，極力贊助；中山和粵籍留學生發生密切關係從此始（此時汪精衛、胡漢民尚未到日本）。壬寅年，因各省留學生加多，便在東京神田的駿河臺組織留學生會館。開幕的那天，吳祿貞演說，竟把會館比美國費府的「獨立廳」。本年三月，又發起一個「支那亡國二百四十二年紀念會」，發起的宣言由章炳麟所撰，學生報名赴會的數百，擬在上野精養軒舉行。駐日公使蔡鈞得到此種訊息，要求日政府禁止。屆時，被日警干涉，赴會的留學生都憤激而散。幾個月後，又發生與蔡公使衝突的事，原因是吳慕良、蔡鍔想以自費入成城軍校，蔡鈞不肯諾

第六章　維新運動的再起

送；湖北留學生監督錢恂和吳汝綸往為關說，都無效；吳敬恆便與孫揆均率同二十餘人強邀吳汝綸同往使署要求，堅持至夜半不肯出署；蔡鈞喚日警將他們拉出，於是留學生連日結隊往使署爭鬧，蔡鈞便嗾使日政府以妨害治安的罪名，把吳敬恆、孫揆均逮捕，押解返國；因此，留學生痛恨清廷的程度，又加高一層。到癸卯年的元旦，留學生千餘人在駿河臺會館舉行團拜禮，蔡公使亦到，馬君武、劉成禺等演說滿人吞滅中國的歷史，主張推倒清廷，恢復漢族的主權，滿座鼓掌。

　　清宗室長福起而駁辯，被大眾喝斥，不能成詞；蔡公使亦敢怒而不敢言，僅以開除劉成禺的學籍洩憤。到本年四月，因俄人強占東三省，留學界便發起一個拒俄義勇隊，旋改稱軍國民教育會，舉藍天蔚為隊長，報名者達千人，每日操演不懈，後被日政府禁止；眾推鈕永建、楊標二人回國，往說直督袁世凱請出兵拒俄，留學生願作前鋒，袁拒而不見，反有不利於二人的風說，留學界越加憤恨。到本年冬間，便有革命軍事學校的祕密組織，因為當時只有政府派送的官費生可入軍校，凡有革命嫌疑的，都得不到入軍校的機會。孫中山有一位日本朋友日野少佐，是一個軍事家，恰好此時中山由安南返日，留學界有革命思想的人，共往就商學習軍事的問題，便由中山商請日野主持，在東京青山附近祕密組織軍事學校，開校約及五月，因故解散。從癸卯到甲辰、乙巳的兩三年間，日本留學界的革命書報，如《湖北學生界》、《漢聲》、《江蘇》、《浙江潮》、《遊學譯編》、《新湖南》、《猛回頭》、《警世鐘》、《國民必讀》、《最近政見之評決》、《漢幟》、《太平天國戰史》、《二十世紀之支那》……好比雨後的春筍，陸續湧出。黃興、楊篤生、陳天華等所組織的華興會，也是甲辰年春間在日本成立的。至於歐洲留學界，據吳敬恆說：「戊戌以前甚少，因北洋水師學堂學生三十人皆派於光緒初年，歐洲再有留學生，自一九○二年（壬寅）始，恆於一九○三年至英，英止有南洋公學學生數人，聞法、比、德皆有湖

北派往之學生。」但此時歐洲留學生雖少，革命的思潮也已經發生。中山說：「乙巳春間，予重至歐洲，則其地之留學生已多數贊成革命，蓋彼輩皆新從內地或日本來歐，近十二年已深受革命思潮之陶冶。……」湯薌銘在巴黎割中山的皮包，偷取革命黨名冊，向駐法公使孫寶琦自首的故事，就在此時發生。上面所述，是二十世紀最初五年間新勢力在海外留學界表現的形態。

總括上面兩段所記的情事，我們可以答說：戊戌百日維新的變法方式絕不可以應付此時的潮流、滿足國人的企望了。但是清政府在此時代內的設施卻何如呢？

三　清政府遮羞的變法及主持的人物

有位扈從西太后和光緒帝出走的某官，後來向人說：「西后自出險後，恆語侍臣云：『吾不意，乃為帝笑。』至太原，帝稍發舒，一日召載漪、剛毅痛呵，欲正其罪；西后云：『我先發，敵將更要其重者。』帝曰：『論國法，彼罪不赦，烏論敵如何！』漪等顙亟稽。時王文韶同入，西太后曰：『王文韶老臣，更事久，且帝所信，爾謂如何？』文韶知旨，婉解之。……」這段故事可見西太后當時，就是對於光緒帝，也現出一種羞愧不能掩蓋的樣子，何況對於國人，對於外國人。因此在出走的途中便下詔罪己，下詔求直言；在庚子年的十二月，便在西安下詔變法；到辛丑年三月，又命設立「督辦政務處」，為籌辦新政的機關，彷彿真是要變法了。外國人聽到這種訊息，說這是以鉅額的代價增加了一層見識，然其實在西太后，與其說是增加了若干見識因而變法，還不如說是她的老面孔羞愧得無以對人，故假變法的各種詔旨來遮一遮羞。那個新設的督辦政務處不過是軍機處的

209

第六章　維新運動的再起

駢枝機關,並無什麼新政可辦。試把辛丑以來五年間所謂新政,分別列舉如下:

一、裁汰各衙門胥吏差役(辛丑四月)。

二、停止捐納實官(辛丑七月)。

三、歸併詹事府於翰林院,覆命裁撤河東河道總督缺(壬寅正月)。

四、裁撤雲南、湖北兩省巡撫缺(甲辰十一月)。

五、裁撤廣東巡撫缺(乙巳六月)。

上列各項是五年間除舊的新政。

六、設立督辦政務處(辛丑三月)。

七、改總理各國事務衙門為外務部(辛丑六月,從列強的要求而改的)。

八、設立商部,將路礦總局裁併(癸卯七月)。

九、設立練兵處(癸卯十一月)。

十、設立巡警部(乙巳九月)。

十一、設立學部(乙巳十一月)。

上列各項是五年間新設的機關。

十二、命各省綠營防勇,限於本年內裁去十分之二三(辛丑七月)。

十三、命各省籌設武備學堂(辛丑七月)。

十四、覆命將各省原有各營嚴行裁汰,精選若干營,分為常備、巡警等軍(辛丑七月)。

十五、命鐵良會同袁世凱辦理京旗練兵事宜(癸卯五月)。

十六、設立練兵處命奕劻等管理(癸卯十一月)。

十七、在河間舉行秋操,命袁世凱、鐵良為閱兵大臣(乙巳九月)。

上列各項是五年間關於軍事的新政。

十八、復開經濟特科（辛丑四月）。

十九、命整頓翰林院，課編檢以上各官以政治之學（辛丑四月）。

二十、命出使大臣訪察遊學生諮送回華聽候錄用（辛丑五月）。

二一、命自明年為始，鄉會試等均試策論，不准用八股文程序，並停止武生童及武科鄉會試（辛丑七月）。

二二、覆命各省所有書院於省城改設大學堂，各府及直隸州改設中學堂，各縣改設小學堂（辛丑八月）。

二三、命各省選派學生出洋肄業（辛丑八月）。

二四、定學堂選舉鼓勵章程，凡由學堂畢業考取合格者，給予貢生、舉人、進士等名稱（辛丑十月）。

二五、覆命各省選擇學生派往西洋各國講求專門學業（壬寅九月）。

二六、命自明年會試為始，凡授職修撰、編修及改庶吉士用部屬中書者，皆令入京師大學堂分門肄業（壬寅十一月）。

二七、頒布學堂章程（癸卯十一月）。

二八、考試出洋歸國學生，自是每歲考試留學以為常（乙巳六月）。

二九、停止鄉會試及各省歲科學考察試（乙巳七月）。

上列各項是五年間關於學校選舉的新政。

三十、准滿漢通婚。

上面所列舉的共計三十事，比較戊戌百日維新所舉的條目，彷彿很多了，但是實際並沒有超出百日維新的範圍，不過把百日的時間延長到五年，或把戊戌的一件命令分作幾次頒下罷了（例如戊戌的裁汰冗官令）。其有超出戊戌維新的範圍的，都是百日以內想作而尚未作的。關於軍政的

第六章　維新運動的再起

事項，並且是在甲午以前已經李鴻章辦過了的。五年以內所行的新政，實際不過「廢科舉，設學校，派遊學」九個字；在國民觀感上稍稍發生一點實際的影響的，也不過是這九個字。(但是辛、壬二年間，日本驟增的數千中國留學生，由政府派出的不過十分之二三。)關於准滿漢通婚的一項，戊戌年康有為曾經極力主張，不能實行，現在公然准行，算是清當局極開通的表示；但是表示太遲了，現在已不能發生絲毫的效力了。並且一面表示融和滿漢，一面更處處防備漢人，稍微重要的機關，不是把滿人壓在漢人頭上，便是滿漢對立；例如那個新設的督辦政務處六大臣，依然是滿三漢三；(奕劻、李鴻章、榮祿、崑岡、王文韶、鹿傳霖。實權操於榮祿。劉坤一、張之洞以督撫遙為參預，有名無實。李鴻章去世後，以袁世凱補授直督，亦參預政務處。)新改的外務部，用奕劻作總理，站在漢人的會辦大臣上面；新設的練兵處，也用奕劻管理；京旗練兵事宜用鐵良會同袁世凱辦理，閱兵也用袁、鐵會辦；就是一個京師大學堂，都要用榮慶會同張百熙管理。防制漢人如此的嚴密，那種准許滿漢通婚的命令，安能發生融和滿漢的效力呢？

　　就這時期當局的人物觀察，反動派的首領剛毅在扈從出走的當中恚憤死了，端王載漪依列強的命令處罰充軍去了；政府的中樞勢力，就全在奕劻和榮祿手中。奕劻留京，與李鴻章辦理議和事務，榮祿從駕在西安，故榮祿的勢力尤重；最初所下的遮羞變法詔旨和設立督辦政務處的辦法，都是由榮祿所主持的。督撫中的重要人物，要算李鴻章、袁世凱、張之洞、劉坤一十四人。但李鴻章北上以後，圉因在外交問題的難關中，於其他變法的計畫，無暇籌及，及至和約略成便辭世了。最初實際變法的動議，是出於劉坤一和張之洞的三折(即當時所謂「江楚會奏變法三折」)，所以在辛丑八月特頒的懿旨，有所謂「責成中外臣工，將應行變通興革諸事，力任其難，破除積習，以期補救時艱，並將劉坤一、張之洞會奏整頓中法以

行西法各條，隨時摘要舉辦」的話。原來五年間的新政，辦到「廢科舉，設學校，派遊學」九個字的實際，還是依照劉、張會奏所提出「整頓中法以行西法」的綱領而來的。

及至李鴻章辭世，袁世凱繼任直督，劉坤一亦於壬寅年九月辭世，督撫中便以袁世凱、張之洞二人為柱石。榮祿於癸卯年三月去世，親貴中便以奕劻為柱石。袁世凱從前結托榮祿，以邀西太后的眷顧；榮祿死後，便極力結托奕劻以圖西太后的信任，他又居在密邇畿輔的直督的地位，於是奕劻、袁世凱便成了當時的內外兩大柱石，而張之洞尚不能及。奕劻依違戀權同於榮祿，能力、知識尚不及榮祿，而貪汙則過之；張之洞比較袁世凱多一點故紙堆中的知識，能力、手腕卻不如袁，但他迎合取巧的心理也不讓於袁，不過地位不若袁的重要，又帶幾分書呆子見識；以論操縱當時時局，袁世凱要算是最重要的人物，可惜他還是讀書太少，所模擬的唯一人物還不過是李鴻章，而個人的人格修養又不及。這五年間的新政辦到前面所舉九個字的實際，他固與有贊助之力（科舉的廢止，最後是由袁世凱與張之洞的會奏而實行的），但他所最注意的事項還是籌款練兵，與李鴻章在北洋大臣任內所注重的無異。前面所舉關於軍事的新政，要算是他的成績了。北洋軍閥的基礎勢力在此五年內又增加了不少。但是滿人對於他的疑忌，漸漸見端了，鐵良漸漸地要露頭角了。

四　日俄戰爭與立憲的動機

在清政府從容的變法期間，帝國主義者的進攻是不若他們那麼從容的；他們方在從容不迫的「整頓中法以行西法」，帝國主義者要借中國領土東北的一隅作戰場了；震動一時的日俄戰爭，適於此時期之末（一九〇四

第六章　維新運動的再起

年至一九〇五年）發生。日俄戰爭第一個遠因即由於甲午中日戰爭，第二個遠因即由於庚子的拳亂之役：中日《馬關條約》本已將遼東半島割讓於日本了，因李鴻章利用俄國協同德法壓迫日本退還，日本已蓄報復之意；及至拳亂當中，俄國乘隙出兵占領東三省，有不肯退出的意思，並且想進圖朝鮮，日本便積極準備作戰。到一九〇四年二月，日俄間即以關於東三省及朝鮮問題的談判破裂，正式宣戰。戰爭的期間延長至一年零四個月，日軍節節勝利；到一九〇五年五月底，俄國波羅的海海軍艦隊也全軍覆沒了，於是這個震動一時的大戰爭方告終結。這次戰爭，關於東西黃白兩人種的屈伸自然有很大的影響；就是在政治主義上也使人對於立憲自由，增加一層新信仰。日本的立憲政治，雖然還不曾得到真正民權自由，但是它施行欽定憲法沒有多年，便以區區三島打敗一個龐大專制的中國，再過十年，又打敗一個龐大專任的俄國；於是大家相信「立憲」兩字，是確有強國的效力了；彷彿一紙憲法便可抵百萬雄兵，中日與日俄的兩次戰爭便是最明白的證據。在戊戌以前還有人說：

　　今人動言日本變法，驟致富強，不知日本幸遇我惜兵愛民之中國耳。向使以區區三島，抗行於窮兵黷武之俄法間，吾知成敗之數且有不可逆睹者矣。又使中國雖敗，而陸戰持久終不言和，則勝敗兵家之常，亦不知鹿死誰手矣。（見《郎園書札》）

意思是說：「日本戰勝中國，不是因變法戰勝的，假若它和俄國或法國戰也能取勝，我就相信變法的效力了。」現在戰勝俄國了，於是反對變法立憲的人也沒得話說了。俄國的人民也暴動起來了，俄國的政府也有立憲的表示了，中國還可獨居為專制國麼？當日俄和議尚未成立的時候，江蘇的新黨名士張謇便作書去慫恿袁世凱，要他主張立憲，書中說：

　　……公今攬天下重兵，肩天下重任，宜與國家有死生休戚之誼。顧亦

知國家之危，非夫甲午庚子所得比方乎？不變政體，枝枝節節之補救無益也。不及此日俄全域性未定之先，求變政體而為揖讓救焚之迂圖無及也。……日俄之勝負，立憲專制之勝負也。今全球完全專制之國誰乎？一專制當眾立憲尚可幸乎？……日本伊藤板垣諸人，共成憲法，巍然成尊主庇民之大績，特命好耳。論公之才，豈必在彼諸人之下，即下走自問志氣，亦必不在諸人下也。……

袁世凱對於張謇的話，頗有感動。孫寶琦在駐法公使任內，也以立憲的意思向政府奏請。國內南部的老新黨名士，大部分都受了梁啟超的言論影響，此倡彼和，於是二三疆吏也相率建議立憲；中樞諸親貴，也知道立憲兩字是無可反對的了。西太后緊緊地握著政權在手，就是對於自己的兒子、姪子，正正堂堂坐在皇位上的，尚不肯分讓一點實權給他，何況對於人民呢！於是用「今茲未能，請輕之，月攘一雞」的方法來延搪，說：你們說立憲真可以強國麼！好，我就派人往立憲各國去考察一考檢視。所以在一九〇五年的六七月，便有派載澤、戴鴻慈、徐世昌、端方、紹英五大臣出洋考察政治的諭旨。這是表示要立憲的意思。但是政府表示要立憲，一部分的國民卻不願意接受他們的憲法了；不唯不願意接受，並且還要反對。那出洋考察憲政的五大臣在北京正陽門車站，便被吳樾的炸彈嚇退兩個（徐世昌、紹英遇炸後，不果行，後改派尚其亨、李盛鐸）。吳樾的炸彈，便是國民不承認清廷偽立憲的表證。

第六章　維新運動的再起

第七章　革命與立憲的對抗運動（上）

　　從乙巳年的秋間到辛亥的秋間（一九〇五至一九一一年）共約六年，可稱為革命與立憲的對抗運動時期。在此時期的當中，戊申年（一九〇八年）冬初，西太后和光緒帝同時去世，清廷政治的重心完全集於皇族，去顛覆之期已不遠了。為敘述的便利計，即以宣統嗣位為關鍵，分為上、下兩章。上章述至戊申年冬初止，以後歸入下章。

一　中國同盟會的成立

　　前章所說吳樾用炸彈暗殺出洋的五大臣，是吳樾個人的行動，並非革命黨有組織的行動。在光緒乙巳年（一九〇五年）以前，國內外所發見各種反政府的事端都是區域性的、散漫的，沒有統一團結的中心組織。正當清政府派遣五臣出洋考察憲政時，中國同盟會即於日本東京成立。從此反政府的革命勢力，有了一個統一團結的中心組織；孫中山的革命地盤基礎，擴張到國內外青年知識階級上面，不專靠華僑和會黨，而中山被公認為全國革命的領導人物了。所以中山自己說：

　　……自革命同盟會成立，予之希望，則為之開一新紀元。蓋前此雖身當百難之衝，為舉世所非笑唾罵，一敗再敗，而猶冒險猛進者，仍未敢望革命事業，能及吾身而成也。……及乙巳之秋，集合全國之英俊，而成立革命同盟會於東京之日，吾始信革命大業，可及身而成矣。於是乃敢立定中華民國之名稱，而公布於黨員，使之各回本省，鼓吹革命主義，而傳布

第七章　革命與立憲的對抗運動（上）

中華民國之思想焉。……

可見一九〇五年的秋間，是清政府預備立憲的萌芽時期，也就是中國國民預備革命的基礎確立時期。同盟會的成立，算是新中國產生的一個重要關鍵，非在此處將它成立的經過與主義敘述一下不可。

一、同盟會成立的經過

從甲午創立興中會到乙巳同盟會成立，時間上整整經過十年。參看前幾章所述，知道在此十年間的前半期，革命勢力及於知識階級很薄弱；及到後半期，革命思想漸漸地在國內和留學界醞釀得將成熟了，中山和留學界中有志人物次第發生關係了。從辛丑到癸卯（一九〇一至一九〇三年），中山留居日本橫濱，中國留日學生除廣東獨立協會的人士以外，如鈕永建、吳祿貞、程家檉、劉成禺等時往橫濱，與中山談論革命，但是也沒有什麼組織。癸卯年，中山到安南；甲辰，又由安南迴日本，預備再往美歐，得晤廖仲愷夫婦及馬君武等，表示贊成革命，中山託其在東京物色有志學生，結為團體；乙巳年春間，中山到了歐洲了。此時中國留歐學生以湖北人為最多，在德有朱和中、王科發等，在比有賀之才、魏宸組、胡秉柯、史青等，在法有唐豸、湯薌銘等。賀之才等前由上海赴比時，遇著劉成禺由日本回滬，取遊美護照，便以中山將由美赴歐告知他們，併為賀、魏、胡、史四人作一介紹書，要他們去會中山。賀等到比時，將劉成禺的介紹書郵寄倫敦英人摩根家轉達中山，中山尚未離美，數月後方得中山回信，說正想來比，苦無川資。賀等即約在歐同學湊集幾千法郎電匯美國，可見當時留歐學生仰慕革命英雄的心理。中山得款，即赴比京，與賀、魏、胡、史及朱和中（時由賀等約來比京）等談論進行的方法。朱和中主張運動新軍，並述吳祿貞等已向鄂省運動，頗有成績；中山則謂須以改良會黨為入手方法。經數次談論之後，彼此意見漸接近，認為有雙管齊

218

一　中國同盟會的成立

下的必要。賀等又介紹同學十餘人與中山相見，中山因提議組織革命團體，眾皆贊同，唯魏宸組對於當天宣誓一層略有辯難，中山多方解釋，認宣誓手續為非常重要，後來大眾也無異議，便以次親書誓詞如下：

具願書人○○○，當天發誓，驅逐韃虜，恢復中華，創立民國，平均地權，矢信矢忠，有始有卒，倘有食言，任眾處罰。

天運　年　月　日　押（指印）

主盟　孫文

誓畢，中山與到會各人以次握手，向他們道喜說：「各位已不是清朝人了。」同時中山也寫一張同樣的誓詞，交他們保存。此即中山所謂開第一會於比京的經過。接著中山和朱和中赴德國，由朱介紹王科發、周澤春等若干人加入；由德返英，僅孫鴻哲一人加入（吳敬恆此時已在倫敦與中山晤面，但尚未加入團體，吳的正式加入在此年冬間）；再由英赴法，加入唐豸、湯薌銘等若干人。於是比、德、英、法，都有中國革命團體的人員了；但團體的名義尚未確定，通稱為「革命黨」三字（到本年冬間，得東京同盟會本部來函，謂已確定會名為中國同盟會，在歐各團體始一律通用同盟會名義）。這便是同盟會在歐洲成立的先聲。本年七月內，中山又回到日本東京了。此時留日學生的革命思潮比較有增高了一點，而湖南人尤極活動。因為湖南人在甲辰春間，已由黃興、楊篤生等組織了一個革命團體，名曰華興會，接著便回湖南謀發難（前章已略說及），事雖未成，頗驚動一時的耳目。華興會是同盟會構成的一個重要部分，黃興又是同盟會期內一個重要革命實行者，請將他和華興會活動的情形略述如次：

黃興初名黃軫，號慶午，或書近午，後改名興，別號克強，湖南善化縣人，湖北兩湖書院高材生，且曾為梁鼎芬所賞識。但黃很仰慕譚嗣同、唐才常之為人。以官費赴日，入宏文學校習速成師範；癸卯的拒俄義勇

第七章　革命與立憲的對抗運動（上）

隊，黃為發起人之一。甲辰春間，便與同鄉楊篤生、劉揆一等發起組織華興會，湘籍留學生大多數加入。他們革命運動的方法，一面向國內的學界鼓吹，一面取法唐才常、林圭聯繫會黨。因為劉揆一曾與哥老會頭目馬福益有關係，便與劉等回國；黃興則邀張繼等同充長沙明德學校教員（黃並曾邀吳祿貞至湘任體操教員），又在長沙小吳門設立東文講習所，作運動的機關；劉揆一任運動會黨的責任；楊篤生則駐上海，策應一切。國內外學界加入的漸次增至四五百人；因為聯繫祕密會黨不便，又別立同仇會，專為聯繫會黨機關；哥老會員加入的近十萬人，聲勢在庚子唐才常一役之上。他們預定趁甲辰九月西太后萬壽節日，分長沙、岳州、常德、衡州、寶慶五路起事。宋教仁本為湖北文普通學堂的學生，也在此時已隨黃興等回湘活動，擔任常德方面發難的任務（因宋為常德桃源人）。不料在萬壽節的十日前，事機便洩露了。湘撫嚴密查拿，黃興以聖公會牧師黃吉庭及曹亞伯衛護出險，逃往上海。

　　宋教仁因故往長沙，聞變，也逃往上海。宋到上海時，黃興又與陳天華、張繼、章士釗等十餘人，因萬福華槍擊王之春案的嫌疑，被拘入捕房；宋即赴日，黃、陳等因得龍璋、袁海觀（皆湘人）的營救釋出，也避往日本。於是黃、宋等在留日學界特別露頭角，組織一種雜誌，名曰《二十世紀之支那》。中山的日本同志宮崎寅藏，已與黃、宋等有所接洽，向黃、宋等稱道中山，說他「志趣清潔，心地光明，現今東西洋殆無其人」。七月二十四日，中山到了日本，即由程家檉約定宋教仁與中山相晤於二十世紀之支那社，談論組織革命黨的問題。七月三十日，便在赤坂區檜町黑龍會所成立同盟會；八月二十日釋出會章，開正式成立會，推舉孫中山為總理，黃興主持庶務，陳天華任書記，宋教仁、程家檉等任交際，謝良牧任會計，鄭家彥為執法部長，汪精衛、馮自由等為議員，曹亞伯、胡毅生等為各省主盟員。加盟的人，除甘肅一省外，餘十七省人皆有。中

國同盟會於是正式成立。

　　中國同盟會成立情形，宋教仁的日記所載最為可信，附錄數節如次，以備參證：七月二十八日正午，接程潤生（即程家檉）來信，稱孫逸仙約餘今日下午至「二十世紀之支那社」晤面，務必踐約。未初，餘遂至該社，孫逸仙與宮崎滔天（即宮崎寅藏）已先在。餘既見面，逸仙問此間同志多少如何。時陳君星臺（即陳天華）亦在座，餘未及答，星臺乃將去歲湖南風潮事稍談一二，及辦事之方法，訖，逸仙乃縱談現今大勢，及革命方法，大概不外聯繫人才一義。謂：「中國現在，不必憂各國之瓜分，但憂自己之內訌。此一省欲起事彼一省亦欲起事，不相聯繫，各自號召，終必成秦末二十餘國之爭，元末朱、陳、張、明之亂，此時各國乘而干涉之，則中國必亡無疑矣。故現今之主義，總以互相聯繫為要。……」

　　二十九日……邀陳星臺至黃慶午寓，商議對於孫逸仙問題。先是孫逸仙已晤慶午，欲聯繫湖南團體中人（按即指華興會），慶午已應之，而同人中有不欲者，故約予今日集議。

　　三十日未初，至赤坂區檜町黑龍會，赴孫逸仙會也。既至，則已開會，到者七十餘人。孫逸仙先演說革命之理由及革命之形勢與革命之方法，約一時許。黃慶午乃宣告今日開會，原所以結會，即請各人簽名。乃皆簽名於一紙，訖，孫逸仙復布告開會宗旨，訖，復由各人自書誓詞，傳授手號，卒乃舉起草員，規定章程，舉得黃慶午等八人，訖，乃閉會。（按此為同盟會成立第一日情形，僅七十餘人。）

　　八月十三日午初，至富士見樓，經理開會一切事宜（歡迎孫中山之會），畢，午正至櫻町，孫逸仙已至，遂囑其早至會場。餘遂復至富士見樓。未初，孫逸仙至，遂開會。先由余述歡迎詞，眾皆拍掌大喝采。次乃請孫逸仙演說。時，到者已六七百人，而後來者猶絡繹不絕。門外擁擠不

第七章　革命與立憲的對抗運動（上）

通，警吏命閉門，諸人在外不得入，喧譁甚。餘乃出，攀援至門額上，細述人眾原由，又開門聽其進，遂罷。申正，孫君演說畢，又請來賓宮崎滔天及畢永節二君演說，至酉初始散。……（此為留學界歡迎中山情形。）

二十日……是日為□□□□會成立開會釋出章程之期。會場在赤坂區靈南坂本金彌邸。午後一時，餘到會。時到者約百人。二時，開會，黃慶午宣讀章程共三十條。讀時，會員有不然者，間有所增損。讀訖，乃公舉總理及職員、議員。眾皆舉得□□□為總理，舉得□□□等八人為司法部職員，舉得□□□等二十人為議員。其執行部職員，則由總理指任，當即指定□□□等八人為之，訖，總理復傳授□□。末乃由黃慶午提議，謂：「二十世紀之支那雜誌社同人，半皆已入本會，今該社社員願將此雜誌提入本會，作為機關報何如？」眾皆拍掌贊成。議決，俟下次再議辦法。會事既畢，乃大呼萬歲而散……（此為同盟會正式成立情形，當時該會尚為祕密性質，故宋教仁的日記於會員及各職員姓名，皆作空白的□，恐有漏洩的原故。）

二、同盟會的主義

同盟會的主義，自然是中山的三民主義。但中山三民主義的胚胎已在同盟會成立之前。當中山組織興中會時，他的腦識中還只有民族、民權的兩個觀念；從丙申到戊戌年（一八九六至一八九八年），他在歐洲住了兩三年，思想就起了變化了；他說：「倫敦脫險後，則暫留歐洲，以實行考察其政治風俗，並結交其朝野賢豪。兩年之中，所見所聞，特多心得：始知徒致國家富強，民權發達，如歐洲列強者，猶未能登斯民於極樂之鄉也。是以歐洲志士，猶有社會革命之運動也。予欲為一勞永逸之計，乃採取民生主義。以與民族、民權問題同時解決。此三民主義之主張所由完成也。」可見三民主義的胚胎實在丙申到戊戌的兩三年間。但上面所記是中

山後來回憶的話，實際上不過在這兩三年間，中山的腦海裡面已構成了這麼一種觀念，似尚未曾向人發表出來。到一九〇五年，在歐洲的比京舉行第一次結黨式，才在誓詞上揭出「驅除韃虜，恢復中華，創立民國，平均地權」十六個字來。這十六個字，便是三民主義最初表現的雛形。及至在東京正式成立同盟會時，所採的誓詞與前次在歐洲所採用的完全無異。當討論會名及誓詞時，有主張用「對滿同盟會」的；中山說：「革命的宗旨不專在排滿，當與廢除專制、創造共和並行不悖。」始採用「中國同盟會」。次提議以上記十六字為誓詞，又有數人對於「平均地權」四字不贊成，要求取消，後經中山加以詳細的辯難解釋，始由大多數通過。可見同盟會的會員，在該會最初成立時，便有許多人是專為狹義的民族主義——排滿主義——而來入會的，對於民權、民生兩主義，尚未能有確實的信仰。這便是清皇位所以容易顛覆的原因，也便是同盟會組織不健全的原因。

同盟會成立後，中山在本會的機關報《民報》第一期上面，揭布一篇發刊詞，中間一大段附錄如下：

……予維歐美之進化，凡以三大主義，曰民族，曰民權，曰民生。羅馬之亡，民族主義興，而歐洲各國以獨立。洎自帝其國，威行專制，在下者不堪其苦，則民權主義起；十八世紀之末十九世紀之初，專制仆而立憲政體殖焉。世界開化，人智益蒸，物質發舒，百年銳於千載，經濟問題，繼政治問題之後，則民生主義躍躍然動；二十世紀，不得不為民生主義之擅場時代也。是三大主義，皆基本於民，遞嬗變易，而歐洲之人種胥治化焉。其他施維於小己大群之間，而成為故說者，皆此三者之充滿發揮而旁及者耳。今者中國以千年專制之毒而不解，異種殘之，外邦逼之，民族主義、民權主義殆不可以須臾緩。而民生主義，歐美所慮積重難返者，中國獨受病未深而去之易。是故或於人為既往之成績，或於我為方來之大患，要為繕吾群所有事，則不可不併時而弛張之。嗟夫！所涉卑者，其所視不

第七章　革命與立憲的對抗運動（上）

遠；遊五都之市，見美服而求之，忘其身之未稱也；又但以當前者為至美。近時志士，舌敝唇枯，唯企強中國以比歐美；然而歐美強矣，其民實困。觀大同盟罷工與無政府黨、社會黨之日熾，社會革命，其將不遠。吾國縱能媲跡歐美，猶不能免於第二次之革命，而況追逐於人已然之末軌者終無成耶。夫歐美社會之禍，伏之數十年，及今而後發見之，又不能使之遽去；吾國治民生主義者發達最先，觀其禍害於未萌，誠可舉政治革命、社會革命，畢其功於一役；還視歐美，彼且瞠乎後也。……

這是中山以文字發表三民主義最初的一次。後在《民報》的週年紀念會，中山對於三民主義又有一篇很長的演說（茲不備錄）；《民報》的作者對於民生問題也有討論。但是一般同盟會員的心理，大多數還是隻注重在民族、民權的兩問題上──尤其是民族問題。這是觀感不同的原故。

二　革命論與立憲論的激戰

同盟會正式成立的那天，本已決定接收《二十世紀之支那》為該黨機關報，八月二十七日商妥移交。不料到第二天，因該雜誌揭載《日本政客之經營中國談》一文，觸怒日本政府，被日本政府禁止發行，將所印就的雜誌全行沒收，並派警吏向該社追求辦事的人員。九月中，經黨內幹部數次會議，決定不用《二十世紀之支那》的原名，改用《民報》兩字，表示與前者無關；並且因為將在日本發行的原故，此後務求避去排外的言論，以免招日人的嫌忌。到十月二十日，《民報》第一號出版了。

革命黨在興中會時代，已在香港創辦了一個《中國報》（從己亥到癸卯），與保皇黨的《嶺海報》（在廣州）、《商報》（在香港）對抗；在檀香山創辦了一個《民生日報》（創於甲辰年），與該地保皇黨的《新中國報》

二　革命論與立憲論的激戰

對抗；在舊金山創辦了一個《大同報》（創於甲辰年），與該地保皇黨的《文興報》對抗：這都是在同盟會成立以前，已開革命黨與立憲黨筆戰的端緒。但這些筆戰，及於內地青年知識階級的影響還是很薄弱（除《中國報》在廣東附近對廣東方面有些影響外，餘則對於內地很少影響）。及同盟會發行《民報》，與梁啟超的《新民叢報》對抗，從此革命論與立憲論的戰爭，日趨激烈。梁啟超遇著不能克復的敵人，他在言論界所占「獨執牛耳」的地位，漸被革命黨推翻了。

《民報》先後主纂的重要人員為汪精衛、陳天華（即著《中國革命史論》的思黃，時或署名過庭）、胡漢民、章炳麟等。陳天華於該報出版後不到一月，因日本文部省頒布取締留學生規則，留學生尚多不知自檢，憤激投海而死。章炳麟於《民報》出版時，尚在滬獄，到丙午年六月底拘獄期滿，才由同盟會派員迎赴東京，主持《民報》編纂事務，在第六號的《民報》上才有署名太炎的文字。太炎在當時的社會中，無論新舊方面，都早已著名。（章為俞曲園弟子，丙申年曾為《時務報》編纂員，此時章嘗叩梁啟超以康有為之宗旨，梁以變法維新及創立孔教對。章謂變法維新為當世之急務，唯尊孔設教，有煽動教禍之虞，不能輕於附和。戊戌春間，以夏曾佑、錢恂之推薦，被張之洞聘入幕府。張之洞著《勸學篇》方脫稿，上篇教忠，下篇論工藝等事，以示章，章於上篇不置一詞，謂下篇尚合時勢，張不悅。時梁鼎芬為兩湖書院山長，一日詢章：「聞康祖詒欲作皇帝，信否？」章答謂：「只聞康欲作教主，未聞欲作皇帝；其實人有帝王思想，本不足異，唯欲作教主，則未免想入非非。」梁大駭，因語張之洞，謂章某心術不正，乃使人諷其離鄂。這便是章太炎與舊社會關係的歷史。）汪精衛、胡漢民兩人，被國內多數青年知識界的認識，即自《民報》的發行始。精衛在《民報》第一號第一篇《民族的國民》文內，便向梁啟超宣戰，從此雙方的陣容旗鼓一天一天的嚴厲，每期的《民報》與《新民叢

第七章　革命與立憲的對抗運動（上）

報》都有對敵的長篇文字。《民報》出版至第二十四號，日本政府受了清政府的運動，把它封禁了。汪精衛於宣統元年，以法國巴黎濮侶街四號為總髮行所的名義，繼續出版，其實仍在日本印刷，但僅出兩期而止。梁啟超的《新民叢報》後來也停了版，於庚戌年又改出《國風報》，但革命黨早已入於實行時期，言論上的戰鬥，反在休止的狀態中。

《民報》與《新民叢報》激戰的論點，自然是包括民族、民權、民生所謂「三民主義」的全部，但使當時一般讀者最感覺興味的，還是在關於民族、民權兩問題的文字。兩報內容的全部，現在還可於各種文集中探得其一二例如下表：

《民報》的篇目	《新民叢報》的篇目
《民族的國民》	《開明專制論》
《駁〈新民叢報〉最近之非革命論》	《申論種族革命與政治革命之得失》
《希望滿清立憲者盍聽諸》	《駁某報之土地國有論》
《駁革命可以召瓜分說》	《中國不亡論》
《駁革命可以召內亂說》	《暴動與外國干涉》
《雜駁〈新民叢報〉》	《雜答某報》
《辨滿人非中國之臣民》	《答某報第四號對於本報之駁論》
《斥為滿洲辯護者之無恥》	……
《告非難民生主義者》	……

上表所列，都是兩報針鋒相對的論文，其他尚有許多重要篇目不必盡舉。至於兩方面理論的價值如何，現在無庸評判；讀者若欲參詳，可取兩方面的文字對看。但就當時多數青年的心理言，《民報》的勢力確是在《新民叢報》之上，所以發生如此的效果，大概不外下列幾個原因：

一、就文字上說：梁啟超的筆端固然「常帶感情」，對方汪精衛的筆端

卻也常為感情所充滿；梁若拉出什麼「西儒」，什麼法理學家、政治學家來作護符，汪也可以拉出同等的護符來；梁若要掉中國書袋，章炳麟的中國書袋比他的還要充實而有光輝。這是在文字上的勢力兩方可以相角。

二、就青年的心理說：大概青年是喜歡極端新的，喜歡突破現狀，反對保守的。《民報》議論在當時恰與此種心理相合，《新民叢報》到了乙巳以後，則與此相反。

三、就兩方的議論思想上說：《民報》固守三民主義，前後頗能一貫；《新民叢報》則以前鼓吹破壞，現在反對破壞，因時代而改觀。

在梁啟超以為「報館所以指導國民者應操此術」，但讀者卻認這是反覆無常，前後矛盾，縱有價值，也不知他的真價值到底在前後的哪一端，因此便減少了讀者的信仰。所以有人評論他的思想議論，說它「譬如玻璃碎片，積疊成堆，其色或紅或白，不能斷定其全體為某種顏色；其形或方或圓，不能斷定其全體為某種形狀」。他自己也常說「不惜以今日之我與昨日之我挑戰」；他說是奉王陽明的良知主義：「吾今日良知所見在此，則依吾今日良知以行；明日良知又有開悟，則依吾明日良知以行；鄙人知服膺此義而已。」不知道「良知」這種物事是最沒有標準的物事，你有你的良知，我有我的良知；既專憑良知，則多數青年的良知絕不能與他的良知一致；或者前日與他一致，今日又不與他一致了，今日與他一致，明日又不與他一致了；因為他的良知可以變更，多數人的良知也是可以變更的。討論國家政治改革的根本方針，憑著這種「良知」主義沒有不失敗的。

四、就兩方所指陳的事象說：梁啟超所描寫革命共和的惡果，如內部必至自生分裂，彼此爭權，亂無已時，未嘗不與後來的事實有幾分相符，但這些事實在當時是未表現出來的事實，一般人看不見的；而《民報》所描寫清政府的壞象、改革的敷衍、立憲的虛偽、排漢的險惡，都是當時確

第七章　革命與立憲的對抗運動（上）

鑿的事實，人人看見的；不唯革命黨人以此向政府進攻，就是梁自己也常持此以攻擊政府。青年的恆性，大抵是隻看見現在的不好，對於將來的不好，一則未必看得定，二則相信將來的不好自有將來的救濟的方法，斷不肯因為將來的不好，就把現在的不好容忍過去了。

以上面所舉的幾個原因，立憲論的聲勢便不如革命論的浩大。但是梁的議論，在他主張立憲的方面雖然減殺了效力，在革命的方面，有時反發生一種反宣傳的功用，例如說：

……革命黨所持之主義，吾所極不表同情者也。謂其主義可以亡中國也。雖然，吾未嘗不哀其志，彼迷信革命之人，固國中多血多淚之男子，先國家之憂樂而後其身者也。多血多淚，先國家之憂樂而後其身之人，斯亦國家之元氣，而國之所以立於天地也。其曷為迷信此可以亡國之主義，有激而逼之者也。激而逼之者誰，政府也。以如是之政府，非底於亡國不止。等是亡也，不如自亡之而希冀萬一於不亡。此彼等之理想也。其愚可憫，其遇可悲也。使彼等而誠有罪也，則現政府當科首罪，而彼等僅當科從罪。……乃政府全不自省，而唯以淫殺為事，甚且藉此為貢媚宦達之捷徑，舞文羅織，作瓜蔓鈔，捉影捕風，緹騎四出，又極之於其所往，要求外國以破國際法上保護國事犯之公例。如最近長江一帶疊次之黨獄，與夫要求上海領事引渡其黨員，要求日本政府驅逐其黨首，類此之事，日有所聞。嘻！是亦不可以已乎……（見《現政府與革命黨》）

這是他對於清政府痛恨極了的話，不知不覺替革命黨張目；既說「如是之政府，非底於亡國不止。等是亡也，不如自亡之而希冀萬一於不亡」，則革命是出於萬不得已的了。他又嘗說：

……夫鄙人之為此言，誠非有愛於滿洲人也。若就感情方面論之，鄙人雖無似，亦一多血多淚之人也。每讀《揚州十日記》、《嘉定屠城紀略》，

二　革命論與立憲論的激戰

未嘗不熱心溢湧。故數年前主張排滿論，雖師友督責日至，曾不肯即自變其說，至今日而此種思想蟠結胸中，每常酒酣耳熱猶時或閒發而不能自制。苟使有道焉可以救國，而並可以復仇者，鄙人雖木石，寧能無歆焉。其奈此二者絕不能相容，復仇則必出於暴動革命，暴動革命則必繼以不完全之共和，不完全之共和則必至於亡國，故兩者比較，吾寧含垢忍辱，而必不願為亡祖國之人也。……（見《申論種族革命與政治革命之得失》）

這是他勸人不要排滿的話，但是不知不覺承認了種族情感是人人所具，不能消滅的，而所謂「共和必至亡國」，卻未必能證實，無異作戒淫小說的人，結果是「警一而勸百」，只有反面的效力，得不到正面的效力。他又嘗說：

……以今日論之，號稱第二政府之天津，坐鎮其間者滿人耶？而北京政府諸人，不幾於皆為其傀儡耶？（此暗指直督袁世凱，並且這幾句話便是袁世凱的致命傷。）兩江、兩湖、兩廣之重鎮，主之者漢人耶？滿人耶？乃至滿洲之本土東三省，今撫而治之者漢人耶？滿人耶？平心論之，謂今之政權在滿人掌握，而漢人不得與聞，絕非衷於事實也。……

這是說你們不要排滿，現在的政權還是在我們漢人手裡。但是革命黨看這些握政權的督撫都不過是滿人的奴隸，而滿人對於這些督撫正在疑忌交集，得此指點，越覺得非將他們所握的權柄設法削去不可，於是越發不肯將政權公諸漢人了；排滿的效力不曾減殺，排漢的心理反越加堅強了。諸如此類的議論，《新民叢報》中不勝列舉，所以他天天反對排滿革命，鼓吹立憲，革命黨固不信他，就是滿洲人也不信他。革命的思潮越漲越高，滿洲人排漢的事實也越進越顯，他的反宣傳功用卻是不少。總之，當時橫梗在朝野兩方面心裡唯一的重要問題，莫過於滿漢問題；這個問題，已不是筆墨口舌所能解決。所以陳天華的《絕命書》中說：

第七章　革命與立憲的對抗運動（上）

……革命之中有置重於民族主義者，有置重於政治問題者。鄙人所主張固重政治而輕民族，觀於鄙人所著各書自明。去歲以來，亦渴望滿洲變法，融和種界，以禦外侮。然至今則主張民族者，則以滿漢終不併立；我排彼以言，彼排我以實；我之排彼自近年始，彼之排我二百年如一日；我退則彼進，豈能望彼消釋嫌疑，而甘心願與我共事乎？欲使中國不亡，唯有一刀兩斷，代滿洲執政柄而卵育之……（見《民報》第二號）

這是他看到當時滿漢問題的真相的話。我們試看清政府在預備立憲期中所表現的排漢事實，便相信他的話是很不錯的了。

三　清政府預備立憲的表示及滿漢的暗鬥

自五大臣出洋考察政治後，清廷內外的大吏，時有奏請立憲的。到光緒丙午年（一九〇六年）夏間，五大臣從海外「走馬看花」的考察回國，也相率呈請立憲，於是由御前會議決定，於本年七月十三日下詔預備仿行憲政，從改革官制入手。從本年七月到戊申年（一九〇八年）八月，其預備事項的大端，所舉者如下：

一、丙午七月，派載澤等編纂官制，並命端方等派員來京參議，又派奕劻、瞿鴻禨等總司核定。

二、丙午九月，宣布釐定內官制。

改前設之督辦政務處為會議政務處。

三、丁未七月，改考察政治館（乙巳年十月，因出洋考察政治而設立者）為憲政編查館。歸併會議政務處於內閣。

四、丁未八月，再派達壽使日，汪大燮使英，於式枚使德，考察憲政

（因為日、英、德都是君主立憲國，所以再派人去考察）。

又命溥倫、孫家鼐為資政院總裁（預備設立資政院事）。

又命各省籌備設立諮議局，並預備設立各府縣議事會。

又命各省設調查局，各部院設統計處。

五、戊申六月，頒行各省諮議局章程及議員選舉章程。

六、戊申八月，奕劻等奏呈憲法大綱，暨議院法選舉法要綱，並議院未開以前逐年應行籌備事宜。奏諭頒發，依限舉辦，於第九年籌備完竣。

上所舉的，都是這三年內所預備的大事。但是清政府預備立憲的精神怎麼樣呢？可以分三個方面說：甲、西太后的精神不外「遷延」兩字。她在戊申年年紀已七十四了，只要在她未死以前保住大權不旁落就夠了。她自己預想等到九年以後，她未必尚在人間，到那時候隨你們如何的立憲，她也不管了。當考察憲政大臣經過法國時，法國的報紙便批評說：「清太后之慾立憲，實清太后愚民之術也。」（見留歐學生上袁世凱《論革命書》）可謂看破了她的魂膽。乙、清貴族的精神，不外「排漢的中央集權」。他們知道立憲的潮流是不可遏止的了，但是看見督撫勢力如此之大，漢人的政治能力和人數又超過滿人很遠，倘若真正立憲，滿人將全被漢人所宰制。於是隻有假立憲之名，行中央集權之實；又假中央集權之名以行排漢之實。丙、漢大臣官僚的精神，真正效忠於皇家的雖未嘗沒有，但是極少數；其大多數卻也是想藉立憲的機會，打破滿人政治的優越勢力，免除滿人的凌壓；他們相信梁啟超的話：「國民政治上行自由競爭，其政治能力高度之民族，必能占政治上勢力。漢人政治能力優於滿人，故誠能得正當之立憲政治，則滿漢兩族，孰占優勢，不成問題也。」這三種精神，完全不相同；西太后與清貴族，雖不相同，尚相接近；至於第三種則與第二種完全相反。以如此相反的精神，當然沒有施行真正憲政的可能。其結果，

第七章　革命與立憲的對抗運動（上）

一面表示預備立憲，一面在朝廷上就表現著滿漢相排的活劇來了。但是漢大臣官僚，此時無論如何，是鬥不過清貴族的，我們試看下面所述的幾項事實可知。

一、官制的釐訂

當載澤、端方等出洋回國覆命，召對的時候，極言立憲規模宜效法日本，並論官制改革的切要，謂：「循此不變，則唐之藩鎮，日本之藩閥，將復見於今日。」這是很冠冕堂皇的話，並且很切於事實。於是御前會議的結果，決定四大方針：甲、十年或十年以後始施行立憲政治（這是很合於西太后的心理）；乙、大體效法日本；丙、廢現制之督撫，各省新設之督撫其許可權僅與日本府縣知事相當，財政、軍事權悉收回於中央政府；丁、中央政府組織略與日本現制相等。這本是最初所採的方針，但至實行會議時便生出種種的軋轢來了。載澤、榮慶、鐵良等自然想依固定的方針，削減督撫之權，但是袁世凱（也是參與官制會議的大臣）第一個就不願意；奕劻是莫名其妙的人，平夙頗與袁相親善；因為此問題太大，就把地方官制放在後面，先議中央官制。（當時中國報紙有載稱「地方官制，朝廷之意欲裁抑督撫之許可權，然會議大臣袁世凱，以此事與己有切膚之利害，籌議至不易易」的話。日本報亦有言：「官制改革之結果，將與袁世凱權利衝突，袁或驟進以用權於中央，或蟬蛻以自保。」）但是議及中央官制，也發生許多飯碗的軋轢問題，於是有「五不議」之說：子、軍機處事不議；醜、內務府事不議；寅、八旗事不議；卯、翰林院事不議；辰、太監事不議。這五個不議便是避免軋轢的方法。到陰曆九月二十日釐定官制的上諭釋出了，其文如下：

前經降旨宣示立憲之預備，飭令先行釐定官制，特派載澤等公同編纂悉心妥訂，並派慶親王奕劻等總司核定，候旨遵行。茲據該大臣等將所編

三　清政府預備立憲的表示及滿漢的暗鬥

原案詳核定擬，一併繕單具奏。披攬之餘，權衡裁擇，用特明白宣諭。仰維列聖成憲昭垂，良憲美意，設官分職，莫不因時制宜。今昔形情既有不同，自應變通盡利。其要旨唯在專責成，清積弊，求實事，去浮文，期於厘百工而熙庶績。軍機處為行政總彙，雍正年間本由內閣分設，取其接近內廷，每日入值，承旨辦事，較為密速。相承至今，尚無流弊，自毋庸改變。內閣與軍機處一切規制著照舊行，其各部尚書均著充參預政務大臣，輪班值日，聽候召對。外務部、吏部均著照舊。巡警為民政之一端，著改為民政部；戶部著改為度支部，以財政處併入。禮部著以太常、光祿、鴻臚三寺併入。學部仍舊。兵部著改為陸軍部，以練兵處、太僕寺併入；應行設立之海軍部及軍諮府未設以前，均暫歸陸軍部辦理。刑部著改為法部，責任司法。大理寺著改為大理院，專掌審判。工部著併入商部，改為農工商部。輪船、鐵路、電線、郵政，應設專司，著名為郵傳部。理藩院著改為理藩部。除外務部堂官缺照舊外，各部堂官，均設尚書一員、侍郎二員，不分滿漢。都察院糾察行政缺失，伸理冤滯，著改為都御史一員、副都御史二員，六科給事中著改為給事中，與御史各缺均暫如舊。其應行增設者，資政院為博採群言，審計院為核查經費，均著以次設立。其餘宗人府、內閣、翰林院、欽天監、鑾儀衛、內務府、太醫院、各旗營侍衛處、步軍統領衙門、順天府、倉場衙門，均毋庸更改。原擬各部院等衙門職掌事宜及員司各缺，仍著各該堂官自行核議，悉心妥籌，會同軍機大臣，奏明辦理。

這種新官制釋出後，一班希望立憲的大為失望。《上海時報》評論說：「此次之改革，不過換幾個名目，淘汰幾個無勢力之大老而已，絕無他影響。……」日本的報紙，尤議諷百出，東京《朝日新聞》說：「此等內閣組織，真各國所無有。軍機處與各部自為別個之機關，以視各國內閣制，內閣大臣，入則參劃國家之機務，出則總轄各部之行政，不可並論也。固知

第七章　革命與立憲的對抗運動（上）

各國之官制，各有其歷史，清國政府內部亦有外間所不可想像之情形，然此次新發表之官制，不免聲大而實小矣。」他如此類的議評尚多，不必悉舉。其最可令人注意的，尤在新授各官的配置：

（一）軍機處：奕劻、世續、瞿鴻璣。

（二）各部：一、外務部管部大臣奕劻，尚書瞿鴻璣；二、度支部尚書溥頲；三、禮部尚書溥良；四、陸軍部尚書鐵良；五、法部尚書戴鴻慈；六、郵傳部尚書張百熙；七、理藩部尚書壽耆；八、民政部尚書徐世昌；九、農工商部尚書載振；十、學部尚書榮慶；十一、吏部尚書鹿傳霖。

上滿七人，漢四人，蒙古一人，漢軍旗一人。前此因為分滿漢的原故，每部六堂官滿漢平列，滿三漢三；現在因為要打破滿漢界限，就變成滿七漢四；蒙古和漢軍旗又恆黨於滿，實際上漢僅得三分之一。於是希望立憲的漢大臣官僚心中便有些不快了。熱望立憲的惲毓鼎曾替他們鳴不平說：「章皇（順治帝）初入關，朝廷大政事皆範文肅、洪文襄所定，懲奇渥溫氏以蒙古色目人壓漢人之害，製為滿漢雙行之法，閣部卿寺，分缺若鴻溝，不相侵越，唯將軍都統專屬焉。而王公不親吏事，陽為尊之，陰為漢人保登進之路。辛丑迴鑾，孝欽內慚，始特詔天下議改革，定新官制。少年新進，不深維祖宗朝立法本意，第覺滿洲人士以八旗區區一部分與我二十一行省漢人對掌邦政，其事太不平，欲力破此局以均勢。滿漢之界既融，於是天潢貴胄，豐沛故家，聯翩而長部務。漢人之勢大絀，乃不得一席地以自暖。……」他不知道要立憲，便要改革官制；要改革官制，便要打破滿漢；要打破滿漢，便自然有「天潢貴胄，豐沛故家，聯翩而長部務，漢人……不得一席地以自暖」的趨勢，因為滿人立憲的心理，根本與漢人不同，這是沒有方法解決的。

中央官制的改革，清貴族的計劃算是成功了一部分。但是地方官制中

三　清政府預備立憲的表示及滿漢的暗鬥

的督撫問題,是清政府的生死問題,也便是中國國家組織一個最難解決的問題。當時日本某報紙評說:「欲決清國之立憲問題,不可不先決督撫制度之存廢。今之督撫,事實上為副王。此制不廢,中央集權之事不得告成功,則不外模仿聯邦制度而已。鐵良與袁世凱之相爭,即為關於此根本問題(袁鐵之爭後再詳述)。若此根本問題未決定,則雖宣言立憲之形式取法日本,然其實際猶不可同日而語。若以此次改革官制而言,其國家組織非採聯邦而為中央集權制可不俟論;然現時督撫制度尚未改革,則此問題尚在未解決之列,不得以中央官制稍有改易而遂為已足也。……」清廷的親貴也確已見到此處,但是他們終不曾得到一個痛快的解決方法。

到次年(丁未)的五月,釋出了一種所謂外官制,將各省按察使改為提法使(各省學政已於先年改為提學使),增設巡警勸業道,裁撤分巡分守各道。又分設審判廳,增易佐治員,命由東三省先行創辦,直隸、江蘇亦擇地先為試辦,其餘各省分年分地請旨辦理,統限十五年一律通行。但於督撫的軍財兩權,實際上一無所動。後來他們想出兩種辦法,一面由陸軍部漸次吸取各督撫的軍權,用清理財政監理官吸取各督撫的財權;一面將權勢最大的督撫調入中央,陽為尊崇,陰實裁抑。於是有北洋四鎮改歸陸軍部節制的事實(於後述袁、鐵爭權項下再詳敘),清理財政監理官至宣統朝始實行。權勢最大的督撫袁世凱、張之洞便於丁未年七月同時調入為軍機大臣(袁世凱以軍機大臣兼外務部尚書)。表面上是以中樞的機要大權畀與漢員,表示不分滿漢,實際上是要先拔出督撫中的兩大柱石,然後漸次削減各督撫的實權。但是這種計劃的效力微乎其微,終究不曾成功。我們平心而論,軍、財兩權應該統一於中央本是至當不移的,無奈他們用排漢的心理來集權,所以就是主張立憲的人也對於他們生出反感來了。

第七章　革命與立憲的對抗運動（上）

二、滿漢大員的暗鬥

自變法之議復起以後，各地排滿革命之風固然盛行，北京宦海中的飯碗候補者間滿漢軋轢尤為激烈。當時往遊北京的人出而傳說：各部員司候補者，每部多至千餘人，滿漢司員，見面不交語；對於政務，滿人專斷處置，一無顧忌，漢人敢怒而不敢言，出則「排漢排滿之聲，嘆息盈耳」。原來自剛毅造出「漢人強，滿洲亡，漢人疲，滿洲肥」十二字的口訣以來（剛毅造此十二字口訣，見梁啟超的《中國積弱溯源論》），排漢的精神已深藏在滿洲親貴的心裡，萬不可拔了；及立憲之說一起，滿人處處戴著有色眼鏡來觀看。此期內滿漢大員暗鬥的故事，如榮慶之於張百熙，奕劻之於瞿鴻璣；最顯著的莫如鐵良之於袁世凱。當初設京師大學堂時，原只用張百熙一人為管學大臣。張是一個附和維新的人，喜歡引用當時所謂新人才，那班新人才，議論無所顧忌，於是滿人就有忌刻他的，想設法構陷他。他嚇慌了，請以太后所親信的榮慶同管學務。榮慶本是持排漢政策最力的人，專注意八旗學堂的擴張發達，對於張的措施，動輒掣肘，凡事不先稟命，張不得行；但是榮慶尚不滿足，想把管學的全權攬入一己的手中，於是議設學部，置尚書一人而己任之。這是設立學部和榮慶任學部尚書的由來（此事在乙巳年的秋冬間）。瞿鴻璣和奕劻同處軍機，本是西太后特別看重他。

瞿有一位門生汪康年（汪曾為《時務報》經理，也是一個維新黨人，於光緒丙午年，創辦《京報》於北京），在北京的《京報》上時常譏刺奕劻和他的兒子載振（時奕劻、載振以「段芝貴行賄案」被言官趙啟霖所劾，即宣傳一時之「楊翠喜案」）。汪、瞿的師生關係本是人人所知的，奕劻因此早疑及瞿，滿洲親貴對於瞿都已側目而視了。丁未年五月某日，瞿入值軍機，西太后偶與談及奕劻，表示不滿，有擬令其退出軍機的話（因為奕

三　清政府預備立憲的表示及滿漢的暗鬥

劻被人指責得太多)。瞿歸告其夫人,其夫人又告汪之夫人,汪又告之曾敬詒,曾以告之倫敦《泰晤士報》駐北平記者馬利遜。這些輾轉相告的,都不過把它作一種閒談,而馬利遜竟把它作一種實在訊息,電告《泰晤士報》發表。西太后因此責瞿漏言,奕劻便嗾使言官劾瞿,說他「暗通報館(指《京報》),授意言官(指趙啟霖),陰結外援(指《泰晤士報》),分布黨羽(指汪、趙等)」。於是月下諭命孫家鼐、鐵良查復;孫、鐵還沒有復奏,旋即下諭命瞿開缺回籍。而奕劻反得留任。這是奕劻和瞿相傾軋的故事。至於袁、鐵之爭,關係尤為重要。原來袁世凱自補授直督兼北洋大臣以來,在天津陸續奏設軍政司(甲辰年改稱督練公所)、學校司、農務司等種種機關;而軍政司之下,仿效日本參謀本部訓練總監及陸軍部的組織,區為參謀、教練、兵備三處,儼然在天津成一個小政府。但起初清廷也不忌刻他,他也沒有據地自雄的陰謀。(袁於光緒二十九年癸卯春曾奏請統一軍政,謂:「各省兵制不一,軍律不齊,餉械不同,操法互異,平居聲息不相通,臨敵勝負不相顧,故成效難期,規定統一之法,實為扼要之圖」云云。)

當壬寅年挑選旗兵交袁訓練,時袁且奏派鐵良為京旗練兵翼長,代為布置,足見當時並無齟齬。到癸卯年冬間,北京設立練兵處以後,排袁的運動漸漸見端了。北京練兵處的設立,用意本是在統一軍權於中央的,但是創辦之初,雖由奕劻管理,實權還是在北洋系的掌握中。因為練兵處的提調便是徐世昌,軍政司正使便是劉永慶,軍令司正使便是段祺瑞,軍學司正使便是王士珍:都是袁的部屬。此時留學日本的士官學生陸續歸國了;其本自北洋送出的,都派往各鎮充下級將校。其間有一個士官生良弼,是清貴族中的佼佼者,表面和革命黨員的吳祿貞極要好,實在是排漢主義的急先鋒,因與歸國士官生的一部分暗倡排袁之議,利用鐵良為主腦。袁、鐵之爭,便起於此時。袁世凱看見良弼那種落落不群的氣度,尚想籠絡

第七章　革命與立憲的對抗運動（上）

他，委他任第六鎮第二十三標標統。當時的標統已算一個顯職，以初歸國的士官生一躍而任標統，算是很特別的，但是良弼雖受了標統的薪俸，始終不曾到差。從此北京的排袁的空氣，一天一天的濃厚。因為袁所兼什麼什麼大臣的頭銜太多，舊官僚也有嫉妒他的；士官生中的革命黨員急於取得軍權作革命基礎，也想排開他；良弼樂得與他們結合，免除排漢的痕跡。

所以，表面上彷彿是士官生與北洋系的相排，其實是滿漢爭死活的問題。到丙午秋間議改官制時，削減督撫許可權問題發生，袁世凱便成了滿洲親貴的眼中釘；彰德秋操後（即在釋出新官制時，袁、鐵同為閱兵大臣），都中排袁運動一時大盛，御史奏劾，親貴搆煽，袁自己也知道握權太重，便於是年十月奏請開去各項兼差；又奏稱：「陸軍第一鎮，系臣會同鐵良督率訓練，第二、三、四、五、六各鎮，系專由臣督練；現鐵良已補授陸軍部尚書，各該鎮均請歸陸軍部直接管轄，毋須臣再督練。唯第二鎮駐紮永平山海關一帶，第四鎮駐紮天津附近；現在外軍尚未盡撤，大局尚未全定，直境幅員遼闊，控制須賴重兵，所有第二、第四兩鎮，請仍歸臣統轄督練以資策應。……」奏入報可。於是北洋六鎮的兵權，袁僅留得兩鎮，鐵良奪去四鎮了（但是下面的將校鐵良沒有方法去掉）；這算是排袁第一步的成功。但是親貴派並不以是而滿足，因為袁還有兩鎮兵權在手裡；（袁與載振，也有一段相爭的小故事：初立商部時，載振任尚書，總攬全國路政，訂立新章，擬將在工供差之監督總辦等，加剳作為商部議員，而派本部章京，分赴各路幫辦工事，意欲藉此收攬各省路政的實權。袁此時尚兼某路督辦大臣，因奏稱：「國家設官，內外各有責成。各部員司，受成於堂官，而不得徑行於疆吏。各省僚佐，稟承於疆吏，而不能徑達於部曹，此內外之許可權也。如部臣以疆吏為不足問，而與司道直接，則疆吏為虛設。

三　清政府預備立憲的表示及滿漢的暗鬥

如更以司道為不足恃,而由部派員以佐之,則司道為贅疣。用內侵外,以小加大,而許可權紊矣。夫商部遴選議員,只可調查各項事件,條其利弊,呈由本部,訂為章制,通飭遵行。今以辦事之監督總辦兼議員之名,又以持議之章京侵辦事之權,十羊九牧,一國三公,勢必牽制牴牾,阻礙百出,國家迭設新部,如昧於中央之制度,橫乾地方治事之權,各部派員赴各省辦事,地方官皆失其職,竊恐天下不靖,而危亂隨之。臣方以兼差太繁,力求辭謝,豈願與部臣爭管事之權,實以治亂所關,不容默已,故縷切陳之。」奏入,商部之計劃遂阻。載振因此很不高興。新官製成立,載振變為農工商部尚書,為親貴派中的要人。）要制服他,只有把他的直督的地位,根本推翻。不過奕劻是早已深入袁的牢籠,宮廷中也有袁的奧援,所以不易動搖。直到丁未年七月,袁與張之洞同時調入軍機,親貴派的排袁算是得了大大的勝利。當時北洋軍界頗有為袁抱不平的;不過北洋軍人的腦中,尚以為是士官生排擠北洋系,不知道是鐵良等排擠漢人勢力的計畫;因為良弼極與漢人士官生相結納的原故。革命黨的士官生如吳祿貞等能在北方軍隊中播散革命種子,未始不由於此。革命後,北洋系的要人排斥他派的士官生也未嘗不種因於此。但這都非鐵良等所及料的。

鐵良等的軍事排漢計劃,尚有一層最深刻的,便是創立貴冑學校。他們以為當兵的漢人雖多不足憂,所可憂者就是統率兵隊的上級將官,也將被漢人占了多數。倘若中國的兵都能夠用滿人為將,就好比以牧人驅群羊一般,滿人可以高枕無憂了。因此便創立一個貴冑學校,其程度期與外國的陸軍大學相等;將來的上級將官,必皆由此校派出;由各省武備學校出身的,只能充當下級的佐尉。貴冑學校原定的章程,必宗室紈褲子弟方准入學,後來想掩飾漢人的耳目,乃增加一條:三品以上實缺大員之子亦得入學。其實此條等於空文,因為三品以上實缺大員之子,不是京堂便是道府,罕有來入這種學校的。不過他們所辦的貴冑學校,後來並沒有達到目

第七章 革命與立憲的對抗運動（上）

的；因為那些貴冑享慣了驕奢淫逸的福，看相雖好，實際上都不成才，所以沒有發生一點效果。

在上面所述滿漢相忌的情形中，所謂立憲的預備不過是一種愚弄漢人的虛文罷了，哪有施行真正憲政的希望，但是一般立憲黨人並不因此絕望。下節略述立憲黨的活動。

四　立憲黨的活動及其結果

清政府既以預備立憲為標幟，立憲黨人的活動應該比較革命黨要順利一點；在一般主張立憲者的心裡，也以為這是一條容易走得通的路。但事實上卻不然。立憲黨第一個言論指導者當然是梁啟超。他在丁未年（一九〇七年）的夏間，便和蔣智由、陳景仁等在日本東京著手組織一個政聞社，發表一篇政聞社宣言。宣言的文章太長，此處不能全錄，大略前面三大段表示政聞社發生的理由，繼則列舉政聞社所持的主義「四大綱」：

一曰實行國會制度，建設責任政府；

二曰釐訂法律，鞏固司法權之獨立；

三曰確立地方自治，正中央地方之許可權；

四曰慎重外交，保持對等權利。

末段復設為問答之詞說：

政聞社雖未足稱政黨，而固儼然為一政治團體，則亦政黨之椎輪也；中國舊史之謬見，以結黨為大戒，時主且懸為厲禁焉；以政聞社置諸國中，其安從生存？政府摧萌拉櫱一舉手之勞耳；且國中賢才，雖與政聞社有同一之政見者，其毋亦有所憚而不敢公然表同情也？應之曰，不然，政

四 立憲黨的活動及其結果

聞社所執之方法，常以秩序的行動為正常之要求；其對於皇室，絕無干犯尊嚴之心；其對於國家，絕無擾紊治安之舉；此今世立憲國國民所常履之跡，匪有異也。今立憲之明詔既屢降，而集會結社之自由，則各國所承認為國民之公權而規定之於憲法中者也，豈其倏忽反汗，對於政治團體而能仇之。若政府官吏不奉詔，悍然敢為此種反背立憲之行為，則非唯對於國民而不負責任，抑先已對於君主而不負責任，若茲之政府，豈更能一日容其存在以殃國家。是則政聞社之發生愈不容已，而吾黨雖洞胸絕脰而不敢息肩者也。……

這段話彷彿已料到政府要干涉他們，預先把立憲國家允許「集會結社自由」的大道理去懾制政府，鼓勵國內外同志的勇氣，叫他們不要怕政府，儘管加入這個立憲團體。但是就梁啟超的個人說，他國內的名士同志固然不少，而反對他的敵人，力量之大卻沒有方法可以制服。第一個大敵是西太后；袁世凱、張之洞屢次受他的言論攻擊，也與他絕不相容；他雖說「對於皇室絕無干犯尊嚴之心」，但是「保皇帝不保太后，保中國不保大清」的傳說已深深印入清貴族的腦中，隨他如何矢忠矢信，清貴族是不信任他的。就立憲的團體上說，國內熱心奔走於此道的固然不少，但是革命黨人則視之為大愚；不唯視之為大愚，並且視之為大敵；因為假使立憲之說深入人心，革命黨的勢力就要減殺了。所以運動立憲的一條路，表面上雖然覺得順利，而政聞社在成立的當初，已處於兩面夾攻的情勢中。丁未七月十七日，政聞社在東京神田錦輝館開成立大會，便被革命黨搗亂，傳為一個大笑柄。章炳麟記述其事如下：

陽曆七月十七日，政聞社員大會於錦輝館，謀立憲也。社以蔣智由為魁，而擁樹梁啟超。啟超往，徒黨幾二百人，他赴會者亦千餘人，召日本名士八輩為光寵，犬養毅者其氣類相同者也。革命黨員張繼、金剛、陶成

第七章　革命與立憲的對抗運動（上）

章等亦往視之。梁啟超登，力士在右（梁預知革命黨將與為難，故招日本力士為護），與會者以次坐。政聞社員在前，革命黨員在政聞社員後，他留學生在革命黨員後。啟超說國會議院等等，且曰「今朝廷下詔，刻期立憲，諸君子宜歡喜踴躍」，語未卒，張繼以日本語厲聲叱之，曰：「馬鹿！馬鹿！」起立，又呼曰：「打！」四百餘人奔而前。啟超跳自樓曲，旋轉而墜。或以草履擲之，中頰。張繼馳詣壇上，政聞社員持椅格之，金剛自後搤其肩，格者僵，繼得上。眾鼓掌歡呼，聲殷天地。政聞社員去赤帶徽章以自明，稍稍引去。繼遂言曰：「吾不應參與政聞社員事，然所以不能默者，將有所詰問於犬養毅。」毅前在早稻田，語支那學生曰：「中國當速革命，吾親聞之，今何故附會立憲，猥鄙至是？」毅俯首謝，則登壇作酬應語，既卒，徐曰：「支那或革命，或立憲，任人為之，在速行耳。」當是時蔣智由先知有變，不至，會亦遂散。繼本意欲痛駁立憲以塞莠言，會事急，至用武，亦未竟其說也。……

這便是政聞社開幕的活劇。該社雖於開幕時受此打擊，但他們並不因此而停止活動。他們看這種搗亂，不過是一部分暴徒的行為，於他們的進行並沒有什麼損失。除了梁啟超幾個人以外，他們的社員隨即陸續回國，預備在國內活動。到是年九月，有華僑聯名向清政府請願，要求實行立憲的事；又有湖南人熊范輿等聯名向清政府請願，要求設立民選議院；國內此處彼處常有學生開會，作政治演說；漸至北京也有開會演說的事了；大概都是由政聞社員的活動而來的。但是清政府不管他們的內容怎麼樣，總覺得這種「聚眾要挾」的行為，是不正當；現在既已由皇帝宣布預備立憲了，你們這些小百姓為什麼還要胡鬧；於是在丁未十一月，有禁止學生干預政治的諭旨，又嚴諭禁止京師開會演說等事。後來政聞社的旗幟在國內各處揭出來了，清政府便一點不客氣，於戊申年六月二十七日下令，將政聞社員、法部主事陳景仁革職看管；七月，復嚴諭各省督撫查禁政聞社，

將該社社員一律嚴加緝捕，毋任漏網。於是政聞社的招牌完全消滅了。

立憲黨的政聞社雖然消滅，但是國內與該社同志願通聲氣的人士卻也不少；在江浙一帶還有一個預備立憲公會，在湖北有一個憲政籌備會，在湖南有一個憲政公會，在廣東有所謂自治會等，大概都是與政聞社同性質的團體，成立於宣示預備立憲以後。就中以預備立憲公會為最活動。該會的重要人物為朱福詵、張謇、孟昭常、鄭孝胥、湯壽潛、許鼎霖、雷奮、陶保廉、周廷弼等，會員多江、浙、閩三省的名士或實業界的人物，在當時頗有聲勢。他們表面上避去康梁的關係，所以清政府也不便如何壓迫他。在戊申年的六月，曾由鄭孝胥領銜聯名向政府請願開國會；又以預備立憲公會名義移書湖南立憲公會、湖北立憲籌備會、廣東自治會，及豫、皖、直、魯、川、黔等省的同志，約於是年七月各派代表齊集北京，向都察院遞呈請願速開國會書，要求都察院代奏；八旗的士民，也有加入的。清政府此時對於政聞社雖用嚴厲手段，對於這些請願的人士，因為他們在舊社會中都是有相當的名望的，又與康梁似沒有什麼關係，所以雖不曾十分理會他們，也不曾壓迫他們；並且恰逢此時憲政編查館將憲法大綱、議院法及選舉法要領編就進呈，因於八月二十七日就將這些法案釋出，並頒行一種九年預備的定期，可算為他們請願所得的結果。不過這種憲法大綱，使他們大大地失望，因為它是純粹從日本憲法上抄來，關於君主的大權比日本天皇更無限制，只可算為保障君權的憲法，於國民沒有什麼好處，其條文附後：

關於君上大權：

—— 大清皇帝統治大清帝國，萬世一系，永永尊戴。

—— 君上神聖尊嚴不可侵犯。

—— 君上有欽定頒行法律及發交議院之權（凡法律雖經議院議決而

第七章　革命與立憲的對抗運動（上）

未經詔令批准者不能施行）。

——君上有召集開閉停展及解散議院之權。

——君上有設官制祿及黜陟百司之權（議院不得干預）。

——君上有統帥海陸軍及編定軍制之權（調遣常備軍隊、制定常備兵額及一切軍事，皆非議院所得干預）。

——君上有宣戰、講和、訂立條約及遣派使臣與認受使臣之權（國交之事，由君上親裁不付議院議決）。

——君上有宣布戒嚴之權（當緊急時，得以詔令限制臣民之自由）。

——君上有爵賞及恩赦之權。

——君上總攬司法權，唯委任審判衙門，須遵欽定法律行之，不以詔令隨時更改。

——君上有發命令及使發命令之權，唯已定之法律，不以命令更改或廢止。

——凡議院閉會時，遇緊急之事，得發代法律之詔令，並得以詔令，籌措必需之財用，唯至次年會期，需交國會協定。

——皇室經費，應由君上制定常額，自國庫提支，議院不得置議。

——皇室大典，應由君上督率皇族及特派大臣議定，議院不得干預。

關於臣民權利義務：

——臣民中有合於法律命令所定資格者，得為文武官吏及議員。

——臣民於法律範圍內，所有言論、著作、出版及集會、結社等事均准其自由。

——臣民非按照法律所定，不加以逮捕、監禁、處罰。

——臣民可以請法官審判其呈訴之案件。

——臣民應專受法律所定審判衙門之審判。

——臣民之財產及居住，無故不加侵害。

——臣民按照法律所定，有納稅當兵之義務。

——臣民規定之賦稅，非經新定法律更改，悉仍照舊輸納。

——臣民皆有遵守國家法律之義務。

（附言）這種憲法大綱完全沒有評論的價值，因為當時的編查館完全受清皇族的宰制，而皇族中以載澤為編纂的主要人員。載澤在日本考察憲政時，伊藤博文為他講演日本憲法，把天皇大權說得特別重大，對於天皇大權的限制多略未說及。而載澤又不通日文，全憑編譯人不確切的口述和筆述，以為日本憲法真個如此，伊藤所傳授的憲法精義真個如此，所以就很高興的贊助西太后立憲而定出這種憲法大綱來。伊藤氏的講演詞見《民報》第三號，並有汪精衛很銳利的評語，因原文太長，此處不備錄。

五　屢仆屢起的革命軍

革命黨自成立同盟會以來，雖然有了統一的中心機關，一般人心也厭棄了清廷，但是他們的活動比立憲黨還要困難。第一，他們只能作祕密行動，不能作公開行動，中國的地域雖大，沒有他們彰明昭著建設大本營的處所。第二，要革命非用武力不成功，而武力所需於物質上的資助是異常大的，很不容易取得。所以在立憲黨人的觀察是萬不能成功，並且無從措手。而革命黨人著手的方法，仍不外聯繫各地會黨與運動軍隊的兩途。關於這兩方面，同盟會的黨員，在同盟會成立以前，原已發生不少的關係：

第七章　革命與立憲的對抗運動（上）

中山在巴黎時，與法國陸軍部有所接洽；及由歐赴日，船經吳淞，與法武官布加卑相晤（布系預奉法陸部之命來華接洽者），布乃於駐紮天津之法參謀部派定武官七人，援助中山；同盟會成立後，中山命廖仲愷往天津設立祕密機關，命黎仲實與法武官某調查兩廣，命胡毅生與法武官某調查川滇，命喬宜齋（即喬義生）與法武官某往南京、武昌、長江一帶，都是注重軍隊方面的聯繫。這算是同盟會活動進行的開始。從一九〇六年（丙午）到一九〇八年（戊申），有下列屢仆屢起的革命事變：

一、丙午萍瀏之役；

二、丁未潮州黃岡之役；

三、丁未惠州之役；

四、丁未安慶之役；

五、丁未欽廉防城之役；

六、丁未鎮南關之役；

七、戊申河口之役。

上面所列七役，第一役雖與同盟會有關，非發動於同盟會；第四役則為徐錫麟等的獨立動作，與同盟會無關聯；第二、三、五、六、七役則繼續發動，皆由同盟會幹部主持。為敘述的便利計，請以與同盟會無關係的第四役置之於後。

萍瀏之役，發生於湘贛接壤之萍鄉、醴陵、瀏陽等縣。是年，吾國中部各省遇荒，而湘贛接壤各區特甚，饑民遍地。該處會黨頭目李金其、蕭克昌、姜守旦、龔春臺、王勝等向受馬福益的指揮，而馬則曾與黃興等相結合，前已殉難，李、蕭早想替他復仇。恰值同盟會員蔡紹南、劉道一等暑假由日歸國，在瀏陽、衡山等處鼓吹同盟會的革命主義，李、蕭等因與

接洽,便乘機運動萍鄉的礦工聯合附近各處的同黨,決計起事,擬分三路:一由瀏陽進窺長沙,一以萍鄉安源礦路為根據地,一由萬載東出瑞州、南昌以達長江。因事機不密,先期洩漏,瀏陽之軍先期於十月十九、二十等日發難,占領麻石、金剛頭等處,萍鄉之軍繼得礦工響應,占領高家臺、上粟市等處,江、鄂、贛、湘四省督撫聞耗調集重兵圍攻,革軍卒以失敗。

此次的發難,雖因蔡紹南等運動,然內部很複雜。例如任瀏陽方面指揮的龔春臺釋出檄告,則稱「奉中華民國政府令」,並有「建立共和民國,與四萬萬同胞享平等之利益,獲自由之幸福,而社會問題,尤當研究新法,使地權與民平均,不致富者愈富,成不平等之社會」的話,可算是樹著同盟會的旗幟;但是別有一部,則稱「新中華大帝國南部起義恢復軍」,檄文的內容,為單純的排滿主義。他們所用的軍械,馬刀、梭鏢、小手槍、鳥槍、抬槍和少數來福、毛瑟槍,均極雜劣,當然不敵正式軍隊,失敗是意中事。但是當發動之初,聲勢也異常浩大。東京同盟會本部事前一無所聞,及訊息傳至東京,下令各黨員紛紛回國,想運動長江各處軍隊謀響應。沿江各督撫因萍瀏事變,嚴密防範,於是寗調元在湘被捕繫獄,劉道一被捕遇害;胡瑛在鄂被捕繫獄;楊卓林在揚州被捕遇害;孫毓筠、段書雲、權道涵在南京被捕繫獄;算是同盟會成立後第一次的犧牲。

同盟會因此役的牽連,還受了幾種損害:一、失卻長江方面將成立的基礎。武漢方面原有一個附於教會的革命黨機關,名日日知會(成立約與華興會同時,並屬一氣),其會員後皆加入同盟會;喬宜齋偕法國武官來鄂,與鄂軍界聯繫,即以該會為機關;因法武官演說革命,為鄂督所派的密探窺破,日知會因此破壞;胡瑛的被捕即在此時,與衚衕時陸續被捕的還有主持日知會的劉家運(別號儆安)及季雨霖、朱子龍等多人,這是武

第七章　革命與立憲的對抗運動（上）

漢方面基礎的破壞。南京方面的新軍中，也是為革命空氣所籠蓋，其將弁為趙聲、倪映典、林述慶、柏文蔚、冷遹、楊希說等皆先後加入同盟會，因喬宜齋偕法武官到寧，常和軍警界來往，為密探所窺破，萍瀏變起，防範益密。孫毓筠因此被捕，趙聲、倪映典諸人亦多被端方所疑撤差，這是江南方面基礎的破壞。二、東京的本部方面，亦受壓迫。清政府因萍瀏之變，及長江方面累次破獲黨人，知道革命黨的策源地是在日本東京，於是力與日政府交涉，要求日政府將革命黨重要人物逐出日境。日本帝國主義者因為要討清政府的好，以便容易索取權利，於是竟容其請，於丁未年正月命中山離去日境（並以贐儀數千元相饋，東京股票商鈴木久五郎亦饋送一萬元。同盟會員有反對受此等贐儀者，因此生出小小風潮）。此時中山在日本既不能立足，長江方面的基礎又皆破壞了，因率胡漢民、汪精衛等同往安南，設機關部於河內，於是革命活動進行的區域乃限於滇、粵、桂三省的邊隅，而有前列二、三、五、六、七諸役。

　　潮、惠兩役的發動，約在丁未年的四五月。潮州饒平縣的黃岡會黨與韶安縣的會黨，曾與革命黨有聯繫，中山派人運動他們結合，謀劫黃岡協署軍械起事。值會黨某員被警署所捕，押入協署，會眾即起圍攻協署，殺清吏數人，將協署占領，又克寨城，旋為清潮州鎮兵所攻潰。同時，鄧子瑜奉中山命運動會黨，在距惠州二十里之七女湖起事，博羅會黨同起，也先後為清軍所敗。是為潮州黃岡之役與惠州之役。到七月復有欽廉的發動。前此數月，廉州的三那地方有劉恩裕所統率的萬人會，抗納糧捐，不受勸諭；清吏調兵往剿，會眾被擊散，但清兵退後，會眾復集。欽州的張得清亦聚眾與三那會黨合。清廷派郭人漳、趙聲（趙被江督撤差後乃來粵）兩人各統所部新軍約三四千人往剿。郭為湘人，與黃興相識，趙則已入革命黨；中山因使黃興往說郭，胡毅生往說趙，要他們反戈。郭、趙答以「有真正的革命軍起，便即響應」。於是中山派人往約欽廉抗捐的會黨

並各屬團紳，為一致行動；又派萱野長知往日本購運軍械，並在安南召集同志，聘法國退伍軍官多人，一俟軍械運到，即行編為正式革命軍，約計可得二千餘人，以與欽廉團眾及郭、趙所統之新軍相合，當有六七千人，由欽廉進取廣州為根據地，好像很有希望。不料購運軍械的計畫因故失敗，黨軍雖已攻破防城，因軍械不到，轉逼欽州，希望郭人漳響應；郭見黨軍勢力薄弱，又受他軍的牽制，不敢動；黨軍乃進圍靈山，希望趙聲響應，趙見郭不動，亦不敢獨動。

清吏復調他兵力剿，黨軍遂敗，餘眾退入十萬大山。是為欽廉防城之役。欽廉失敗後，中山和黃興、胡漢民並法國軍官、安南同志等百數十人，改由安南謀窺廣西。鎮南關附近有一群遊勇的團體，勇敢異常，中山派人聯繫，作為攻取鎮南關的先鋒隊，於十月十三日夜突攻鎮南關，奪取鎮南、鎮東、鎮北三炮臺，想由此約集前次退入十萬大山的黨眾，會攻龍州。但是十萬大山的黨眾因為道遠不能即到，中山、黃興親領百數十人據守三炮臺，與陸榮廷、龍濟光所統的清軍數千人激戰七晝夜，卒以眾寡不敵，退入安南。是為鎮南關之役。中山過諒山時，為清密探所看破，報告清吏，後由清廷與法政府交涉，將中山逐出安南。中山離安南時，乃令黃興再入欽廉，集合該地同志，一面令黃明堂謀攻河口以圖進取雲南為革命根據地。後黃興率領二百餘人出安南，橫行於欽廉間，其威名頗為清吏所憚，然卒以無援退出。至戊申年三月，黃明堂攻占河口，清邊防督辦被殺，因收得降卒一部分。滇督錫良大驚，電調重兵圖恢復。後黃興亦到河口，與明堂等力抗清軍。

然卒以眾寡不敵，革命軍復失去河口，黃等乃率餘眾六百餘人仍退往安南。是為河口之役。（河口之役據中山所記，謂黃興未到河口，即為安南政府扣留。然據馮自由言，則黃興曾親入軍中參與戰爭，時中山已不在

第七章　革命與立憲的對抗運動（上）

安南。故所記有誤，當從馮說。）河口失敗後，退往安南的黨眾，不為安南法政府所容；法政府將他們送往星加坡（即新加坡），星督說他們是中國的亂民，不許登岸，法郵船停於星埠兩日；後經法政府表白，說他們是中國的革命團體，在河口與清軍交戰時，法政府曾守中立。已認為革命的交戰團體，不能作為亂民看待，星督才准登岸。革命失敗的苦境，可想而知。從此安南也不能作為革命的策源地了。凡與中國密邇的地方，中山都不能自由居住，乃復西遊，以策劃進行的事務，託黃興、胡漢民主持。但屢經失敗以來，經費既絀，又得不到相當的根據地，活動暫停，此可算為革命黨最困難的時代。

安慶之役，在丁未年五月後，即徐錫麟之刺殺皖撫恩銘，牽及秋瑾被捕遇難，事雖無成功，影響及於人心頗大。徐錫麟，浙江山陰人，久蓄排滿光復之志，曾在紹興創辦大通學校，與竺紹康、王金髮等相結，聯繫嵊縣會黨首領龍天渠等，謀革命。旋往日本考陸軍，因體格不合，被擯，乃改習警察。歸國後與陶成章、秋瑾、陳伯平、馬宗漢等組織光復會。徐納捐為道員，往安徽候補。恩銘為他的口說所動，命他作巡警處會辦，兼任巡警學堂堂長。暗中布置黨員，謀在安徽發難。因他辦事認真，恩銘很賞識他，不知他是一個革命黨首領。陶成章在浙江聯繫武義、永康、東陽等處會黨，秋瑾則任紹興大通學校校長，與竺紹康、王金髮等部署紹興、嵊縣、仙居等處會黨，編立光復軍，皆與徐有聯繫。忽黨員有在下游某處被捕的，並搜得一名冊，江督因知有革命黨要人集於皖境，電告恩銘防範。

恩銘不知黨首即他所賞識的徐道員，反命徐密查。徐恐為恩銘所覺，謀先發，乃於五月二十六日乘巡警學校行畢業禮時，邀請皖省各大吏集於警校，想把他們一網打盡，然後集合軍警起事。結果僅槍殺恩銘，餘皆逃散。徐率學生據軍械庫，被防營兵所圍，陳伯平戰死，馬宗漢與徐皆被

擒，遇害。浙撫張曾敭得皖電，搜尋黨人，浙紳某為秋瑾仇家，因向張曾敭告密，張乃派兵往大通學校，圍捕秋瑾，瑾被害，並株連許多人士。這便是中山所謂：「慕義之士，聞風興起，當仁不讓，獨樹一幟以建義者……如徐錫麟……秋瑾是也。」這一役最大的影響，便是滿漢的感情，從此益趨惡化。恩銘為滿人，滿人的大小官僚，因此人人自危，排漢的念頭更深。秋瑾被捕時，並未搜得反叛證據，亦無確切供詞（秋瑾書「秋風秋雨愁殺人」七字），羅織成獄，株連許多無辜，激動大多數人的公憤。主案的人為紹興知府滿人貴福，因此漢人仇恨之念也更加深刻。（貴福的刑幕陳某與會審的山陰縣知縣李某，均以爭此案不平被撤。及省委道員陳翼棟至查閱案卷，亦有責言。浙人因此大譁。張曾敭不安於浙，求他調，乃移撫江蘇，蘇人拒之；更調山西，晉人又拒之。張知不見容於人，乃乞病。貴福亦以此不自安求調，乃移守安徽之寧國，寧國人亦拒之，遂不知所終。可見此案激動人心之廣。告密的某浙紳，後亦為人所殺。）

第七章　革命與立憲的對抗運動（上）

第八章　革命與立憲的對抗運動（下）

一　宣統嗣位與袁世凱之被逐

　　西太后是促清覆亡的一個重要人，但是維持殘局的重要人也是她。因為她的閱歷和手腕，遠非那班少年親貴所能及；她雖沒有真正革新的志願，尚有駕馭、操縱、應付的本領。她在世時，無論滿漢的大小奴才、臣工，宗室的懿親，無不在她的籠罩之下；漢臣工固屬奉命維謹，就是極驕縱的皇族子弟也不易逞其志；縱然排漢集權，也還有種種的掩飾。所以她確是維持清朝殘局的一個重要人。假若西太后死了，光緒帝不即死，清廷的顛覆固然也是不能免的，但是時間上或者也要延緩幾年。因為光緒帝雖沒有如何的雄才大略，他也是經過大風浪、受過大磨難的人，所謂「操心危，慮患深」，或者不至如載灃那麼狹隘，那麼操切；縱沒有方法可以使滿漢的情感融洽無間，或者也不至採用極魯莽的皇族集權政策，加重滿漢的惡感。這雖是事後推測的話，但光緒帝和西太后同時崩駕，確是政局轉變的一個重要關鍵。

　　光緒帝和西太后駕崩的月期，同在一九〇八年陰曆十月（當《欽定憲法大綱》頒布後的兩月）。西太后確是十月二十二日因病而死的。光緒帝死的確實日子和他的死因，至今還是一個疑問：一說實於十月二十一日以病終，一說則謂死於西太后之手，甚至有謂袁世凱亦參與其密謀的，但終無從證確。依惲毓鼎所記，則可疑之點顯然。惲毓鼎《崇陵傳信錄》謂：「上體氣健實。三十四年無疾病，未嘗一日輟朝……歸自西安，養晦不問事，寄位而已。左右閹侍，俱易以長信心腹。枯坐無聊，日盤闢一室中。

第八章　革命與立憲的對抗運動（下）

戊申秋，突傳聖躬不豫，徵京外名醫診治之。請脈時，上以雙手仰置御案，默不發一語。

別紙書病狀，陳案間。或有所問，輒大怒；或指為虛損則尤怒。入診者籤云，六脈平和無病也。十月初十日，上率百僚晨賀太后萬壽，起居注官應侍班（惲毓鼎為起居注官之一），先集於來薰風門外。上步行自南海來，入德昌門，門罅未闔，侍班官窺見上正扶閹肩，以兩足起落作勢舒筋骨，為跪拜計。須臾，忽傳懿旨：『皇帝臥病在床，免率百官行禮，輟侍班，』上聞之大痛。時太后病洩瀉數日矣。有譖上者，謂帝聞太后病有喜色。太后怒曰：『我不能先爾死。』十六日，尚書溥良自東陵覆命，直隸提學使傅增堉陛辭，太后就上於瀛，猶召二人入見，數語而退，太后神殊憊，上天顏黯淡。十八日，慶親王奕劻奉太后命往普陀峪視壽宮。二十一日始反命，或曰有意出之。十九日，禁門增兵衛，譏出入，伺察非常，諸閹侍出東華門淨髮，昌言駕崩矣。次日，寂無聞；午後，傳宮中教養，醇王監國之諭。二十一日，皇后始省上於寢宮，不知何日氣絕矣。

哭而出，奏告太后，長嘆而已。以吉祥轎舁帝屍出西苑門入西華門，皇后披髮，群閹執香，哭隨之。甫至乾清門，有閹侍馳告太后病危，皇后率侍閹跟蹌回西苑。李連英睹帝屍委殿中，意良不忍，語小閹曰，盍先殮乎。乃草草舉而納諸梓宮，時禮臣持殮祭儀注入東華門，門者拒絕納，迨回部具文書來，則殮事久畢矣……帝崩之明日，太后乃崩。」以光緒帝和西太后的關係歷史言，也不能不使人懷疑；尤其是袁世凱，有戊戌政變的一段故事在前，假若太后死而帝不死，他的危險也是可想而知的，所以人家不能不疑及他。溥儀的嗣位、醇親王載澧（溥儀之父，光緒帝之弟）的監國攝政，據說也是袁世凱所贊成主張的。《容庵弟子記》謂：「德宗病勢日劇，孝欽后預議繼統事，公（指袁氏）在樞垣，最為孝欽后所倚任。

一　宣統嗣位與袁世凱之被逐

青蒲陳說，情同一家，醇親王載灃長子常常入內廷，孝欽後密以詢公，公一力贊成。……德宗晏駕，遂以宣統帝入承大統。公慮孝欽後年高，且皇族中亦頗有爭競繼統者，主幼國危，無所統率，必生變亂，倡議以醇親王載灃監國。二十二日，孝欽後遽崩，於是公與二三老臣叢容定策，乞邑無驚……」原來袁於前此被親貴派的排擠調任外務部兼軍機大臣後，表面上兵權雖然奪去了，實際上統率北洋六鎮的還是他的舊人，和他保持親密的關係；軍機大臣兼外務部管部大臣的奕劻、陸軍部侍郎的蔭昌，都和袁有特別的親密關係，也極力維護他；西太后也仍舊信任他，所以他在樞府的勢力還是很大；他能夠參與皇位繼承的重要問題，當然是意中事。

他知道西太后一旦崩駕，他自己的地位是很危險的，專靠奕劻和蔭昌，不足以抵抗那班少年親貴，所以他趕急拉攏載灃，希望他念其擁戴之功，忘了前此對於其先兄之夙嫌，這也是意中事。誰知載灃早和那班少年親貴一鼻孔出氣，一點不客氣，於宣統嗣位後不到一個月，就諭「命袁世凱開缺回籍養痾」，請他到彰德養壽園去休息休息，那一點擁戴的微勞完全無效。（袁在外務部時，主張聯美政策，商議中美互派大使。與奕劻商定後，乘間獨對，得孝欽後允許。樞府同列，以不獲預聞其事為恨，有議其輕舉者，因亦乘間排擠。故《容庵弟子記》謂袁之被逐，實因派大使一案。然謂派大使一案，為袁被逐之助因則可，絕非被逐之主要原因也。）據人傳說，袁被逐時，親貴中有主張把他殺了的，因為有人恐怕北洋軍隊反動，從中諫阻而止。（說者並謂當時曾密電徵各鎮意，第六鎮趙國賢、第四鎮吳鳳陵皆答請先免本人職以免士卒有變，致負天恩，親貴因此有所顧忌，遂不敢發。第一鎮馬龍標答詞模稜，故終袁之世，馬不甚顯擢。唯相傳如此，無從證實。）倘若當時果然把袁殺了，中國近二十年的政治，或者又另是一個局面；但清朝廷的顛覆，也是不能免的，因為滿漢的情感既有不能調和之勢，而清當局的人才又實在太缺乏了。

第八章　革命與立憲的對抗運動（下）

當載灃監國和袁世凱被逐的訊息，傳布國內時，一般人對於載灃的觀察和政局的推測，有兩方面的心理：

一、立憲派的心理

他們以為載灃是光緒帝的親弟弟，必能繼續先兄的志願，切實進行革新事業；見他毅然放逐袁世凱，以為他是一個果斷而有毅力的人；又以為他既逐袁，必能將從前和袁不對的維新名士，因戊戌政變而獲罪的，一體開復起用；憲政的施行，將有莫大的希望；康梁等在海外，抱這種希望尤切。誰知載灃到底不過是光緒帝的弟弟，而不是光緒帝；他的逐袁，別有他逐袁的動機（排斥漢人的權臣），對於維新志士所希望的，非等到武漢的大砲轟擊後，得不到一點訊息。惲毓鼎說：「監國醇親王以河間東平之親，居明堂負扆之重，竊謂繼志述事，為先帝吐氣，此其時矣。荏苒二年，東海遺臣（指康梁等人），交章薦之而不召（此時康梁運動開復，朝中亦有為康梁求開復的）；西市沉冤（指戊戌六君子），遺孤言之而不雪。毓鼎知其無意於先帝矣。」這便是代表立憲派由希望而失望的話。

二、革命派的心理

他們並不希望載灃真能立憲或開復保皇黨人，但是看見袁世凱被逐，也以為載灃或者是能「繼志述事」的，或者要起用康梁，加重革命前途的障礙。對於這一點觀察，也是和立憲派一樣的錯誤。但是革命黨別有一部分人，從前嘗希望督撫革命的，歐洲留學生的革命黨並且曾有上書袁世凱勸他革命的，現在見袁被逐，又別有一種捉摸不到、憂喜無端的心理：憂者以為袁氏或果有不別於清廷的圖謀，被滿人看破，現在把他去了，失卻一種絕大的革命的勢力；喜者以為袁一被逐，北洋軍隊對於清廷必生出一種強烈的反感，這是促起軍隊革命的好訊息。這種心理，不能說是全對，但於後來的事實，卻有幾分相似的影響，我們看辛亥年北洋軍隊的行動可知。

總之，載灃監國和袁世凱被逐，在當時成了一般人構成希望和想像的一個大問題，也確是與清政府的生死有重要關係。我們且看載灃的措施，果然何如。

二　皇族集權與立憲運動的大失望

　　載灃當國時，對於立憲的籌備，表面上彷彿也很熱心。在戊申年的十一月，即定諭旨由軍機大臣署名之制，這是仿照立憲國由國務總理副署負責的意思。到宣統己酉元年二月，又特下一道諭旨，宣示決行立憲的意思；十月，各省諮議局一律成立了；十二月，又頒布廳州縣自治章程及法院編製法；庚戌年九月，資政院也成立開院了，各省城及口埠又成立了審判廳；十月，又派溥倫、載澤為纂擬憲法大臣。在這兩年之內，並且還有一個陝甘總督升允因為奏阻憲政而開缺（在己酉五月），甘肅布政使毛慶蕃因為玩誤憲政的籌備而革職的，可見他對於籌備憲政的認真。但是他的熱心立憲與立憲黨人的熱心立憲，根本精神全不相同：立憲黨人希望成立一個有實權的議會和一個對議會負責任的內閣，他們以為這是救中國唯一的途徑；載灃只感覺皇室和滿人地位的危險，深恐大權旁落，滿人將受漢人的宰制，無以自存，希望一紙憲法可以遮蔽漢人的耳目，保住皇族的大權。他以這種精神來籌備憲政，所以對於憲政的熱心，還遠不如謀皇族集權的熱心。

　　載灃皇族集權的計畫，第一著就是攬握兵權。他在辛丑年曾被派為頭等專使，往德國謝罪（謝德國公使因拳亂被戕之罪）。他看見德國的皇室那麼有威勢，曾請教於威廉・亨利；亨利教他以攬握兵權、整頓武備為第一要著。他早把亨利的話牢記在心裡；無奈西太后在世時，因為自己是光

第八章 革命與立憲的對抗運動（下）

緒帝的親兄弟，要避一避嫌疑，不能行其所志，現在得到監國攝政王的地位，就立即實行亨利的教訓：

戊申十二月另編禁衛軍，由攝政王親統，派載濤（即載灃之弟）、毓朗（亦皇族人）、鐵良為專司訓練大臣。

己酉正月派肅親王善耆、振國公載澤、鐵良、薩鎮冰籌備海軍（鐵良開去禁衛軍大臣差使）。

己酉五月監國攝政王暫行代理大元帥，並先行專設軍諮處，以毓朗管理，尋又添派載濤管理。命載洵（載灃之弟）、薩鎮冰充籌辦海軍大臣。

己酉七月遣載洵、薩鎮冰巡視沿江、沿海各省武備，旋又往歐洲各國考察海軍。

庚戌六月命籌辦海軍大臣載洵充參預政務大臣，又往日本考察海軍。

庚戌八月命近畿陸軍均歸陸軍部管轄，裁撤近畿督練公所。

庚戌十一月改籌辦海軍處為海軍部，以載洵為海軍大臣。

辛亥四月設立軍諮府，以載濤、毓朗為軍諮大臣（軍諮府比於日本的參謀部）。

辛亥閏六月永平秋操，派載濤代臨，總監兩軍。

這都是以皇族攬握兵權的事實。三個兄弟，一個以監國攝政王代行大元帥親統禁衛軍，一個辦海軍，一個作參謀總長，總攬一切軍務，皇族的基本大權可算鞏固了。他們以為這是依照《欽定憲法大綱》「君上有統帥海陸軍及編定軍制之權」而行的，日德的立憲君主也有如此的大權，誰敢說不是？臣民當然也莫敢說不是。可惜他們賢昆仲，沒有威廉・亨利那麼大的本事！

此時，國內各省的立憲派得了法定的集合機關——就是各省的諮議局

二　皇族集權與立憲運動的大失望

與北京資政院——比前更好活動。立憲論的指導者梁啟超，在《國風報》上盡力作憲政實施的指導文字，對於國會、內閣、官制、財政各方面的問題，切實發揮；其最重要的：《為國會期限問題敬告國人》、《國會與義務》、《論請願國會當與請願政府並行》、《責任內閣與政治家》、《責任內閣釋義》、《立憲國詔旨之種類及其在國法上之地位》等篇。

這些文字，對於立憲黨在國內的活動很有影響（原文太多，此處不備錄）。在己酉年的十一月（諮議局成立後約一月），江蘇諮議局的議長張謇，便以「外侮益劇，部臣失策，國勢日危，民不聊生，救亡要舉，唯在速開國會，組織責任內閣」等語，通電各省諮議局；復派人遊說各省。不久便有蘇、浙、皖、贛、湘、鄂、閩、粵、桂、豫、魯、直、晉、奉、黑、吉十六省的諮議局，各派代表三人集於上海，組織一個「國會請願同志會」，約定須俟國會正式成立始行解散。十二月，各代表相約同往北京，於次年庚戌正月在北京齊集，一面由孫洪伊領銜，以請願書託由都察院代奏，一面歷訪各王公大臣，請求贊助；旋奉諭旨拒絕。這是宣統朝第一次請願。到四月，各省諮議局的代表又聯合各省政團商會及海外僑商，各舉代表，組織「國會請願代表團」，舉孫洪伊等十人為職員，一面留代表駐京辦理請願事務，一面派員向各處演說鼓吹，結果，同時遞請願書託都察院代奏的共十起；旋復奉旨不准。這是宣統朝第二次的大請願。到九月，中央的資政院也成立於北京了；代表請願團又向資政院上書，請提議設立責任內閣，即開國會；又上書攝政王，遍求各當道大員援助。

資政院多數的議員，是與各省諮議局一致的，就議決上請。此時各省督撫中，或受諮議局的要求，或被似是而非的中央集權政策所苦，（以前各督撫獨攬一省的大權，賢能者尚可有為。現在因為清政府想削減督撫的實權，處處加以牽制。是年四月，督辦鹽政大臣載澤因與督撫爭權，大起

259

第八章 革命與立憲的對抗運動（下）

衝突。旋皆奉旨申飭。）也希望中央有一個正當的責任內閣出現，因此也聯電軍機處，主張內閣國會，從速同時設立。於是在十月初，下詔准將立憲籌備期限縮短，於宣統五年召集國會；在國會未開以前，先將官制釐訂，設立內閣。這是第三次的請願；因為資政院和各督撫的幫助，算是得了一個縮短籌備期間的小結果。請願同志會中的「預備立憲公會派」，以為有了相當結果，不再進行，但是其他各派，如湖北的湯化龍、湖南的譚延闓、四川的蒲殿俊等，還守著速開國會之議與公會派分離，在北京活動，謀為第四次的請願；東三省又來了許多請願代表。到十一月，命民政部步軍統領衙門，將東三省代表解回原籍；並命各督撫開導彈壓，如有違抗，查拿嚴辦；十二月，將天津的溫世霖發戍新疆，因為他在天津組織四次請願的原故。於是請願國會的風浪就息止了。但是北京的資政院和各省的諮議局，沒有方面可以解散，還是不斷的向政府搗亂。

資政院開院後，屢有書質問軍機大臣的責任，軍機處公然以不負責任覆之。於是在十一月裡，資政院便具奏，彈劾軍機大臣（時張之洞已於去年逝世，軍機的首班為奕劻），說責任不明，難資輔弼，請別組責任內閣。奉諭旨：「朕維設官制祿，及黜陟百司之權，為朝廷大權，載在先朝《欽定憲法大綱》。軍機大臣負責任與不負責任，暨設立責任內閣事宜，朝廷自有權衡，非該院總裁等所得擅預。所請著毋庸議。」但是這道上諭仍由軍機大臣署名。梁啟超在《國風報》上發表《立憲國詔旨之種類及其在國法上之地位》一文，就是為這類諭旨而作的。到辛亥年的三月，載灃果然履行先年十月所許，頒布新內閣官制，設立新內閣了；其組織及人員的分配如下：

一、內閣總理大臣，以軍機大臣奕劻任之；

二、內閣協理大臣二員，以大學士那桐、徐世昌任之；

二　皇族集權與立憲運動的大失望

三、外務大臣，以外務部尚書梁敦彥任之；

四、民政大臣，以民政部尚書肅親王善耆任之；

五、度支大臣，以度支部尚書鎮國公載澤任之；

六、學部大臣，以學部尚書唐景崇任之；

七、陸軍大臣，以陸軍部尚書廕昌任之；

八、海軍大臣，以郡王銜貝勒載洵任之；

九、法部大臣，以法部尚書紹昌任之；

十、農工商大臣，以農工商部尚書溥倫任之；

十一、郵傳大臣，以郵傳部尚書盛宣懷任之；

十二、理藩大臣，以理藩部尚書壽耆任之。

以上十三員均為國務大臣，裁撤舊內閣軍機處及會議政務處（舊內閣大學士及協辦大學士仍序次於翰林院），這便是所謂新內閣。一個總理大臣之下，又設兩個協理大臣，是沿襲舊內閣協辦大學士的制度而來的。最使立憲黨人失望的，就是十三個大臣之中，漢人僅得四個，滿人得了八個，而八個滿人中，皇族又占了五個，蒙古旗人一個，因此當時都稱它為「皇族內閣」。這就是皇族集權的大暴露。從此大家都明瞭載灃是懷著什麼一種精神來立憲了。假使那些皇族確是人才，猶有可說，實際上都是一些驕縱無度、不知世務的糊塗蟲。惲毓鼎說：「先是諸皇子讀書之所，曰上書房，選翰林官教之。光緒中葉，師傅闕不補，書房遂無人。近支王公年十五六，即令備拱衛扈從之役，輕裘翠羽，日趨蹌於乾清景運間，暇則臂鷹馳馬以為樂。……二十年前，嘉定徐侍郎致祥常語餘曰：『王室其遂微矣！』請其故，則曰：『吾立朝廷四十年，識近屬親貴殆遍。

異日御區宇握大權者皆出其中。察其器識，無一足當軍國之重者，

第八章　革命與立憲的對抗運動（下）

吾是以知皇靈之不永也。』」但是載灃覺得只有他兄弟叔姪是靠得住的人才，尤其是奕劻，是皇族中有功的老前輩，除了他再無有可當國務總理大臣之任的，所以隨你們言官如何參劾，資政院如何搗亂，非把他作國務總理不可。（奕劻貪汙不堪，與其子載振日以招權納賄為事，時人比之嚴嵩父子。在光緒朝，曾為御史趙啟霖所劾。宣統二年庚戌，御史江春霖又兩次抗疏參劾，疏中有言：「方今國會未開，諭旨又禁言官毛舉細故，臣慮言路諸臣，小者謂不必言，大者又不敢言，習為容默……頒布憲政，期以八年，恐未至八年而天下事已敗壞不可收拾。」奉諭旨責謂：「親貴重臣，不應任意訛諉，江春霖著回原衙門行走。」旋經御史趙炳麟等奏請收回成命，不允，於是全臺憤激，由給事中忠廉領銜，公上「言路無所遵循，請明降諭旨」一疏，亦不省；時趙啟霖方在四川提學使任，聞之，再抗疏嚴劾奕劻，亦不省，啟霖遂乞骸骨告歸，許之。是為滿清末年御史團體最有聲響之舉動。從此他們亦皆失望。）但是奕劻的新內閣釋出後，那些立憲黨人還想要搗亂，在辛亥年六月，又以諮議局聯合會的名義，請都察院代奏，說：「以皇族組織內閣，不合君主立憲國公例，請另簡大員，組織內閣。」奉旨斥以「黜陟百司，系君上大權，議員不得妄行干涉」。於是，熱心國會內閣的立憲黨人大失所望了。

三　革命運動的苦境

在武昌起義前最近三年內，革命黨活動見於表面的事項，比較宣統前三年為少，因為所處的境遇比較前三年更苦。其所以更苦的原因，就是清政府防範更密，而偽立憲的招牌又足以搖動一部分愚昧薄弱的國民心理，直到皇族內閣出現，大家才有幾分覺悟。梁啟超在《為國會期限問題敬告

政府諸公》的文中說：「數年前革命之說遍天下，自預備立憲之詔既頒，乃如湯沃雪。夫一詔則安能有此奇效？希望心有所寄，則民氣不期靖而自靖也。及乎以諸公當預備立憲之衝，而前此一線之希望，復永斷絕於諸公之手；故前此約以九年開國會而民安之，今茲約以九年而民譁之者，非民之靖於昔而囂於今也，希望既絕於彼乃不得不轉而向於此也。」可見，偽立憲的招牌對於國民心理的影響。革命黨知道這種偽立憲的呼聲，足以阻礙他們的前進，所以雖在處境極困難的當中，還是拚命奮鬥，以圖振興愚昧薄弱的國民精神。從宣統繼立到武昌起義前，計有下列諸役：

一、戊申十月二十六日，熊成基發難於安慶；

二、庚戌正月初，廣州新軍變亂；

三、庚戌二月，汪精衛、黃復生等謀刺載灃；

四、辛亥三月二十九日，黃花崗七十二烈士死難之役。

（此外還有溫生才刺殺孚琦，是三月二十九日廣州發難的先聲；林冠慈、陳敬嶽謀刺李準是廣州起事失敗的餘波。）

熊成基安慶之役，並非主自同盟會，也是中山所謂「慕義之士，聞風興起，獨樹一幟以建義者」。熊為安徽新軍炮隊營隊官。戊申秋間，湖北和南洋（即蘇、皖、贛）的新軍定期會操於安徽之太湖，熊黨本想乘秋操起事，恰逢光緒帝和西太后相繼暴亡；訊息傳來，人心惶惶，以為將有大變（此時外人亦有慮中國將起變亂者）。各省督撫都異常防範，查拿革命黨愈嚴。熊恐被查覺，便於十一月十九日（西太后死後第四日），率安慶城外的炮隊營聯合馬隊兵起事。此時皖撫為朱家寶，原來防範很嚴，聞變，閉城嚴守，又分電秋操軍隊和長江水師來援。熊因攻城不下，而敵之援軍四集，退去廬州，潰散。（熊成基後至哈爾濱謀刺載濤被捕，在吉林遇害。）此役雖非發於同盟會，然可見革命思想在各新軍中已到處潛伏，

第八章　革命與立憲的對抗運動（下）

使一般清吏晝夜懸心吊膽，其影響亦不小。但自熊成基失敗以後，在宣統元年的一年中，革命黨毫無動作，所以梁啟超有前面所舉「如湯沃雪」的樂觀話。原來革命黨中心機關同盟會的幹部，自鎮南關河口幾次失敗以後，中山西去，黃興、胡漢民或困守南洋，或祕伏香港，物資缺乏，懲前此之失不欲輕舉，想培養一個比較有把握的基礎再動手。

汪精衛則自丁未以來便懷一種用短兵突擊（暗殺）的計畫，而屢為黃、胡等所反對。己酉（宣統元年）的一年間，黃、胡等大約祕密往來於南洋、香港間，其目的在培養基礎於廣州之新軍，汪則決意進行他的短兵突擊計劃。庚戌一二兩月內，廣州新軍鬧的亂子和汪、黃在北京的被捕，都是先一年醞釀而來的。此一年內，汪、胡間常有書札往來辯論。胡以為：「此後非特暗殺之事不可行，即零星散碎不足制彼虜死命之革命軍，亦斷不可起，蓋此使吾敵之魔力反漲，國民愈生迷夢。」汪則以為：「偽立憲之劇日演於舞臺，炫人觀聽，而革命行動寂然無聞……國人將愈信立憲足以弭革命之風潮……愈堅其信仰立憲之志。……吾黨若無直接激烈行動，其結果必出於此。……若謂零星散碎之革命軍，足傷吾黨元氣……至於暗殺，不過犧牲三數同志之性命，何傷元氣之有。」（見汪精衛與胡漢民書，載汪之文選內）中山、黃興和其他同志都反對汪的主張。

汪、胡間雖有書札往還，而汪對於其他同志的電招，連回信都沒有，因此便有反革命派的人從中挑撥，說汪與中山有隙，將分道揚鑣了，並且藉故攻擊中山。豈知汪所以不回答他們之電信，是不願向同志說假話，又不願意使暗殺的密謀被多人知道，恐怕容易洩漏的原故。及到北京事發，胡漢民方把汪的幾封來信釋出。汪和黃復生等在北京謀炸攝政王府，機關敗露，被捕，審訊時，汪的供詞洋洋數千言，清廷不敢發表一字，恐怕激動國人的耳目。汪、黃的罪刑原定處死，後來載灃聽信幾個老成人的話，

想藉此博寬大之名,並以緩和黨人的心理,才定為無期徒刑;但是革命黨人並不感謝他。此次汪的計畫固未成功,而黃、胡等所經營的廣州新軍計劃,尤先汪案而失敗。廣州新軍本已運動成熟,擬於庚戌正月某日發動,不料在己酉十二月三十日,因為新軍中有兵士數人,以細故與巡警衝突,便激起一個大風潮來,不能遏止;革命黨員倪映典於庚戌正月二日倉卒入營指揮,率領新軍一部分從沙河進攻省城,至橫支岡為敵截擊;倪映典中彈而死,餘眾猶奮勇對敵,卒以眾寡不敵潰敗。費了一年多工夫的經營,竟如此「曇花一現」而散,真使他們短氣。此時中山由美東行,至舊金山,聞敗耗,因取道檀香山、日本而至檳榔嶼,電邀胡漢民、黃興、趙聲等往商捲土重來的計畫。當時磋商情形,依中山自述如下:

……時各同志以新敗之餘,破壞最精銳之機關,失卻最利便之地盤,加之新軍同志,亡命南來者,實繁有徒,招待安插,為力已窮;而吾人住食行動之資,將虞不繼,舉目前途,眾有憂色。詢及將來計劃,莫不唏噓太息,相視無言。(可見革命黨當時的苦況。)予乃慰以一敗何足餒!吾曩之失敗,幾為舉世所棄,比之今日,其困難實百倍。今日吾輩雖窮,而革命之風潮已盛,華僑之思想已開。從今而後,只慮吾人之無計劃、無勇氣耳。如果眾志不衰,則財用一層,予當力任設法。時各人親見檳城同志之窮,吾等亡命境地之困,日常之費每有不給,顧安得餘資以為活動。予再三言必可設法。伯先(即趙聲之別號)乃言:「如果欲再舉,必當立即遣人攜資數千金回國,以救濟某處之同志,免彼散去,然後圖集合而再設機關以謀進行。吾等亦當回香港與各方接洽。如是日內即需川資五千元;如事有可為,則又非數十萬大款不可。」予乃招集當地華僑同志會議,動以大義,一夕之間,則釀資八千有奇。再令各同志擔任到各埠分頭勸募,數日之內已達五六萬元,而遠地更所不計。既有頭批的款,已可分頭進行。……於是乃有辛亥三月二十九日廣州之舉。

第八章 革命與立憲的對抗運動（下）

　　觀此我們可知道辛亥三月震動全國耳目的廣州之役，是革命黨從艱難困苦到極點的境遇中振拔起來的，而亦卒歸於失敗。此次計劃的大方針，原定「以新軍為主幹。但鑒於從前運動軍隊或民軍，難於擇一發難，乃抉擇同志五百人為選鋒，任發難之責，以領導軍隊及民軍，蓋將傾全黨人力財力以赴之也。廣州一得，以黃興統一軍出湖南趨湖北，趙聲統一軍出江西趨南京」。（以黃於湖南曾辦華興會，黨羽甚多；趙曾任南京新軍統領，與新軍感情甚洽。）這種方針，是庚戌年十一月在檳榔嶼決定的。決定後，趙聲即回香港，保存廣州新軍團體。黃興於十二月中旬、胡漢民於辛亥正月中旬先後返香港，長江各省及閩桂日本各同志也有到的，便在香港組織統籌部，分擔職務，舉黃興為統籌部部長，趙聲為副。下分出納、祕書、儲備、排程、交通、編制、調查、總務八課；由趙聲、胡漢民、姚雨平、胡毅、李海雲、陳炯明、洪承點、羅熾揚等分別執掌。又鑒於累次的失敗，大概由於「機關」部分被破，牽連全域性，因議定各事由各主任人負責，各部之事不相問，亦不相告，藉以保守祕密。繼續在廣州祕密分設的機關約有三十幾處，起初也是各不相知。

　　不久，長江各省的祕密約束有了相當的成熟；廣州方面的新軍、防營、警察、民軍、本黨的選鋒隊，都有了相當準備；本有最大限度的成功希望。其失敗原因：一、由於新軍的軍械，因前次新軍變亂的原故，被政府收去，只能由本黨接濟少數的軍械；二、由於在南洋籌款時早被南洋的反對黨知道，傳達粵督張鳴岐，張已預先防備；三、由於溫生才刺殺孚琦，促起廣州當局的嚴密警戒與搜查，此實為失敗最重要之原因。發難的時期初定於三月十五日，本黨選鋒隊（以五百人不夠）定為八百人，分為十路：黃興率百人攻督署；趙聲率百人攻水師行臺；徐維揚等率百人攻督練公所；陳炯明等率百人防截旗界，占領歸德、大北兩城樓；黃俠毅等率百人攻警署協署兼守大南門；姚雨平等率百人占領飛來廟，攻小北門延新

軍入；以外還有五十人一隊的四隊，分攻他所。因為等候軍械延遲到三月二十日夜，而張鳴岐和水師提督李準，已把他們的祕密探出。又因是月十日，溫生才刺殺孚琦，城中戒嚴；一面調防營布防，一面下令搜尋。黃興於三月二十五日入廣州，二十六、二十七日，廣州的機關和黨人，已有被破壞捕獲的。城內風聲鶴唳，黨中因有人提議延期，命各部已到選鋒隊退出，未到者暫勿來；黃興欲以一死拚李準（因籌款與集合人才不易，且恐失南洋同志之信用故也），卒以眾議決定下展期命令。至二十八、二十九日，忽有人謂，粵督調來之防營即本黨之同志，事尚可為，復下命令定二十九日午後十二點鐘舉事。至二十九日午，黃興住所附近之機關又有被破獲者，眾恐搜尋至本處，將所謀全歸無效，紛請即發；朱執信至謂，若不發即自殺；因於本日午後五時半，由黃興率選鋒隊約百人撲攻督署；原定十路，因數次命令變更，或已退出而未能集合，或再集合而尚未到省，臨時變更計劃，與黃同時發動的僅有四路。

其中延接新軍之一路又因計劃變更，接濟新軍之少數軍械未能達於新軍手中，新軍限於城外，束手坐觀，失去一大助力。黃興所率之選鋒隊攻入督署，張鳴岐由署後鑿孔逃往水師行臺。黃率所部出署，謀分途轉攻他所，至雙門底，遇溫帶雄所率防營軍隊數百人。溫本已與革命黨人聯繫，並已得革黨命令於五時半往攻水師行臺，擒拿李準，又得李準命令入城防攻黨人；溫喜極，即扣留李之傳命者，率隊出發，欲達到水師行臺始換革黨白布臂章；行至雙門底，黃等見他們無臂章，不知他們是同黨，黃部方聲洞首先向溫帶雄發槍，溫即倒斃，彼此誤會互相轟擊，黃部衝散，巡防隊因溫死亦散。黃以孤身闖入一小店內猶於門隙中射擊敵人，敵散後見自身衣上血跡模糊，始知喪去三指，輾轉逃入河南，數日後始逃至香港。假使沒有雙門底一場誤會的攻擊，李準和張鳴岐同在水師行臺，必為溫帶雄的防營軍隊所斃或被擒獲，廣州必為革命軍所占領；乃因防止洩漏嚴密過

第八章　革命與立憲的對抗運動（下）

度的原故（溫部不能早換臂章是恐中途遇阻，而溫不以此預告統籌部，是守各部不相聞問的原則），把自己兩部分的主力軍隊由自己全行破壞；否則廣州一得，長江方面相繼響應，恐怕清廷的命運延不到本年八九月了。此次的失敗，犧牲最大，所謂黃花崗的七十二烈士（實則黨員之被難者不止七十二人）是革命黨的精華，也是國民的精華。我們試看烈士中的林覺民在此役實行後幾日寫給他的愛妻的遺書（林君遺書，作為附錄載於本節之末，請參看），便知道他們的血是為誰而濺的了。但是此役的影響也是很大，七十二烈士的血痕已深深映入國民的腦際；除了一部分意志薄弱的立憲黨人，必待皇族內閣出現，漸至半醒外，大多數的國民大概都震醒了。

■（附錄）林覺民與妻書

　　意映卿卿如晤，吾今以此書與汝永別矣。吾作此書時，尚是世中一人；汝看此書時，吾已成為陰間一鬼。吾作此書淚珠和筆墨齊下，不能竟書而欲擱筆；又恐汝不察吾衷，謂吾忍舍汝而死，謂吾不知汝之不欲吾死也，故遂忍悲為汝言之。

　　吾至愛汝！即此愛汝一念使吾勇於就死也。吾自遇汝以來，常願天下有情人都成眷屬。然遍地腥雲，滿街狼犬，稱心快意，幾家能夠！司馬春衫，吾不能學太上之忘情也。語云，仁者老吾老以及人之老，幼吾幼以及人之幼。吾充吾愛汝之心，助天下人愛其所愛，所以敢先汝而死不顧汝也。汝體吾此心於啼泣之餘，亦以天下人為念，當亦樂犧牲吾身與汝身之福利為天下人謀永福也。汝其勿悲！

　　汝憶否四五年前，某夕，吾嘗語曰，與使吾先死也，無寧汝先吾而死。汝初聞言而怒，後經吾婉解，雖不謂吾言為是，而亦無辭相答。吾之意蓋謂以汝之弱，必不能禁失吾之悲，吾先死，留苦與汝，吾心不忍，故寧請汝先死吾擔悲也。嗟夫！誰知吾卒先汝而死乎？吾真真不能忘汝也！回憶後街之屋，入門穿廊，過前後廳，又三四折，有小廳，廳旁一室，為

三 革命運動的苦境

吾與汝雙棲之所。初婚三四個月,適冬之望日前後,窗外疏梅篩月影,依稀掩映,吾與汝並肩攜手,低低切切,何事不語,何情不訴。及今思之,空餘淚痕。又回憶六七年前,吾之逃家復歸也,汝泣告我,望今後有遠行必以告妾,妾願隨君行。吾亦既許汝矣。前十餘日回家,即欲乘便以此行之事語汝,及與汝相對,又不能啟口;且以汝之有身也,更恐不勝悲,故唯日日呼酒買醉。嗟夫!當時餘心之悲,蓋不能以寸管形容之。

吾誠願與汝相守以死,以今日事勢觀之,天災可以死,盜賊可以死,瓜分之日可以死,奸官、汙吏、虐民可以死,吾輩處今日之中國,國中無地無時不可以死。到那時使吾眼睜睜看汝死,或使汝眼睜睜看我死,吾能之乎!抑汝能之乎!即可不死,而離散不相見,徒使兩地眼成穿而骨化石,試問古來幾曾見破鏡能重圓?則較死為苦也,將奈之何!今日吾與汝幸雙健,天下人人不當死而死與不願離而離者,不可數計,鍾情如我輩者能忍之乎?此吾所以敢率性就死不顧汝也。吾今死無餘恨。國事成不成,自有同志者在。依新已五歲,轉眼成人,汝其善撫之,使之肖我。汝腹中之物,吾疑其女也,女必像汝,吾心甚慰。又或是男,則亦教其以父志為志,則我死後,尚有二意洞在也,甚幸甚幸!吾家後日當甚貧,貧無所苦,清靜過日而已。吾今與汝無言矣!吾居九泉之下遙聞汝哭聲,當哭相和也。吾平日不信有鬼,今則又望其真有;今人又言心電感應有道,吾亦望其言是實;則吾之死,吾靈尚依旁汝也,汝不必以無侶悲!

吾平生未嘗以吾所志語汝,是吾不是處;然語之又恐汝日日為吾擔憂;吾犧牲百死而不辭,而使汝擔憂,的的非吾所思。吾愛汝至,所以為汝體者唯恐不盡。汝幸而偶我,又何不幸而生於今日之中國;吾幸而得汝,又何不幸而生於今日之中國。卒不忍獨善其身。嗟夫!巾短情長,所未盡者尚有萬千,汝可以模擬得之。吾今不能見汝矣。汝不能捨吾,其時時於夢中得我乎!一慟!辛亥三月二十六夜四鼓,意洞手書。家中諸母皆通文,有不解處,望請其指教,當盡吾意為幸。

第八章　革命與立憲的對抗運動（下）

（此是革命黨員一篇至高尚純潔的情書，附錄於此，使讀者知道黃花岡烈士是為什麼流血犧牲的。假使後來的革命黨員，大家都守著這種高尚純白的精神，替國民謀幸福，民國當早抵於安康福樂的境地了，何至尚有今日的擾攘。乃一至清朝傾覆，而此種高尚純潔的黨員不易見，吾知林烈士當與諸烈士痛哭於九原。）

四　鐵道國有政策的反響

革命與立憲的運動，本是由東西帝國主義的壓迫促起的。在辛亥年的夏秋間，有一件與黃花崗烈士殉難同認為武昌起義導火線的事件，所謂鐵道國有政策，原於帝國主義投資的競爭而生的，不可不敘述一下。

自日本戰勝俄國後，日本的國威膨脹，加入世界帝國主義者的隊伍，與他們並駕爭趨，想執中國問題的牛耳；西方的帝國主義者，看見日本的來勢凶猛，對於侵略中國的方針也發生變動。如日英同盟的改訂（一九〇五年八月），日法協約（一九〇七年六月）、日俄協約（一九〇七年七月）的成立，日美照會（一九〇八年十一月）的宣布等，都是日本和西方列強整理步調的動作。及日俄兩國在滿蒙進行囊括的計畫過於猛烈時，美國有些眼熱，便向各列強提出一種「滿鐵中立案」，想牽制日俄的行動；結果滿鐵中立案失敗，反促起日俄的結合，於是有日俄第二次的協約（成立於一九一〇年並有密約）成立。（第二次日俄協約的成立，最驚動國人耳目，革命、立憲兩黨的運動積極猛進，都因感受這種局勢的危急。）美國自「滿鐵中立案」失敗後轉變方針，另採一種聯合投資政策。此時清政府因為要粉飾新政，處處需錢，財政又日趨窮迫；一班貪婪的少年親貴擁著一個貪而且庸的奕劻，更相互以斂殖私財為事；聽到一班獵官的新人物，

四　鐵道國有政策的反響

貢獻他們一種「利用外資，開發實業」的政策，就喜歡的了不得，於是內外湊合，在辛亥年春夏的幾個月間，外債驟增約二萬萬；其最著者為：

英、美、德、法四國銀行團幣制借款一千萬鎊（即一萬萬元，三月十七日成立）；

日本鐵道公債一千萬元（三月二十四日成立）；

英、美、德、法四國銀行團川漢、粵漢鐵道借款六百萬鎊（六千萬元）。

主持這些借款的重要人物，就是載澤和盛宣懷。載澤之妻與光緒帝后（此時稱太后矣）為姊妹，在親貴中勢力很大，任度支大臣，總攬財政全權；盛宣懷本是由張之洞卵翼而得勢的，（甲午戰爭時，盛為天津關道，因犯貪汙賣國之嫌，為輿論所攻擊，奉旨開缺查辦。此時任查辦者為北洋大臣王文韶、南洋大臣張之洞；王本袒盛，張則素惡盛，盛因乞張保全。張此時因辦漢陽鐵政局［即漢冶萍公司前身］，虧空公款六百餘萬，受戶部切責。乃謂盛曰：汝若接辦鐵政局為我彌補虧空，則保汝，否則劾汝。盛不得已允之，並謂鐵政局既有虧空，所出之鐵又無銷路，則負擔太難；若能保舉宣懷辦鐵路，則此事易任。張亦允之，於是遂與王文韶聯銜保盛督辦鐵路，是為盛宣懷與路政發生關係之始。從此盛以路礦致鉅富，而漢冶萍公司則虧累日增，陸續借入日債，其權遂落入日本人之手。此則張之洞提倡實業之大功也。）現在夤緣親貴，巴結載澤，任郵傳部大臣，想藉鐵道借款，一面擴充私囊，一面鞏固權位，因投合皇族內閣集權的心理，提出一種鐵道國有政策，於辛亥年四月十一日，用上諭宣布。四月二十二日，盛乃與英、美、德、法四國銀行團簽訂川漢、粵漢鐵道借款。這便是鐵道國有政策的由來。

近五六年來的革命立憲運動，本與帝國主義的經濟侵略有密切關係，

第八章　革命與立憲的對抗運動（下）

及見政府如此濫借外債不遺餘力，已惹起群眾的大非難。但在四國幣制借款和日本一千萬元借款宣布時，群眾雖然非難，還沒有發生大風潮，因為這兩項借款，尚與商民無直接的利害衝突。及到鐵道國有政策和川粵漢鐵道借款宣布後，反抗的大風潮就起來了。原來粵漢鐵道曾由美國合興公司承辦，後以該公司違約，由人民力爭收回，已批准由商民集股自辦，川漢路亦經批准商辦。但是商民的力量，除廣東一省較為充足外，如川、湘等省，股本實難招足，因此在川、湘等省有抽收租股及米鹽捐、房捐等辦法（湖南已收集民股二百餘萬元，租股一百二十八萬元，房捐股四萬餘元，湖北、四川未詳），粵省已早修築，川省宜萬一段亦已開工。忽然說要取消商辦案，以國有名義，把權利送給外人，因與各省商民的權利發生直接的衝突，於是反抗之勢如火燎原，不可撲滅了。川、粵、湘、鄂各省紛紛設立保路同志會，一面以各省諮議局為開會反抗的大本營，一面派代表進京，一面電請各省京官援助，於是奏劾盛宣懷的奏摺如雪片飛來。

署理川督王人文左袒商民被申飭，湘撫楊文鼎、川督趙爾豐起初也左袒商民，被申飭。盛宣懷倚靠皇族內閣為後盾，絲毫不能動搖，對於各省的反抗集會，並下格殺勿論之諭。日本留學界援助商民，力主「路存與存，路亡與亡」之說，旅美粵僑也開會集議，勢尤憤激，說「粵路股銀，皆人民血汗，當執定成案，有劫奪商路者，格殺勿論」。政府對於反抗的人民，用「格殺勿論」四字，僑商對於政府也用「格殺勿論」四字，可謂針鋒相對。在相持最激烈的當中，湯化龍在北京，見各省京官所上爭路公呈全無效力，曾提出一種調停的辦法：擬定商民股款不向政府索回，作為路股，要求發給股票，並要求郵部許各省商民立查帳會，有稽核鐵路度支之權。但是盛宣懷意在把持，絕對不容商民有干涉權，湯的調定辦法亦無效。此次爭路風潮最激烈的，要算四川人。川代表劉聲元在北京，以為政府大臣皆與盛宣懷一氣，想直向攝政王載灃請願，兩次前往，皆為門役所

四 鐵道國有政策的反響

阻,乃跪地安門外,等候載灃,攔輿遞呈,令逮交步軍統領衙門訊究;步軍統領衙門把他釋放了,他又向奕劻上書,於是令步軍統領衙門將他解回原籍,旅京川人紛紛集合哭送。

這是川人在北京爭路的情形。至於在四川省內的情形,尤為好看:七月初一日,保路同志會議決罷市,商民每家皆供光緒帝牌位,舉哀號哭;各國領事見勢不佳,照會政府請設法保護;趙爾豐也恐怕惹起大亂來,與將軍玉崐聯名奏請川路暫歸商辦;奉旨申飭,不許。端方因奏劾趙爾豐庸懦無能、敗壞路事,乃命端方自湖北帶兵入川查辦。七月十五日,川人聽說端方帶兵入川,舉代表往督署,求阻端方。趙爾豐因前此容納商民意見,被端方藉為口實,負氣不過問;代表再四要求,乃將代表蒲殿俊(諮議局議長)、鄧孝可(法部主事)、顏楷(股東會會長、翰林院編修)、羅綸、胡嶸等拘禁署中;人民相率至署求釋放,被衛兵開槍擊殺多人。趙因電奏川人以爭路為名,希圖獨立,意在變亂,與路事無涉;清政府命嚴飭新舊各軍,相機剿辦,近省民團多為官兵所焚殺。這是四川省內爭路的情形。

此次爭路風潮,當然有革命黨人在裡面煽動,但是若與商民沒有直接的利害關係,煽動未必有這大的效力。自此風潮發生以來,與革命黨人素無關係的商民,也不知不覺趨向革命黨方面來了。革命黨刻刻乘機待發,立憲黨亦已失望,一般商民又積憤無可伸雪,於是隻等武漢炮響,愛新覺羅氏相傳二百六十八年的金交椅,就此顛覆。

第八章　革命與立憲的對抗運動（下）

第九章　清政府的顛覆與中華民國的成立

在前面幾章裡面，我們可以看出，中國內部從甲午到辛亥的十七年間，已養成三大派的政治動力：一、激烈的革命派；二、溫和的君憲派；三、袁世凱的實力派。這三派之中，第一派早已彰明昭著與清政府為敵；第二派想就清政府加以改良；第三派則尚無何種明瞭的色彩和宗旨，並且還沒有現出什麼派別系統的形式來，不過骨子裡面，隱隱以袁世凱為中心，成為一種獵官競權的團體。自宣統嗣位以來，第一派對於清廷的敵對行動固猛力進行，第二、三兩派也因為受了清皇族的抑制，深懷不滿了。及至武昌革命軍起各省響應，二、三兩派勢力也傾向推倒清朝的一途。於是清皇位的顛覆遂不可免，而中華民國即以成立。

一　武昌起義與各省的響應

前幾年中，革命黨的發動，除徐錫麟、熊成基兩次舉事於安慶外，同盟會的直接行動總是拘於南部的一隅。辛亥三月廣州之役發動以前，譚人鳳曾向黃興、趙聲等建言：「兩湖居中原中樞，得之可以震動全國，控制虜廷；不得，則廣東雖為我有，仍不能以有為。願加以注意，俾收響應之效。」黃、趙問他的辦法，他說：「居正、孫武等日夕為武昌謀，唯缺於資，不能設立機關，以張大其勢力。湖南同志甚多，以缺於資，不能為進行之部署。誠能予金以分給於兩湖同志，則機關一立，勢力集中，響應之效必大。……」原來兩湖自萍醴之役失敗、日知會破壞後，又發生了一些

第九章　清政府的顛覆與中華民國的成立

革命團體：最先是共進會，後來又有武昌的文學社。

文學社以蔣翊武等為領袖，胡瑛在武昌獄中亦陰與其事；它的會員大概都是同盟會的會員，但它的組織行動並不必由同盟會本部的命令。共進會的主腦人物，在湘為焦達峰，在鄂為孫武、居正等，它的會員大部分也是同盟會的會員，但也有不曾加入同盟會的，它們的組織行動也不必由同盟會的命令；黃興對於共進會的成立，起初很不以為然，常與焦達峰爭辯，焦亦不聽。文學社與共進會在武漢方面的祕密活動，起初也不統一，得譚人鳳等調和之力，漸歸一致。辛亥三月廣州舉事前，黃興依譚人鳳的建言，已與他們聯繫，預備響應（因廣州失敗，遂未發動）。他們的革命勢力以新軍為柱石而輔之以會黨，文學社領袖的蔣翊武便是新軍中黨員的重要人物。這是革命黨在武漢原來的大概情形。

同盟會的幹部人員（唯中山在美洲），自廣州大失敗以後，趙聲憂憤成病而死，黃興、胡漢民等蟄伏香港，亦頗沮喪。陳其美、宋教仁、譚人鳳等由香港返滬，恐革命黨的勢力將因此次失敗而渙散不振，謀於長江方面為捲土重來之計，在滬組織一個「中國同盟會中部總會」，其宣言中有云：

……同人等激發於死者之義烈（指七十二烈士）各有奮心，留港月餘，冀與主事諸公婉商善後補救之策；乃一以氣鬱身死（指趙聲），一以事敗心灰，一則晏處深居，不能謀一面；於是群鳥獸散；滿腔熱血悉付諸汪洋泡影中矣。雖然，黨事者，黨人之公責任也。有倚賴心，無責任心，何以對死友於地下。返滬諸同志，迫於情之不能自已，於是乎有「同盟會中部總會」之組織。定名「同盟會中部總會」者，奉東京本會為主體，認南部分會為友邦，而以中部別之，名義上自可無衝突也。總機關設於上海，取交通便利，可以聯繫各省，統籌辦法也。各省設分會，收攬人才，分擔

責任，庶無顧此失彼之慮也⋯⋯

這個中部總會的組織，就是要把革命發動的中樞由南部移到長江流域來，而注意點尤在武漢。譚人鳳是湖南革命同志中的老人物，鬚髯蒼白，奔走不息，素為兩湖的青年同志所敬仰；宋教仁本由湖北文普通學校出身，與兩湖的青年同志關係，也異常密切；自中部總會成立後，譚、宋二人常祕密往來於滬漢間，與孫武、居正等籌商進行方法，於是文學社與共進會事實上成了同盟會中部總會的分機關。此即章太炎所謂：「還入中原，引江上之勢，而合武昌之群黨，未半歲遂以集事，則譚人鳳、宋教仁為之也。」

此時上海方面，有革命黨一個重要的言論機關，即於右任所組織的《民立報》（初名《民呼報》，為政府所封閉，改名為《民籲報》，又被封閉，乃改為《民立報》）。宋教仁以「漁父」的別名，常在該報發表光焰逼人的革命文字，鼓勵民氣。但宋的初意，以為革命舉事尚當在數年以後；及至鐵道國有問題發生，革命的風潮便不可遏止了。到七八月之交，武漢方面的同志便急欲發動，派員赴滬港等處，促幹部人員來鄂指揮。黃興在八月裡與馮自由的兩書，很可窺見其中訊息；

第一書中有言：

⋯⋯七月以來，蜀以全體爭路，風雲甚急，私電均以成都為吾黨所得，然未得有確實訊息。前已與執信兄商酌，電尊處轉致中山先生，請設法急籌大款，以謀響應，尚未得復。今湘、鄂均有代表來滬，欲商定急進辦法，因未接晤（黃興此時尚在香港），不知其實在情形，故不能妄斷。至滇之一方面，若欲急辦，儘可辦到，以去年已著手運動，軍界、會黨皆有把握，有二三萬之款可發動。然此方面，難望其成功，以武器甚少，不足與外軍敵也。滇為蜀應則有餘，為自立則不足。⋯⋯弟興頓首，中八月初九夜。

第九章　清政府的顛覆與中華民國的成立

第二書言：

又啟者鄂代表居正由滬派人來云：新軍自廣州之役，預備起事，其運動之進步甚速。廣州之役，本請居君在鄂部經理其事，以備響應。辦法以二十人為一排，以五排為一隊，中設有排長、隊長以管領之。平時以感情團結，互相救助，使其愛若兄弟，非他人所得間隔，成一最有集合力之機體。現人數已得二千左右，此種人數，多系官長下士，而兵卒審其程度最高者始收之。以官長下士能發起，兵卒未有不從者，不必於平時使其習知，況其中又有最好之兵卒，為之操縱，似較粵為善。近以蜀路風潮激烈，各主動人主張急進辦法，現殆有弦滿欲發之勢。又胡經武（即胡瑛）亦派有人來。胡雖在獄，以軍界關係未斷，其部下亦約千餘人。去歲，弟曾通胡君，請其組織預備，以備響應，胡已擴張其範圍聞進步亦速。胡君之人在居君之部下者亦有之，擬於最近發動，期兩部合而為一。據此則人數已多。際此路潮鼓湧之時，尤易推廣。蓋鄂省軍界，久受壓制。以表面上觀之，似無主動之資格，然其中實蓄有反抗之潛力。而各有志尤憤外界之譏評，必欲一伸素志以洗其久不名譽之恥。似此人心憤發，倚為主動，實確有把握，誠為不可多得之機會。若強為遏抑，聽其內部自發，吾人不為之指揮，恐有魚爛之勢，事誠可惜。今既有如此之實力，則以武昌為中樞，湘粵為後勁，寧、皖、陝（前有陝西人，井勿幕君，在此運動，今已得有多數，勢足自動，熊克武君已馳赴該處為之協助），蜀亦同時響應，以牽制之，大事不難一舉而定也。急宜趁此機會，猛勇精進，較之徒在粵發起者事半功倍。且於經濟問題，尤易解決。……總之此次據居君所云，事在必行……弟故許與效馳驅，不日將赴長江上游，期與會合，故特由尊處轉電中山。弟興再頓，八月十四日，前函書好未發，適鄂派人來，故特補敘，又及。

一　武昌起義與各省的響應

　　看此兩書中所述，我們便知道此次武昌發難，本由武漢方面主動，臨事始派人往滬港方面催促黃興等來鄂主持。但是黃興在香港得到他們的訊息時，鄂督瑞澂也探得他們將要發難的訊息了，武漢水陸各要地都加緊戒嚴。發難的期限本定在陰曆八月十五日，因準備未完足，而所招集的主要人物又未能即到，乃延期到八月二十五日。不料在十八日午後，祕伏漢口俄租界寶善裡的黨人因製造炸彈失慎，炸藥爆發（孫武因此受傷），巡捕聞聲齊來搜查，捕去黨員二名；清吏聞警，派人向各處搜尋，繼於漢口英租界及武昌城內，破獲黨人機關三數處，捕獲憲兵彭楚藩及劉汝夔、楊宏勝並女黨員龍韻蘭等數十餘人，搜去革命旗幟、印信、文告及黨員名冊等件。胡瑛在獄聞信，急函通知上海方面囑陳其美等暫勿來鄂，因此時孫武以製炸彈受傷，蔣翊武則在端方帶往四川的新軍內（帶往四川的鄂新軍為三十一標、三十二標，由曾廣大統率，蔣翊武原以學生入伍，適在曾廣大所統之軍中），亦不在鄂；居正則因接洽滬方同志，前已往滬，因此有中止發動的傾向。但清吏所搜去的黨人名冊中多屬軍人，軍隊中的黨員恐政府按名圍捕，人人自危，首由工程營左隊的熊秉坤倡議即時發難，便於陰曆十九日（即陽曆十月十日）午後九時，糾集軍中同志，猛撲楚望臺，占領軍械局；輜重營由城外斬關而入，會攻督署，炮隊、馬隊亦動。鄂督瑞澂、新軍統制張彪及文武大小各吏，皆倉猝棄城逃走，武昌便為革命軍所有。漢陽、漢口也隨即為革命軍所占領。這便是武昌起義的由來。

　　此次發難的倉猝情形，和三月二十九日廣州之役略同，因瑞澂、張彪的庸懦無能，竟得成功。故中山說：「武昌之成功，乃成於意外，其主因則在瑞澂一逃。倘瑞澂不逃，則張彪斷不走，而彼之統馭必不失，秩序必不亂也。以當時武昌新軍，其贊成革命者之大部分已由端方調往四川，其尚留武昌者，只砲兵及工程營之小部分耳，其他留武昌之新軍尚毫無成見者也。乃此小部分以機關破壞而自危，決冒險以圖功，成敗在所不計，初

第九章　清政府的顛覆與中華民國的成立

不意一擊而中也。」

革命軍占領武昌後，還沒有一個相當的首領。因新軍協統黎元洪為人謹厚，平素頗為士卒所愛服，便強迫擁戴他為中華民國軍政府革命軍鄂軍都督。黎於出任都督八日後，有一封勸誘海軍提督薩鎮冰的書，把他自己出任都督經過老實說了出來。書中說：

……洪當武昌變起之時，所統各軍均已出防，空營獨守，束手無策。黨軍驅逐瑞督出城後，即率隊來洪營，合圍搜尋。洪換便衣匿室後，當被索執，責以大義。其時槍炮環列，萬一不從，立即身首異處。洪只得權為應允。吾師素知洪最謹厚，何敢倉猝出此。雖任事，數日未敢輕動，蓋不知究竟同志者若何，團體若何，事機若何；如輕易著手，恐至不可收拾，不能為漢族雪恥，轉增危害。今已視師八日，萬眾一心，同仇敵愾。昔武王云：「紂有臣億萬，唯億萬心；予有臣三千唯一心。」今則一心之人，何止三萬。即就昨日陸戰而論，兵丁各自為戰，雖無指揮，亦各奮力突進。漢族同胞徒手助戰，毀損鐵軌者，指不勝屈。甚有婦孺饋送面包、茶水入陣，此情此景，言之令人奮武。誰無肝膽，誰無熱誠，誰非黃帝子孫，豈甘作滿族奴隸，而殘害同胞耶？洪有鑒於此，識事機之大有可為，乃誓師宣言，矢志恢復漢土。……

這是黎元洪出任都督經過的實錄。非革命黨員的黎元洪既作了革命軍的都督，立憲派的諮議局議長湯化龍也，被推為軍政府的民政部長。這便是立憲黨人加入革命動作的第一件事實。

武昌的軍政府成立後，發出文告，維持秩序，駐漢的外國領事團看見革命黨舉動文明，知道不是庚子年拳民的排外行為，便宣告嚴守中立。從八月十九日舉事造成九月下旬，約在一個月內外，各省紛紛響應，宣告獨立，除直隸、河南、山東、東三省尚受清政府的支配外，民軍已「三分天

下有其二」了。各省宣告獨立次序大略如下：

　　陰曆九月初一日湖南長沙宣告獨立，以焦達峰為都督（旋因內變，焦被害，以譚延闓為都督）。

　　九月初一日陝西宣告獨立，以張鳳翽為都督。

　　九月初二日江西九江宣告獨立，以馬毓寶為都督（南昌亦於九月十日獨立以吳介璋為都督）。

　　九月初八日山西宣告獨立，以閻錫山為都督。

　　九月初十日雲南宣告獨立，以蔡鍔為都督。

　　九月初十日安徽江北各處亦紛紛獨立。（安徽獨立，經過事變獨多。安慶於十八日獨立，推巡撫朱家寶為都督，朱旋即被逐，孫毓筠、柏文蔚相繼任都督。）

　　九月十三日江蘇之上海宣告獨立，以陳其美為都督。

　　九月十四日貴州宣告獨立，以楊藎誠為都督。

　　九月十五日江蘇之蘇州宣告獨立，以巡撫程德全為都督。

　　同日浙江宣告獨立，以湯壽潛為都督。

　　九月十七日廣西宣告獨立，以巡撫沈秉堃為都督（旋改任陸榮廷）。

　　九月十八日江蘇之鎮江宣告獨立，以林述慶為都督。

　　九月十九日福建宣告獨立，以孫道仁為都督。

　　同日廣東宣告獨立，以胡漢民為都督。

　　九月廿一日海軍降服民軍。

　　九月廿三日山東宣告獨立，以孫寶琦為都督（旋即取消獨立）。

　　（四川本為革命之導火線，然為趙爾豐所持，至十月七日，成都始得

第九章　清政府的顛覆與中華民國的成立

宣告獨立，以蒲殿俊為都督，趙被殺，端方亦被殺。）

上列各省的獨立，有幾處最關重要的：

一、長沙居武昌的後方，九江為武昌下游最近之地，此二處首先響應，使武昌無後顧之憂，得以專力對抗北來的清軍；又因得長沙派來援軍之助，在漢陽一帶，與清軍相持一月有餘，至十月初七日，漢陽始為清軍所得。

二、陝西、山西兩省離清政府的首都北京較近，此兩省相繼響應，使清廷不能專力對付武漢。

三、南京為長江下游的重地，清督張人駿和張勳、鐵良等皆頑抗民軍，因蘇、滬、浙等處先後響應，合力以攻南京；及漢陽被清軍所得，武昌極形危險，而南京即為民軍所陷落（南京陷落在十月十二日，漢陽失守後四日），民軍因取得第二之安全根據地，樹立臨時政府。

還有一件大可注意的事，就是各省的響應獨立，雖由革命黨人運動發難，而各省諮議局的立憲黨人，無不加入革命動作。除了他們的言論指導者梁啟超，尚在海外發「虛君共和制」的議論以外，國內立憲派的人物，或任革命政府的民政長（如湯化龍），或任革命政府的都督（如譚延闓），或任其他職務，竟沒有一省的立憲黨人與革命黨作敵對行動的。可見國人對於清政府的感情了。

二　袁世凱的起用與清廷的逐步降服

清政府接到武漢變亂訊息之初，便已驚惶失措。八月二十一日，諭令瑞澂、張彪革職留任，戴罪圖功；一面命陸軍大臣蔭昌親率北洋軍隊兩鎮

二　袁世凱的起用與清廷的逐步降服

南下。二十三日，忽下諭起用袁世凱為湖廣總督，兼辦剿匪事宜；除湖北原有的軍隊歸他節制調遣外，蔭昌及其他水陸各援軍，袁亦得會同調遣。以總攬軍符的陸軍大臣，命之督師；不到三日，又命他人分任其事，可見其慌亂之極。但是袁世凱不是清廷的「社稷之臣」，不若曾國藩、李鴻章那麼「麾之即去，呼之即來」的。戊申年冬間，載灃放逐他，命他回籍養痾，說他有足疾不良於行；現在要他去作湖廣總督，他便以「足疾未痊」四字力辭，不肯出山。他所以不肯即出的原故，一是要洩一洩憤；二是要等事變擴大，使載灃不能收拾；三是要取得對於一己合算的條件。此時任內閣總理大臣的奕劻，素來和袁要好，內閣協理大臣的徐世昌又久為袁的羽翼。袁的起用，由於奕劻的建議；外國人也替他吹說「非袁不能收拾」。載灃無可如何，才起用他作湖廣總督，這是載灃對於袁世凱第一步的降服。徐世昌見他不出，便微服出京親往彰德勸駕。及清廷再三催促，袁便以徐世昌和奕劻為介，提出六個重要的條件來，非清廷悉行允諾，絕不出山。其條件如下：

一、明年即開國會；

二、組織責任內閣；

三、寬容與於此次事變的人；

四、解除黨禁；

五、須委以指揮水陸各軍及關於軍隊編制的全權；

六、須與以十分充足的軍費。

我們看他所提出的六個條件，便知道他的心理最初就是不願意和革命軍打硬仗，但是實權非攬入自己手裡來不可。六個條件中的前四項，是想用以緩和革命黨和一般人的心理，與他們謀妥協的。但是他的妥協政策並不是替清皇族打算，而是替自己打算。他以為：若用兵力撲滅革命軍，將

283

第九章　清政府的顛覆與中華民國的成立

來革命黨必積恨於他，於他有害無利；並且等到革命軍撲滅了，清皇族未必還倚靠他；「兔死狗烹，鳥盡弓藏」，他絕不願再作這種傻子。若留著對方革命軍的勢力，他站在中間，處於調停的地位，一面可以見好於革命黨，一面可使清皇族不得不倚靠他，所謂「養敵自重」，於他最為合算。但若不把軍事實權攬到自己手裡來，又恐革命軍勢力過於擴大，不受他的調停；就是對於清廷，也不能操縱如意，所以，雖採妥協政策，仍是少不了六條件中的五、六兩項。

六條件中的第二項，還有一層更重要的作用。所謂組織責任內閣，就是要把親貴內閣廢止，要把皇族的政權削去，並且要使載灃的監國攝政王地位歸於無用，這個條件一辦到，非徒他個人的夙憤可以發洩，並且環顧當時的人物和內外的輿望，內閣總理大臣的椅子，除了他自己，沒有人敢坐。無論革命黨受妥協不受妥協，清皇位能維持不能維持，大權總是攬在他自己手裡了。所以這一個條件，在他是認為有極大作用的，與平常立憲黨人要求責任內閣的意思大不相同。

但是載灃對於他的條件，起初很不願意接受。載灃不接受，他總不出山。南下的討伐軍隊都是袁的舊部，起初不大出力；蔭昌往來於孝感、信陽間，將校不相習，軍心不團結，遷延無功。直到九月初六日——那時湖南、陝西、九江已響應革命軍，載灃更慌亂了——才下諭受袁為欽差大臣，節制各軍，以馮國璋統第一軍，段祺瑞統第二軍，召蔭昌回京。這就是表示接受他六條件中的第五項，算是載灃對袁第二步的降服。（此時南下各軍將聞袁有出山之意，行將南下，始奮力與革命軍搏戰，數日後，奪取漢口。）但是對於其他的條件，尚無表示，袁世凱也尚未出山。恰好在授袁為欽差大臣的一天，資政院的立憲黨人，提出四條的上奏案來：一、取消親貴內閣；二、憲法須由人民代表協贊；三、赦免國事犯；四、

即開國會。本案由院可決後，即行上奏。這好像是立憲黨和袁世凱合演的雙簧戲。清皇族對此上奏案，正在籌劃應付的時候，駐在灤州的陸軍第二十鎮統制張紹曾、協統藍天蔚等五六人，又打下一個「晴天霹靂」來，就是九月初八日，由張、藍等領銜要求立憲的十二條電奏：

一、大清皇帝萬世一系。

二、於本年內召集國會。

三、憲法由國會起草，以皇帝之名義宣布之，但皇帝不得加以修正或否認。

四、締結條約及媾和，由國會取決，以皇帝之名義行之。

五、皇帝統率海陸軍，但對國內用兵時，須經國會議決。

六、不得以命令施行「就地正法，格殺勿論」之事。

七、特赦國事犯。

八、組織責任內閣，總理大臣，由國會選舉後，以皇帝敕任之；其他國務大臣，由總理大臣推薦任之，皇族不得為國務大臣。

九、國會有修改憲法之提議權。

十、本年度預算未經國會議決，不得適用前年度之預算支出。

十一、凡增重人民之負擔，須由國會議決。

十二、憲法及國會法之制定，軍人有參與權。

這十二條的電奏，也好像是張、藍等和資政院立憲黨演的雙簧戲，但是它的內幕卻很複雜。原來陸軍第二十鎮，便是光緒末年徐世昌任東三省總督時，由北洋六鎮中抽調編成帶去的第一混成協，於宣統元年由錫良改為第二十鎮。而北洋陸軍中，自袁世凱被逐後，已有幾個士官生的革命黨員鑽入裡面，如第六鎮的統制吳祿貞和第二十鎮協統藍天蔚等都是。張紹

第九章　清政府的顛覆與中華民國的成立

曾雖也染了一點革命的氣味，但是態度卻不甚堅決，並且多數的下級將校大概都是袁的舊屬，沒有多少的新思想，也有點把握不住。此時，伏在東北方面的革命黨人聽說第二十鎮的軍隊奉命南下，便極力運動張、藍等率兵直取北京。張、藍等因彼此意志的強弱不一致，而部下又極複雜，便採用一種漸進手段，頓兵灤州，向清廷提出最高度的立憲條件，清廷若不肯容納，再行進攻北京。他們以為這種要求，清廷是絕難承認的。豈知他們提出要求的那一天，就是山西響應獨立的那一天；倘若不允他們所請，他們由灤州進逼，和山西兩面夾攻，北京如在釜中；於是載灃於九月九日即行下諭取消現行內閣章程，改組內閣，命資政院立即起草憲法，解除黨禁，放釋汪精衛等，認革命黨為正式政黨，對於張紹曾等傳諭嘉獎，並下罪己之詔。（詔語有「朕用人無方，施治寡術，政地多用親貴，則顯戾憲章；路事蒙於僉王，則動遠輿論……」，都是自己打自己的嘴巴的話。）慶親王奕劻的內閣於十一日即行解職；十二日，即任命袁世凱為內閣總理大臣；十三日，資政院即將憲法的重要信條十九條議決奏上，載灃即命刊刻謄黃宣布，擇期宣誓太廟（「十九信條」附錄於本節之後）。這是清廷向國民第一步的降服，也就是載灃向袁世凱第三步的降服。

當張紹曾等的電奏和山西獨立的訊息達到北京時，北京流言四起，人心洶洶，官吏的家眷和市民紛紛避往天津，光緒帝後恐怕北京立刻要落入革命軍之手，便命錫良任熱河督統，預備逃往熱河。此時袁世凱雖尚在彰德養壽園，南北的訊息卻十分靈敏（因為北京有徐世昌、趙秉鈞等為他的羽翼，南邊的馮國璋等都天天望他南下），聽到張、藍等的要求條件，比他自己的條件更強烈無數倍，又聽到山西的訊息，知道載灃的降服是一定的了，於是在九月十一日（即下諭取消親貴內閣的第三天）由彰德南下視師。聽到宮廷有避往熱河的訊息，又恐怕失去了一個玩弄的好工具，便立即電奏嚴切諫阻。袁出山時去武昌起義已二十餘日，革命軍已占有國境的

二　袁世凱的起用與清廷的逐步降服

大半。資政院於九月十八日依據新頒的憲法信條，實行選舉內閣總理大臣，自然是袁世凱當選了，清廷隨即依法重行任命。

當袁世凱被任為內閣總理的前一天（九月十七日），還有一件很重要的事變，便是吳祿貞的被刺。此時吳為第六鎮統制，武昌起義後，吳曾請率所部第六鎮前去平亂，清廷便對他懷疑。又張紹曾、藍天蔚在灤州發出威逼清廷的電報時，吳往灤州與張、藍等密謀合取北京，逼清帝退位。清廷窺破他們的密謀，一面將京奉路線的列車悉調京師，使張、藍等的軍隊不得進；一面令吳率所部往攻山西革命軍。吳到石家莊，令所部勿進攻，單騎赴娘子關與山西軍代表相晤，議定聯合進攻北京，將清軍往南方的輜重扣留，而以山西已經受撫報清廷。清廷見吳的行動有異，乃陽任吳為山西巡撫，陰遣人刺殺之於石家莊。（據當時《民立報》所記，主謀刺吳者為良弼。然吳曾為排袁之一人，或謂袁恐吳不利於己，主謀刺吳者實為袁氏。但無從證實。）吳的計畫若果實現，則清廷的傾覆已在俄頃之間，便無須後來的和議，袁氏逼取清政府的大權的計畫也將歸於水泡，後來的政治局面也將大不相同。故吳的被刺，於清廷的存亡無補，而於袁氏個人權位的關係實在很大。吳死而袁氏的計畫無阻，北洋陸軍中的異性分子歸於消滅。袁於二十一日在孝感軍次，接到授任內閣總理的諭旨，還電辭不就，清廷再三電促，便於二十三日率領衛隊入京。二十六日，袁所組織的內閣宣布了。閣員的配置如下：

內閣總理大臣袁世凱

外務大臣梁敦彥

次官胡唯德

民政大臣趙秉鈞

次官烏珍

第九章　清政府的顛覆與中華民國的成立

度支大臣嚴修

次官陳錦濤

陸軍大臣王士珍

次官田文烈

海軍大臣薩鎮冰

次官譚學衡

學部大臣唐景崇

次官楊度

法部大臣沈家本

次官梁啟超

郵傳部大臣唐紹儀

次官梁如浩

農商部大臣張謇

次官熙彥

理藩大臣達壽

次官榮勳

這種閣員名單，在袁是表示網羅各派的人才，所以給梁啟超一個法部次官。但是梁是絕不肯就的（袁也知道他不肯就），其他不肯就的也有幾人，結果實際的閣員，大概都是袁的黨羽。袁在組織內閣以前，已取得近畿各鎮及各路軍隊並薑桂題所部悉受節制調遣的全權；軍諮府的載濤也罷去了（代以蔭昌，旋又代以徐世昌）。及內閣成立，清廷的實權已算是完全落入袁手。但在他上面的，還有一個虛位的攝政王，到底有點礙手礙

腳；又還有一部所謂禁衛軍，名義上由載灃代行大元帥統率，實際上是由載濤管轄，也有點不放心。不久，便有監國攝政王載灃以醇親王退歸藩邸之命。對於禁衛軍的辦法，一面由自己編練拱衛軍和它對抗，一面以大義諷令載濤率領禁衛軍實行出征；但是載濤是一個少年貴冑，沒有一點軍事的實際知識，聽到此處彼處革命軍的行動，早已落膽，哪有親征的勇氣；袁早看出他的弱點，故意以出征難他。結果載濤自請解除管轄禁衛軍的職權，袁即呼叫馮國璋為禁衛軍總統官（把武漢方面的任務全授段祺瑞）。不久便用準備出征的名義，把禁衛軍調出北京城外，而以新編的拱衛軍拱衛官城。於是清廷一切自衛的壁壘盡行撤毀，只留下一個孤兒，一個寡婦，被玩弄於袁世凱掌股之上，等待最後的總降服。

■（附錄）憲法十九信條

第一條　大清帝國之皇統萬世不易。

第二條　皇帝神聖不可侵犯。

第三條　皇帝之權，以憲法所規定者為限。

第四條　皇帝繼承之順序，於憲法規定之。

第五條　憲法由資政院起草議決，皇帝頒布之。

第六條　憲法改正提案之權屬於國會。

第七條　上院議員，由國民於法定特別資格中公選之。

第八條　總理大臣，由國會公選，皇帝任命之；其他國務大臣由總理大臣推舉，皇帝任命之；皇族不得為總理大臣、其他國務大臣並各省行政長官。

第九條　總理大臣受國會之彈劾，非解散國會即內閣總理辭職；但一次內閣不得為兩次國會的解散。

第十條　皇帝直接統率海陸軍，但對內使用時，須依國會議決之特別條件。

第十一條　不得以命令代法律；除緊急命令外，以執行法律及法律所委任者為限。

第十二條　國際條約非經國會之議決，不得締結；但宣戰、講和不在國會開會期內，由國會追認之。

第十三條　官制官規，以法律定之。

第十四條　本年度之預算，未經國會議決，不得適用前年度預算；又預算案內之規定歲出，預算案所無者，不得為非常財政之處分。

第十五條　皇室經費之制定及增減，依國會之議決。

第十六條　皇室大典不得與憲法相牴觸。

第十七條　國務裁判機關，由兩院組織之。

第十八條　國會之議決事項，皇室頒布之。

第十九條　第八、第九、第十、第十二、第十三、第十四、第十五、第十八各條，國會未開以前，資政院適用之。

這種信條，除了立憲派藉以扶助袁世凱、袁世凱藉以取得組閣的全權外，對於緩和革命派心理的方面，沒有發生一點效力。這種信條頒布的那天，就是黃興到武昌就任革命軍總司令誓師的那天。

三　南京臨時政府的組織

清廷到九月下旬所餘的領土，雖只有直、魯、豫和東三省等地，但自袁內閣成立後，已有了一個大權獨攬的統合機關；革命軍到九月下旬雖已

取得中國領土三分之二，還沒有一種統一的組織。唯一的革命領導者孫中山還在海外；黃興於九月十三日才到武昌，就任鄂省方面的革命軍總司令（此時漢口已經失去），九月下旬他正在漢陽和北軍作殊死戰。長江下游還有一個重要都會的南京為清廷頑守。各處反清的目的雖同，而各自為戰極形散漫，於是在長江上下游的兩方同時動議，組織聯合機關。武昌於九月十九日由湖北都督府通電各省，請派全權委員赴鄂組織臨時政府。上海本為此次革命運動最初的策源地，交通又極便利，武昌起義以來，各地的革命同志和由立憲派變化而成的革命同志，大都聚集於上海。此時武昌雖為軍事的中心，而計劃的中心、輿論的中心、交通的中心，實均在上海。當武昌通電請派代表赴鄂組織政府時，上海方面，已有在上海組織聯合機關的成議，因為審慎當用何人名義動議方為妥當的原故，發電較武昌為遲。至九月二十一日，始得蘇督程德全、浙督湯壽潛的同意，即用蘇、浙兩督名義，聯電滬督陳其美倡議，請各省公推代表赴滬。其電文如下：

自武漢起義，各省響應，共和政治已為全國輿論所公認。然事必有所取，則功乃易於觀成。美利堅合眾國之制，當為吾國他日之模範；美之建國，其初各部頗起爭論，外揭合眾之幟，內伏渙散之機。其所以苦戰八年，收最後之成功者，賴十三州會議總機關，有統一進行、維持秩序之力也。考其第一次、第二次會議，均僅以襄助各州會議為宗旨，至第三次會議，始能確定國會，長治久安，是亦歷史上必經之階段。吾國上海一埠，為中外耳目所寄，又為交通便利，不受兵禍之地，急宜仿照美國第一次會議方法，於上海設立臨時會議機關，磋商對內、對外妥善方法，以期保疆土之統一，復人道之和平。務請各省舉派代表迅即蒞滬集議。其集議方法及提議大綱並列於下：

一、各省舊諮議局各舉代表一人；

第九章　清政府的顛覆與中華民國的成立

一、各省現時都督府各派代表一人，均常駐上海；

一、以江蘇教育總會為招待所；

一、兩省以上代表到會即行開議，續到者，隨到隨與議。

提議大綱三條：

一、公認外交代表；

二、對於軍事進行之聯繫方法；

三、對於清皇室之處置。

此電發出的第二天，又以江蘇都督府代表雷奮、沈恩孚，浙江都督府代表姚桐豫、高爾登名義，以同樣旨趣通電各省，請派代表來滬，並請各省公認伍廷芳、溫宗堯二人為臨時外交代表。九月二十五日，便依「兩省以上代表到會即行開議」的原定方法，在上海開第一次會議，議決定名為「各省都督府代表聯合會」。九月二十七日至三十日，代表會對於前此武昌通電，商議處置辦法，仍以上海交通便利，會所以在上海為宜，並電武昌請即派代表與會；但承認武昌為民國中央軍政府，以鄂軍都督執行中央政務，並請以中央軍政府名義委任各代表所推定之伍廷芳、溫宗堯為臨時外交代表。到十月三日，鄂都督府代表居正、陶鳳集到滬與會，表示鄂都督希望各省派全權委員赴鄂組織臨時政府的意思，在滬代表會才決定同往武昌。次日，議決各省代表除赴武昌者外，各省仍留一人在滬；赴武昌者，會議組織臨時政府事；留滬者為通訊機關，以聯繫聲勢為務。於是各省代表陸續赴鄂。但等到各代表到鄂時，漢陽已為清軍奪去，武昌全城正陷於龜山炮火的威嚇之下；乃假漢口英租界順昌洋行為代表會的會場，於十月初十日開第一次會議，推譚人鳳為議長。十二日，選舉雷奮、馬君武、王正廷為《臨時政府組織大綱》起草員；又議決如袁世凱反正當公舉為大總統。十三日，議決《臨時政府組織大綱》二十一條，即行宣布，到會簽名

的代表計有湘、鄂、桂、蘇、浙、閩、皖、直、魯、豫十省（《臨時政府組織大綱》全文附錄於本節之末）。

　　十四日，代表會得到南京克復的訊息，議決以南京為臨時政府所在地，各代表定於七日內齊集南京，俟有十省以上的代表到後，便開臨時大總統選舉會。但是因為前此將各省代表分為赴鄂、留滬的兩組，又因鄂方失去漢陽，下游克復南京，便生出幾個小小的波瀾來了。留滬的代表團以為武昌力在危急之中，赴鄂的代表會未必能達到組織臨時政府的目的，而臨時政府又不可不從速組織，因即於十四日，在滬議決以南京為臨時政府所在地，即行選舉大元帥、副元帥，黃興當選為大元帥，黎元洪當選為副元帥。十五日，又議決大元帥職權，即以大元帥主持組織中華民國臨時政府。鄂方各代表得信，認為不合法，表示反對，並用黎大都督名義電滬請取消。這是第一個小波瀾。至十月二十二、二十三等日，各代表都到了南京，決定於二十六日開臨時大總統選舉會；忽於二十五日，因浙代表陳毅由鄂續到，報告袁世凱所派議和代表唐紹儀到漢時，表示袁內閣亦主張共和，便決議緩舉大總統（欲維持十二日在漢所決之議留大總統之位以待世凱），而承認滬方代表所舉之大元帥、副元帥，並議決於《臨時政府組織大綱》追加一條：「臨時大總統未舉定以前，其職權由大元帥暫任之。」這是第二個小波瀾。

　　我們在這兩個小波瀾裡面，已可看出當時參與活動的人物心理幾點：一、特別重視大總統的位置；二、十分迷信袁世凱。但是還有繼續而起的第三個小波瀾發生，就是挾戰勝餘威的蘇浙軍人中，有聲言不願隸於漢陽敗將之下的，而屬意大都督黎元洪，於是在二十六日，又有大元帥、副元帥倒置之議；恰好黃興也來電力辭大元帥之職，並推黎元洪為大元帥，於是在二十七日即推黎為大元帥，黃為副元帥，黎駐武昌，由副元帥代行其

第九章　清政府的顛覆與中華民國的成立

職務；後得黎來電承受，並委副元帥代行職權，黃興堅辭不受。黨人中有憤代表會易置大元帥、副元帥如弈棋，過於兒戲的，因此到十一月初旬，臨時政府的組織還如在五裡霧中。我們在這些小波瀾裡面，又可看出當時革命軍方面心理幾個弱點：

一、軍人的驕慢。原來革命的成敗功罪應該為整個的；軍事上有勝有敗，不能執一時的形跡以為斷定。南京克復固屬有功，漢陽的失敗未必即為敗將一人的過誤；以湘軍少數的軍隊，雜以新募未經訓練之兵，主將又不相習，對抗北洋多數精銳的軍隊相持約近一月；若令當時蘇浙軍隊當之，也未見得一定能操勝算。乃據一時成敗之跡蔑視多年盡力革命的元戎為敗將，適已暴露革命軍人驕慢不羈的弱點。

二、政客的倚勢苟且無定見。袁世凱還是清廷的重臣，一聞其有贊成共和之意，便不惜修改自己已定的組織法，而承認自己認為不合法的選舉；及聞蘇浙軍人有異議，又把自己已承認的選舉加以變更，純以一時的特別勢力為取捨，可見革命精神的薄弱。幸而孫中山於十一月初六日到滬，才把大元帥、副元帥問題擱置不談，決定於十一月初十日，開選舉臨時大總統會，內定孫中山為大總統。屆期到會代表，計有奉、直、魯、晉、陝、蘇、皖、贛、閩、浙、粵、桂、湘、鄂、川、滇十七省，每省為一票。中山得十六票，當選為臨時大總統。十一月十三日，為陽曆一月一日，代表會即議決中華民國紀元，改用陽曆，派人赴滬，歡迎孫總統於民國紀元日在南京就職。

至此，臨時政府的首腦問題算是解決，但是還有一個修改組織法的小波瀾。當《臨時政府組織大綱》宣布時，有許多人很不滿足，或以為遺漏「人權」，或以為不應該將行政各部死板板地規定在有憲法性質的根本法內；解釋者則以為這是一種臨時政府組織法，有效期間很短，第二十條規

定六個月以內召集國民會議，屆時當另定完全的憲法。但是因為人才與地位分配的問題，一把總統椅子，五把部長椅子（組織法原案無副總統，行政部只有五部），實在不敷分配；而組織法又是採用美國式的總統制。宋教仁平素是主張用法國式的內閣制的，因此宋教仁主張修改最力。在選舉臨時大總統之前，宋教仁曾宴請各代表，演說必須修改的理由歷二小時，但是贊成的很少。及到孫總統就任的前一日，特派黃興赴南京向各代表陳說必須修改的理由，時已午後九時，即由滇代表呂志伊、鄂代表居正、湘代表宋教仁提出修正案：

一、原第一條臨時大總統之下加副總統。改為：「臨時大總統、副總統皆由各省代表選舉之，代表投票權每省以一票為限。」

二、原第五條改為：「臨時大總統制定官制官規，並任免文武職員。但任命國務各員，須得參議院之同意。」

三、原第十七條全刪，行政各部改為國務各員，另擬第十七條為：「國務各員執行政務，臨時大總統釋出法律及有關政務之命令時，須副署之。」

其他尚有擬改的幾點，不十分重要。前列三項中，第一、二兩項已於當晚議決，唯第三項因時間太晚，擬延至次日始議。修改案的要點：一、增設副總統；二、把固定的行政部的五部，變為活動不定的國務各員；三、將總統制變為國務員負責的內閣制，此一點實為爭執的焦點。此時有宋教仁想作內閣總理的謠傳，因誤會宋教仁主張修改組織大綱純是替自己打算，於是一種政客的嫉妒的心理便充分暴露了，攻擊宋教仁不遺餘力。元年元日，孫總統就職，代表會停會一日；至初二日，蘇、皖、浙、桂、閩五省代表對於前日已經議決的修正案忽又提出異議，說如此重大的問題不應該在夜間議定，應作為無效。其實，當時的代表會開會並沒有一定的時間，只要有十省以上的代表到會，議決事項便有效；前日的決議已備此條

第九章　清政府的顛覆與中華民國的成立

件，推翻實為不合；因復提出修正案的修正案，經議決如次：

一、原第一條改為：「臨時大總統、副總統皆由各省代表選舉之，以得票滿投票總數三分之二以上為當選，代表投票權每省以一票為限。」

二、原第五條改為：「臨時大總統得制定官制官規，兼任免文武職員。但制定官制官規及任命國務各員及外交專使，須得參議院之同意。」

其他尚有幾點，無關宏旨。此修正案的要點，就是隻承認增加副總統和國務員的椅子，而不許責任內閣製出現；換言之，就是要打擊宋教仁。以反對個人的精神，來定政府機關的組織，這是當時代表會極不健全的心理。組織大綱修正後，次日（即初三日），即選舉副總統，黎元洪當選。孫總統即於是日提出國務員名單求同意，原以宋教仁為內務總長，因修改組織法時，招代表會之忌反對之，乃改以程德全長內務（原定程長交通），湯壽潛長交通（原定湯長教育），另提蔡元培長教育（蔡原無名），全部國務員共九人，如下：

陸軍總長黃興

海軍總長黃鐘英

外交總長王寵惠

司法總長伍廷芳

財政總長陳錦濤

內務總長程德全

教育總長蔡元培

實業總長張謇

交通總長湯壽潛

於是中華民國第一次的臨時政府，算是在南京完全成立了。但是有最

三　南京臨時政府的組織

重要的一點，我們應該注意的，就是此種臨時政府的組織，是否與同盟會原來的革命方略和精神相符。同盟會原定的革命方略是「為綱有四，其序有三」：

　　第一期為軍法之治：義師既起，各地反正，土地、人民新脫滿洲羈絆，臨敵者宜同仇敵愾，內緝族人，外禦寇仇，軍隊與人民同受治於軍法之下。……地方行政，軍政府總攬之，以次掃除積弊……每縣以三年為限……始解軍法，布約法。

　　第二期為約法之治：每一縣既解軍法之後，軍政府以地方自治權，歸之其地之人民……以天下平定後六年為限，始解約法，布憲法。

　　第三期為憲法之治：全國行約法六年後，制定憲法，軍政府解兵權行政權，國民公舉總統及公舉議員，以組織國會，一國之政事，依於憲法行之。……

　　（此種方略，是同盟會成立後在丙午、丁未間所定的。）

　　假使革命黨守定這種方略的精神，當時方在與清軍相持的當中，和議雖已進行，尚不知結果到底如何，應該以組織極端強而有力的軍政府為目的，還談不到通常憲法上的總統制和內閣制問題。但是當時革命黨人，除了中山，已把原定的革命方略丟在九霄雲外去了。中山說：「民國建元之初，予極力主張施行革命方略以達革命建設之目的……而吾黨之士多期期以為不可。經予曉喻再三，辯論再四，卒無成效，莫不以予之理想太高。……嗚呼，是豈予之理想太高哉，毋乃當時黨人知識太低耶？予於是不禁為之心灰意冷矣！……此予之所以萌退志，而於南京政府成立之後，仍繼續停戰，重開和議也。……」（見《孫文學說》）我們看了這段文字，便知道中山在接受臨時總統的時候，已知道一般人的見解和他自己相去太遠，便預備把總統讓給袁世凱，以待將來繼續奮鬥。原來當時一般普通人

第九章　清政府的顛覆與中華民國的成立

的心理就只積恨於清廷，以為把清帝打倒了，大家就安樂了。

　　代表會是代表知識階級的，分子已極複雜，立憲派和革命派混在一起，他們的心理自然比普通一般人要更進一步，除了推翻清皇位以外，還熱心希望共和憲政的實現。在立憲派的代表，本沒有看見過同盟會所定的革命方略；就是革命派的代表也不曾把往日所定的革命方略放在心裡。中山說：「當同盟會成立之初，則有會員疑革命方略之難行者，謂清朝偽立憲，許人民以預備九年，今吾黨之方略，定以軍政三年，訓政六年，豈不與清朝九年相等耶？吾等望治甚急，故投身革命，若於革命成功以後，猶須九年始得憲政之治，未免太久也。……」可見在制定革命方略時，一般黨員便只把它當作一種具文，來敷衍自己的領袖，全沒有實行的意思。所以到臨時政府組織的問題發生時，一般代表，就只注重在通常憲政制度的問題上，全沒有想及由專制達到共和立憲，中間有如許艱難困苦的過程。總括一句，當臨時政府組織時，一般人的心理，已注定南北和議的成功；已注定清帝的命運全操在袁世凱手裡；已準備俟清皇位推翻後，把臨時大總統的位置作袁世凱的酬勞品；已準備在袁世凱作總統的時候，便得到共和立憲的政治。所以在南北和議尚未成功時，新產生的中華民國的命脈已落到袁世凱手裡去了。

■（附錄）臨時政府組織大綱全文

　　第一條　臨時大總統、副總統由各省代表舉之，以得票滿投票總數三分之二以上者為當選。代表投票權，每省以一票為限。（此為修正文，原案為：「臨時大總統，由各省都督代表選舉之，以得票……［下略同］。」）

　　第二條　臨時大總統有統治全國之權。

　　第三條　臨時大總統有統率海陸軍之權。

　　第四條　臨時大總統得參議院之同意，有宣戰、媾和及締結條約之權。

第五條　臨時大總統得制定官制官規,兼任免文武職員。但制定官制官規,暨任命國務各員及外交專使,須得參議院之同意。(此為修正文,原案為:「臨時大總統得參議院之同意,有任用各部長及派遣外交專使之權。」)

第六條　臨時大總統得參議院之同意,有設立臨時中央審判所之權。

第七條　臨時副總統於大總統因故去職時升任。但於大總統有故障不能視事時,得受大總統之委任代行其職權。(此條修正時加入,原案無。)

第八條　參議院以各省都督所派之參議員組織之。(此原第七條)

第九條　參議員每省以三人為限,其選派方法由各省都督府自定之。(此原第八條)第十條參議院會議時,每參議員有一表決權。(此原第九條)

第十一條　參議院之職權如下:

一　議決第四條及第六條事件;

二　承諾第五條事件;

三　議決臨時政府之預算;

四　檢查臨時政府之出納;

五　議決全國統一之稅法、幣制,及發行公債事件;

六　議決暫行法律;

七　議決臨時大總統交議事件;

八　答覆臨時大總統諮詢事件。(此原第十條)

第十二條　參議院會議時,以到會參議員過半數之所決為準。但關於第四條事件,非有到會參議員三分之二同意不得決議。(此原第十一條)

第十三條　參議院議決事件,由議長具報,經臨時大總統蓋印發交行

第九章　清政府的顛覆與中華民國的成立

政各部執行之。（此原第十二條）

　　第十四條　臨時大總統對於參議院決議事件，如不以為然，得於具報後十日內宣告理由，交令複議；參議院對於複議事件，如有到會參議員三分之二以上同意仍執前議時，應仍照前條辦理。（此原第十三條）

　　第十五條　參議院議長由參議員用記名投票法互選之，以得票滿投票總數之半者為當選。（此原第十四條）

　　第十六條　參議院辦事規則由參議院定之。（此原第十五條）

　　第十七條　參議院未成立以前，暫由各省都督府代表會代行其職權；但表決權每省以一票為限。（此原第十六條。此條之設，似與前十條相衝突，然因此時代表會中，各省所派代表人數不等，故設此條為救濟辦法。臨時政府成立後，各省即行改派參議員，依第九條每省三人，此條遂歸無效。）

　　第十八條　行政各部設部長一人為國務員，輔佐臨時大總統辦理各部事務。（此為修正文，原有第十七條云：「行政各部如下：一外交部；二內務部；三財政部；四軍務部；五交通部。」又繼以第十八條云：「各部設部長一人，總理本部事務。」後以兩條併為一條如前文。）

　　第十九條　各部所屬職員之編制及其許可權由部長規定，經臨時大總統批准施行。

　　第二十條　臨時政府成立後六個月以內，由臨時大總統召集國民會議，其召集方法由參議院議決之。

　　第二十一條　《臨時政府組織大綱》施行期限以中華民國憲法成立之日為止，各省代表簽名。

四　和議的經過與清帝退位

袁世凱最初便採用與民軍妥協政策，清廷又接受了他的條件，他已握有清室的生死全權，而民軍方面又早已默許他為將來的總統；和議的成功，彷彿是容易的事。但是從和議的發端到清帝退位，卻經過許多困難波折。所以有許多困難波折的原因，就是袁世凱與民軍方面，根本精神上有一個大相差異之點：在民軍方面，雖然早已默許袁為將來共和政府的總統，但是共和政府的基礎是要立在民權兩字上面；袁世凱雖然沒有把清皇室放在心裡，但是他心裡所希望的共和是總統大權的共和，除了取得總統的地位以外，還要把共和政府的一切大權攬入總統手中，要作一個與皇帝相似的總統。因此，民軍所希望的和議結果，是由清帝將一切大權交還國民；而袁世凱所希望的，是由清帝將一切大權轉讓於他個人。有此根本相歧之點，所以和議的經過就很難了。從和議發端到清帝退位，經過的情形大約可分作兩段：民國紀元日以前為唐伍交涉，民國紀元日到二月十二日為清帝退位的祕密交涉，分別敘述如下：

一、唐伍交涉

袁世凱於九月十一日南下，十六日得到清廷停止進攻的諭旨，即命劉承恩（黎元洪的同鄉）兩次致書黎元洪，勸和，黎置不答。二十一日，乃命蔡廷幹偕劉承恩同赴武昌晤黎請和。此時宋教仁也到了武昌，黎因與宋等共同接見蔡、劉兩人，拒絕和議並請勸袁倒戈北伐，任革命軍汴冀都督。這是和議最初的發端。此時南京尚未光復，漢陽也尚未失去。袁知武漢方面民軍的重心已在黃興，因又曾祕令其子袁克定赴漢陽，與黃有所接洽（此據日人齊藤恆之記載），隱隱表示共同行動之意。但此時黃興不欲示弱，袁也知道民軍的氣勢方盛，不容易說話，因此北上組閣時，傳命猛

第九章　清政府的顛覆與中華民國的成立

攻漢陽,想給民軍一個重大打擊後再提和議。到十月初七日,漢陽失守,清軍若乘勝猛撲武昌,武昌似難固守;袁世凱認此為提出和議最好的機會,乃求助於駐北京的英國公使朱爾典,請其介紹和議。朱爾典自然樂為相助,(帝國主義的各國在華商業,英占最重要地位。革命軍事發生,英國在華商業受影響最大,然又不敢援助清廷,恐開罪於革命黨,現袁既請其介紹和議,自然樂從。)因即電訓駐漢英領事,向兩方介紹議和,是為和議第三次的發端。此時清軍司令官馮國璋不明瞭袁的意旨,又因為打了勝仗,意態很驕傲,提出議和條件時,稱民軍為「匪軍」。民軍雖敗,亦不肯屈。但到十月十一日,兩方為無條件的停戰;初以三日為期,三日期滿,又延長三日。到十月十五日,袁世凱提出的交涉條件電達漢口:

(一)停戰三日期滿,續停十五日;

(二)北京不遣兵向南,南軍亦不遣兵向北;

(三)總理大臣派各省居留北方之代表人前往與南軍務代表討論大局;(這是袁世凱想利用他們作御用代表來牽制民軍的代表會。)

(四)唐紹儀充總理大臣之代表,與黎軍門或其代表人討論大局;

(五)以上所言南軍,山陝及北方土匪不在內。(這是袁世凱想乘議和之時,消滅北方民軍勢力,以清腋肘之患,萬一和議不成,亦可挾北方全力以與民軍對抗。)

此時各省代表正在漢口會議組織臨時政府,接到袁所提出的條件,對於第三、五兩項不肯承認,決定以下列二條答覆:

(一)停戰三日期滿續停十五日,全國民軍、清軍均按兵不動,各守已領之土地;

(二)清總理大臣派唐紹儀為代表,與黎大都督或其代表人討論大局。

代表會旋皆往南京,繼由黎元洪與清廷電商,允於山、陝、川各不增

四　和議的經過與清帝退位

兵力，餘如代表會所提二條，從十月十九日起至十一月初五日止為停戰期間（後復屢次延長），民軍代表為伍廷芳，議和地點為漢口，和議遂以開始。

唐紹儀於十月二十一日到漢，伍廷芳方在滬任外交，不能赴漢，乃改以上海為議和地點。唐於二十七日到上海，次日即開第一次會議，兩方換驗文憑。至十一月初一日午後開第二次會議，伍代表提議，必須承認共和，方有開議之餘地。唐代表的心理也早已傾向共和，但當他南下時，有同來的隨員二十餘人，大都是君憲派的人物，把梁啟超的「虛君共和說」藏在胸中；後來由漢到滬，看見長江一帶的空氣已為共和說所充滿，因此不敢在會議席上有所主張；唐代表也不敢立刻在會議席上承認共和，謂變更國體，事太重大，須電達袁內閣，得復，再商。因於初八日，以開臨時國會解決國體問題之說，電請袁內閣代奏，電文如下：

……查民軍宗旨，以改建共和為目的，若我不承認，即不允再行會議。默察東南各省民情，主張共和，已成一往莫遏之勢。近因新制飛艇二艘，又值孫文來滬（中山於初六到滬），挈帶巨資，並偕同泰西水陸軍官數十員（其實都是恫嚇清廷語，並非事實），聲勢愈大，正議組織臨時政府為鞏固根本之計。且聞中國商借外款，皆為孫文說止各國，以致阻抑不成（此是事實）。此次和議一敗，戰端再啟，度支竭蹶可虞，生民之塗炭愈甚，列強之分割必成，宗社之存亡莫卜。倘知而不言，上何以對皇太后，下何以對國民？紹儀出都時，總理大臣以和平解決為囑，故會議時，曾議召集國會，舉君主民主問題，付之公決，以為轉圜之法，伍廷芳謂各省代表在滬，本不乏人，贊成共和，已居多數，何必再行召集。當時以東三省、直、魯、豫及蒙、回、藏等處尚未派員，似非大公，折之。伍廷芳仍未允認。現在停戰期間已促，再四思維，唯有籲請即日明降諭旨，命總

303

第九章　清政府的顛覆與中華民國的成立

理大臣頒布閣令，召集臨時國會，以君主民主付之公議，徵集意見，以定指歸。……

此電達到清廷後，即開御前會議，載濤、毓朗反對，但卒依奕劻的主張，允唐所請，因於初九日下諭允許召集臨時國會，公決國體問題，命內閣迅將選舉法妥議施行。袁世凱電覆唐代表，略謂：

……頃經協商召集國會，須定選舉法，依法選合格之人，乃可望正當之公議，切實之信用，斷非倉猝所能集事……希與伍代表切實討論，如有正當選舉辦法，則由尊處電奏請旨，庶使上下信從……

唐於初十日要求開第三次會議。是日，在會議席上簽訂條款共三款，其第一款如下：開國民會議，解決國體問題，從多數處決；決定之後，兩方均須依從（第二、第三兩款不備錄）。

於是國體問題，由國民會議解決，已為清廷與民軍兩方所承認，袁世凱不應再持異議，也不能持異議了。不過這一天的會議，還有幾點未解決的：

一、國民會議的產生方法；二、國民會議進行的程序；三、國民會議開會地點。關於第一點，伍代表主張不必另定選舉法，即以現時在滬之各省代表充之，所缺北方各省，即速選派；關於第二點，伍代表主張有三分之二代表到會即開議；關於第三點，伍代表主張在上海。唐代表未即承認，電告袁世凱請示。袁如何電覆，不可得知。不過這一天就是孫中山當選臨時大總統的一天，中山也有一電報告袁世凱（電文詳後），袁大不快。次日（十一日），唐、伍之間開第四次會議，又簽訂下列各款：

（一）國民會議由各處代表組織，每一省為一處，內外蒙古為一處，前後藏為一處。

（二）每處各選派代表三人，每一人一票，若有某處到會代表不及三人者仍有投三票之權。

（三）開會日期，如各處到會之數有四分之三，即可開議。

（四）各處代表，江蘇、安徽、湖北、江西、湖南、山西、陝西、浙江、福建、廣東、廣西、四川、雲南、貴州，由中華民國臨時政府發電召集（因上列各省皆為民軍占領者）；直隸、山東、河南、東三省、甘肅、新疆由清政府通知該省諮議局；內外蒙古及西藏由兩政府分電召集。

次日，唐、伍之間又簽訂了五款，第一、二、三各款都是關於兵事上的問題，第五款是關於賑災的問題（此處不備錄）。其第四款如次：「伍代表提議國民會議在上海開會，日期定十一月二十日（即陽曆一月八日），唐代表允電達袁內閣，請其從速覆電。」

依這兩日簽訂的條款，除關於開會地點的問題尚在未決之外，關於國民會議產生的方法及進行程序，已算是定了。不過國民會議依這種產生的方法和進行，袁世凱當然是失敗了，因為他所能操縱的只有東三省、直、魯、豫、甘肅、新疆八省，而民軍方面所能操縱的則有十四省，約占三分之二；況且南京的臨時政府，已經有了總統，到十三日，臨時總統便將就職，改易正朔了。袁世凱因電唐代表，說他十一日以來的行動為越權，不肯承認；唐於民國紀元日電請辭職；袁即直接電告伍代表，宣告准唐辭職的理由，說他的許可權只以切實討論為限，簽訂各款，事前未經呈明，有礙難實行之處，此後當與伍代表直接電商；伍代表不承認他的理由，並以電商為不便，請袁親來上海，袁則請伍赴北京。往返電爭，無結果，形式上和議便停頓了。這是和議經過的前段。

二、清帝退位的祕密交涉

唐、伍交涉中止的理由，表面上是袁世凱不贊成國民會議的產生和進行方法，其實還是因為孫中山首先作了臨時政府的總統。原來唐、伍在會議席上的行動，都不過是一種形式上的行動，內幕的交涉，只是要袁共同

第九章　清政府的顛覆與中華民國的成立

盡力消滅清皇位，而以總統的地位為酬。在初十以前，不唯唐、伍之間已彼此一致，就是孫中山和袁世凱也都默許了。到初十日，南京忽然舉中山為總統，竟於十三日就職，宣告臨時政府成立，袁世凱以為民軍方面許他的總統是欺騙他的，並且臨時政府已經成立，將來的國民會議他又只能操縱最少部分，結果臨時政府的大權萬難落入他手。這是他最不放心的一點。故在此時，他心裡已醞釀著一個「禪讓」的計畫，要使清帝自己退位，將組織臨時政府的大權直接授他；所謂唐代表簽訂條約越權，不過是一種口實，要藉此根本打消國民會議，以進行他的「禪讓」計劃。這是和議停頓的真相。

在民軍方面，只要共和基礎是立在「民權」兩字上面，總統的位置是可以相讓的。所以中山在當選總統的那天，便立刻電達袁世凱：

北京袁總理鑑：文前日抵滬，諸同志皆以組織臨時政府之責任相屬。問其理由，蓋以東南諸省久缺統一之機關，行動非常困難，故以組織臨時政府為生存之必要條件。文既審艱虞，義不容辭，只得暫時擔任。公方以旋乾轉坤自任，即知億兆屬望，而目前之地位，尚不能不引嫌自避。故文雖暫時承乏，而虛位以待之心，終可大白於將來。望早定大計，以慰四萬萬人之渴望。

這是中山要安袁之心，叫他不要懷疑，等到清皇位推翻了，總統的位置是要讓給他的。但是他不肯相信，並且不肯即露真相，接到中山的電報後，於民元正月二日（即陰曆十一月十四日，此後皆用民國的日曆）回答一電：

孫逸仙君鑑：蒸電悉。君主共和問題，現方付之國民公決，所決如何，無從預揣，臨時政府之說，未敢與聞。謬承獎誘，慚悚至不敢當，唯希諒鑑為幸。

四　和議的經過與清帝退位

中山知道他仍不放心，接到此電後，又回他一電：

袁慰亭君鑑：鹽電悉。文不忍南北戰爭，生靈塗炭，故於議和之舉，並不反對。雖民主君憲，不待再計，而君之苦心，自有人諒之。倘由君之力不勞戰爭，達國民之志願……推功讓能，自是公論。文承各省推舉，誓詞具在，區區此心，天日鑑之。若以文為有誘致之意，則誤會矣。

此電就是要袁堅決相信可把總統的位置相讓的意思。袁此時縱不相信，但也沒有方法消滅南京臨時政府；若用武力，此時還沒有這種財力相助，因為此時外國人不敢借款給清廷，就是從前借定了的款，也不能提用（中山由英回國時，已與英人交涉停止兌付借款。參觀《孫文學說》最末章），這是袁不願實行決裂的祕密。但是他還要表示強硬的態度；在中山就任臨時總統的那天，他授意於段祺瑞、馮國璋、段芝貴等聯繫大小將校四十餘名，電請內閣代奏主張維持君憲，極端反對共和；又將此電傳達伍代表，措詞異常激烈，謂若以少數意見採用共和政體，必誓死抵抗。這是袁世凱使用北洋軍閥的武力作工具來威嚇民黨最初的一次。（這一著，除了威嚇民黨之外，還可以堅清廷之信用，假補充軍費之名，榨取清室內帑，作特別使用。袁於正月二日入朝，將段、馮等電意代奏時，謂民軍要求太酷，宜依段、馮等主張，即行討伐，唯苦於軍費無著，不能實行，願辭總理之職。清太后溫諭慰留，併發內帑黃金八萬錠，袁以售於各外國銀行，此為確切事實。）此時孫中山固然不受他的威嚇，但因民軍不統一，黨人意志不堅定，所見多與己違；軍費方面，一時也無辦法；而一般附和的假革命黨人，又十分迷信袁世凱，所以也不願實行決裂。

唐紹儀辭職後，袁、伍之間經過了幾次的電報戰爭，裝點場面；唐、伍之間仍在不斷地祕密交涉，不過已把國民會議的問題棄去了，所交涉的只是清帝自行退位的交換條件。此時還有一個在北方的「國事匡濟會」，

第九章　清政府的顛覆與中華民國的成立

其主要人物有與袁接近的楊度和與中山同志的汪精衛，也是兩方交換意見最有力的機關。到民元正月初旬以後，彼此祕密交換的條件已相當的成熟──就是清帝在優待條件之下自行退位，退位後，中山辭去臨時總統，而以袁繼任。但是袁世凱到了很困難的地位了，他原先堅持國體問題由國民會議解決之說，並且假補充軍費的名義，榨取清室的內帑金，要與民軍決戰；現在忽然要清帝自行退位，實在難於出口。於是他仍舊運用奕劻作傀儡，密以退位優待條件示奕劻，說這是替清室和滿人謀安全的最上辦法，革命黨既不肯讓步，用兵實在危險。正月十二日，清室的王公親貴因和議形勢不佳，開祕密會議，奕劻果將退位的話提出，除了幾個少年親貴表示反對外，大都意氣消沉，議無結果。十二日，載灃訪袁，叩以對於退位的意見，袁以不得要領的話敷衍他了事。但是退位的訊息傳出後，親貴中如載濤、毓朗、良弼、鐵良等漸形憤激，對於袁極端不滿，所謂宗社黨將要出現了。十六日，袁世凱入朝謁見清太后，請示最後的聖斷，清太后以明日召集親貴王公等開御前會議答之。袁出朝時，遇炸，死衛隊巡警數人，袁幸無傷，當場捕獲楊禹昌、黃之萌、張先培等三人，自認為革命黨員，皆遇害。原來此時退位之說已喧傳於外，而又不實現；革命黨不知個中祕密的人，以為是袁作梗，所以出此激烈手段（日人多謂炸袁者為良弼所主使，此實過於深刻之論）。但是這三個人的犧牲，於袁很有利益，因為自有此一炸後，清太后從此相信袁世凱不是左袒革命黨而是真心替清室謀安全的人，對於親貴攻擊袁氏的話都不大相信了。

十七日，開第一次御前會議，奕劻首先發言，說除了在優待條件之下自行退位，別無安全辦法。清太后伏案啜泣，滿座無聲，忽有一個列席的蒙古王公，慨然起而反對，和奕劻爭論，載灃等多不發言，頗有傾向奕劻說的態度；無結果而散。

四　和議的經過與清帝退位

十八日,開第二次御前會議,奕劻仍執前議,並將密定的優待條件案提出,蒙古王公反對更烈,親貴中或意氣沮喪,或稍活動,仍無結果而散。所謂宗社黨的人士,看見形勢日迫,便於是日慨然奮起,結合約志三十餘人,齊赴慶王府,包圍奕劻,表示激烈,並詰問載濤兄弟,說他們以前主張強硬,為何兩次御前會議不發一言。到十九日早,他們便以「君主立憲維持會」的名義,釋出很激烈的宣言。於是宗社黨的團體成立了。

十九日,續開第三次御前會議,滿蒙王公盡行列席,袁世凱命趙秉鈞、梁士詒、胡唯德為列席代表。首由趙秉鈞提出一種由內閣商定的解決時局案,內容是──將北京君主政府與南京臨時政府同時取消,另於天津設立臨時統一政府。這個方案的意思是想將取消南京臨時政府作陪襯,一方聊以慰藉清皇室,一方又可除去南方的障礙物,故當此案提出御前會議時,並由袁內閣同時電達伍代表,請其轉達南京政府,要求於清帝退位後二日,南京政府即行解散。這是袁想把組織臨時政府的大權全行攬入自己手中的狡謀。但是他到了更困難的地位了。

當該案提出第三次御前會議時,滿蒙的王公親貴一致反對,說南北兩政府同時取消,另設統一政府,便是變君主為共和,斷乎不可;奕劻也變了腔調,說另設統一政府則可,廢棄君位則不可。梁士詒以財政窮乏、不足支持一月的軍費為言;胡唯德以英、俄、日有乘機干涉的形勢為言;各親貴皆不顧;於是趙秉鈞便說,此案實為內閣苦心孤詣,於萬難之中想出來的辦法,若不見納,除了袁內閣全體辭職,別無辦法了;因與梁、胡等一同退出,本日會議又無結果而散。二十日到二十二日,雖然仍有御前會議,形勢與前無異。所謂宗社黨內幕的領袖便是良弼,預備袁世凱一辭職便照准,由毓朗、載澤等出而組閣,以鐵良任清軍總司令,作最後的決鬥;形勢異常混沌。(此時總管禁衛軍的馮國璋,暗中雖聽袁指揮,表面上也和諸親貴採同一的步調,表示擁護清帝,一以緩和禁衛軍中的滿人將

第九章　清政府的顛覆與中華民國的成立

校，一以窺探親貴的內幕。）這是袁對於北京方面的困難。

南京臨時政府方面，接到由伍代表轉來的訊息，窺破袁的陰謀，立刻命伍代表電詰袁世凱，並以下列四項交袁：

（一）清帝退位，放棄一切主權。

（二）清帝不得干預臨時政府組織之事。

（三）臨時政府地點須在南京。

（四）孫總統須俟列國承認臨時政府，國內改革成就，和平確立，方行解職；袁世凱在孫總統解職以前，不得干預臨時政府一切之事。

二十日，復由伍代表將優待清帝及滿、蒙、回、藏條件各五款電交袁世凱（條件全文此處不備錄，大略與後來改定者無大異）。到二十二日，孫總統又將最後提出的五條加以宣告，命伍代表電達袁氏，同時送交報館披露，其語意略如次：

……文前此所云於清帝退位時，即辭臨時大總統之職者，以袁世凱斷絕滿清政府一切關係，而為中華民國之國民，斯時乃可舉袁為總統也，然其後得由上海來電，袁之意非徒不欲去滿清政府，且欲取消民國政府，於北方另組臨時政府。彼所謂臨時政府，果為君主，抑為民主，誰則知之？若彼自稱為民主，誰則保證？故文須俟各國承認民國之後，始行解職。蓋欲使民國之基礎鞏固，絕非前後矛盾。袁若能與滿政府斷絕關係，為民國之國民，文當履行前言。……

今確定辦法如下：

（一）清帝退位，由袁同時知照駐京各國公使，請轉知民國政府，或轉飭駐滬各國領事轉達亦可。

（二）同時袁須宣布政見，絕對贊成共和主義。

（三）文接到外交團或領事團通知清帝退位布告後，即行辭職。

（四）由參議院舉袁為臨時總統。

（五）袁被舉為臨時總統後，誓守參議院所定之憲法，始能授受事權。

前之一、二兩條，即欲使袁斷絕清政府之關係，變為民國之國民，此為最後解決之辦法。袁若不能實行，即不願贊同共和，無和平解決之誠意；如此則優待皇室及滿、蒙各族條件亦不能施行；此後戰爭再起，陷天下於流血之慘，亦將責有攸歸。

中山將此等議論辦法公布，便是對袁表示強硬（此時中山知袁不敢翻臉，故將所定條件公布，使袁不能再弄玄虛）。袁此時若不承認，又沒有別的對付方法；若立即承認，宗社黨又尚在作梗，還沒有取得清帝退位的同意。這是他對南京一方面的困難。

袁世凱更有一層難乎為情的，就是以前用清皇位去換自己的總統地位，還是半公開的祕密交易；自中山把五項條件在報上宣布後，祕密的交易變成全公開了；因此宗社黨越恨他，外國人也譏評他，說他竟是這樣的一種人物。此時他對於清廷，就只是「稱病不入朝」。對於外國人，就命外務部發表一種宣告書，說南北交涉並非由袁直接，袁亦並未公認，且並無慾作總統之意；一面又令人散布流言，說袁要辭職了，北京將有變亂，勸外國人都遷入東交民巷，以防危險，南京方面逼他回電，他起初也不理，後來逼得急了，便答以從前關於皇帝遜位之事並未與貴代表交涉，再打電去切責，他便全然不回答了；可想見他此時的苦境。

袁世凱在此困難的時候，要運用他最後的法寶了，即北洋軍閥武力的威嚇。這個法寶還未出現，便先得到革命黨人一個意外的助力，即元月二十六日彭家珍用炸彈炸去良弼的一腿，彭自身立即殉難，良弼數日後亦死，於是所謂宗社黨人都嚇破了膽，或逃或匿，替袁去了一大阻力（日本

第九章　清政府的顛覆與中華民國的成立

人有誣彭家珍之炸良弼為袁世凱所主使者，實屬妄揣）。到二十七日，自己的法寶也出現了——就是段祺瑞等大小將校四十餘人，聯名向內閣軍諮府陸軍部並各王公發出一長電，主張立採共和政體以安皇室而奠大局，請他們向皇帝代奏。這是袁世凱第二次使用北洋軍閥的武力作工具來威嚇清廷。後來用這種工具威嚇國會，威嚇憲法起草委員會；傳到段祺瑞作國務總理時，也沿用這種工具威嚇國會，威嚇黎總統。我們可知道中國的軍閥是袁世凱造成的，中國的軍紀也是他破壞的，後來所謂督軍團，在與清廷和議時已兩次發其端了。我們在此兩次的發端中，已可看出北洋軍閥的人物，除了擁護己派私人的權勢利益以外，全無真正的愛國思想和主張。正月一日聯電說：「若以少數意見採用共和，必誓死反對。」不到一個月工夫，連國民會議都不要召集，便知道贊成共和是多數的意見，須「立採共和政體」了（此次聯盟電報，馮國璋因在北京總管禁衛軍，未列名）。這種反覆無常的主張便是後來各督軍朝三暮四、不顧顏面的先聲。虧得段派人物後來還以造成共和向國民驕功，實則這種功勞只是對於袁世凱的功勞，不能拿來向我們國民誇嘴。袁世凱得到他們的助力真是不小，因為此電一達北京，宗社黨更不敢說話了。二十九日，復開御前會議，奕劻和袁世凱都稱病未到，其他列席的人無一人再敢說硬話。三十日，清太后召奕劻、載灃二人入見，皆以「官軍既無鬥志，不若遜位全終，猶得優遇」奉答。二月一日，乃用太后懿旨命袁世凱與民軍磋商退位條件。「稱病不入朝」的袁世凱現在病也好了；二月三日，入朝退出後，立即電覆伍代表說：「今始有權以議優待之事。」雙方將優待條件商妥後，於二月六日由南京臨時參議院修正，諮復臨時政府，電達袁世凱，清帝於二月十二日下詔退位。詔語中有：

　　……袁世凱前經資政院選舉為總理大臣，當茲新舊代謝之際，宜有南北統一之方，即由袁世凱以全權組織臨時共和政府與民軍協商統一辦法。……

這幾句話便是袁氏認作自己受禪的把柄。但這是他的「一廂情願」；還有一個南京臨時參議院，他終沒有方法消滅它，不能不暫時向它低頭，承受它的麻煩。

■（附錄）關於退位的各種優待條件

甲、關於清帝退位之後優待之條件

第一款　清帝遜位之後，其尊號仍存不廢，以待遇外國君主之禮相待。

第二款　清帝遜位之後，其歲用四百萬元，由中華民國給付。

第三款　清帝遜位之後，暫居宮禁，日後移居頤和園，侍衛照常留用。

第四款　清帝遜位之後，其宗廟陵寢，永遠奉祀，由中華民國酌設衛兵保護。

第五款　清德宗陵寢未完工程，如制妥修，其奉安典禮仍如舊制，所有實用經費均由中華民國支出。

第六款　以前宮內所用各項執事人員，得照常留用，唯以後不得再招閹人。

第七款　清帝遜位之後，其原有私產由中華民國特別保護。

第八款　原有禁衛軍歸中華民國陸軍部編制，其額數俸餉仍如其舊。

乙、關於清皇族待遇之條件

一、清王公世爵，概仍其舊。

二、清皇族對於中華民國之公權及其私權，與國民同等。

三、清皇族私產，一律保護。

四、清皇族免兵役之義務。

丙、關於滿、蒙、回、藏各族待遇之條件

一、與漢人平等。

二、保護其原有之私產。

三、王公世爵概仍其舊。

四、王公中有生計過艱者,民國得設法代籌生計。

五、先籌八旗生計,於未籌定之前,八旗兵弁俸餉仍舊支放。

六、從前營業居住等限制,一律蠲除,各州縣聽其自由入籍。

七、滿、蒙、回、藏原有之宗教聽其自由信仰。

(以上條件皆列於正式公文,由中華民國政府照會各國駐北京公使。)

五　改選臨時總統頒布約法與臨時政府的北遷

　　南京臨時政府初成立時,由各省代表會代行參議院職權;不久,各省正式選派的參議員陸續到了南京,便以元月二十八日開參議院正式成立會。二月十二日,清帝退位;十三日,袁世凱即電南京臨時政府:

　　……南京孫大總統、黎副總統、各部總長、參議院同鑑:共和為最良國體,世界之公認,今由帝政一躍而躋及之,實諸公累年之心血,亦民國無窮之幸福。大清皇帝,既明詔辭位,業經世凱署名,則宣布之日為帝政之終局,即民國之始基,從此努力進行,務令達到圓滿地位,永不使君主政體再行於中國。現在統一組織,至重至繁,世凱極願南行,暢領大教,共謀進行之法。只因北方秩序不易維持,軍旅如林,須加部署,而東北人心,未盡一致,稍有動搖,牽涉全國。諸君皆洞鑑時局,必能諒此苦衷。……

　　這便算是他宣布政見,絕對贊成共和主義,履行孫中山前此所提出的

五　改選臨時總統頒布約法與臨時政府的北遷

條件第一項。中山接到此電，立即自己履行前此所提出的條件第三、四項，於同日諮達參議院辭臨時總統職權，並向參議院推薦袁世凱，請舉為繼任總統。其諮達參議院文略如下：

　　……前後和議情形前已諮交貴院在案。昨日伍代表得北京電……又接唐紹儀電……清帝鑒於大勢，知保全君位，必然無效，遂有退位之議。今既宣布退位，贊成共和，承認中華民國，從此帝制永不存留於中國之內，民國目的亦已達到。當締造民國之始，本總統被選為公僕，宣言誓書，實以傾覆專制，鞏固民國，圖謀民生幸福為任。誓至專制政府既倒，國內無變亂，民國卓立於世界，為列邦公認，本總統即行辭職。現在清帝退位，專制已除，南北一心，更無變亂，民國為各國承認，旦夕可期。本總統當踐誓言，辭職引退，為此諮告貴院，應代表國民之公意，速舉賢能，來南京接事，以便辭職。……

又諮如下：

　　……今日本總統提出辭表，要求改選賢能。選舉之事，原國民公權，本總統實無容喙之餘地。唯前使伍代表電北京，有約以清帝實行退位，袁世凱君宣布政見，贊成共和，即當提議推讓。想貴院亦表同情。此次清帝遜位，南北統一，袁君之力實多。其發表政見，更為絕對贊成共和。舉為總統必能盡忠民國。且袁君富於經驗，民國統一，賴有建設之才，故敢以私見貢薦於貴院，請為民國前途熟計，無失當選之人，大局幸甚。……

這是孫中山忠實履行自己所約的條件。十四日，中山又親赴參議院陳述意見，經該院贊同，於十四日開臨時大總統選舉會，到會的共十七省，投票權，每省各為一票，袁世凱得十七票，全體一致，當選為臨時大總統。（黎副總統嗣亦電請辭職，經過改選手續，仍當選原職。）這算是雙方都履行前約的第一步。但是袁世凱還有最不願屈從的幾件重大事項。

第九章　清政府的顛覆與中華民國的成立

當中山向參議院諮請辭去總統時，諮文的末尾還附有辦法條件三項如下：

一、臨時政府地點設於南京，為各省代表所議定，不能更改。

二、辭職後，俟參議院舉定新總統親到南京受任之時，大總統及國務各員始行解職。

三、臨時政府約法為參議院所制定（此時約法還未成立頒布），新總統必須遵守；頒布之一切法律章程，非經參議院改訂，仍繼續有效。

原來袁世凱個人的人格上，是很難使人相信的；從小站練兵到推倒清廷，他所有的行動都是「馳著兩頭馬」的行動。除了一部分的「官僚立憲派」人物，向來和他很親密，十二分地迷信他；以外康梁的立憲派對於他也只是不得已而倚重，並非根本相信他；至於中山所領導的革命派，當然是更不相信他了。現在因為避難就易的原故，要假手他推倒清皇位，掛出共和的招牌來，所以不惜把總統的位置讓給他。一面既把總統的位置給他，一面又不相信他，本來是極矛盾的事，但是這種矛盾狀態是沒有方法可以避免的，因此中山提出前面的三項辦法。一、二兩項是想要他離去北京的帝王巢窟，與腐敗的舊勢力相隔絕，第三項是想用法律的勢力來抑制他不正當的野心；總括一句話，就是要把共和的基礎鞏固在「民權」兩字上面。

關於前舉的第三項《臨時約法》的制定，其進行本在清帝退位以前，因為許多人對於《臨時政府組織大綱》很不滿意——第一是說它沒有把人民的權利寫在上面，又恐怕所規定的「六個月以內召集國會」辦不到，所以早有修改為《臨時約法》之議。及到二月初旬，清帝退位的事情十分成熟，臨時總統的椅子立刻要獻給袁世凱了，《臨時約法》的制定也就刻不容緩了。參議院從二月初七日起開始會議，起草兩次，會議亙三十二日，

五　改選臨時總統頒布約法與臨時政府的北遷

到三月初八日全案成立。從前修改《臨時政府組織大綱》時，宋教仁想把它變為責任內閣制，那些對於宋教仁懷疑忌心的代表先生們，因為要打擊宋教仁的原故，拚命地反對，使責任內閣制不能實現，現在所制定的約法預備在袁世凱臨時總統任內施行，又因為要抑制袁世凱的野心的原故，竟把總統制改為責任內閣制了。英法的責任內閣制，不過是以內閣總理取得國會多數的信任為條件，總理以外的國務員全由總理擇人組織；《臨時約法》上的責任內閣、一切國務員，都要先行正式提交參議院，得它的同意，方可任命，實在是「變本加厲」了。

　　這種拘於一時環境的立法精神，是所謂「對人立法」的精神；對人立法，在理論上是不能讚許的；因為真正的大梟雄不肯把法律放在眼裡，徒使公正的政治家失去政治運用應有的活動。（後來約法的屢遭破毀，半由於袁氏和北洋軍閥的跋扈，亦半由於約法本身的不良。）但是當時的參議員大都不明白這種道理，以為只要是黑字寫在白紙上經過議會多數通過的法律，便是神聖，可以壓制一切惡魔，便如鐵籠，可以防範一切猛獸。誰知後來的猛獸惡魔，仍只把它看作一些黑字寫在白紙上，到了妨礙他們的行動的時候，一伸爪便把它撕破了。谷鍾秀說：「各省聯合之始，實有類於美利堅十三州之聯合，因其自然之勢，宜建為聯邦國家，故採美之總統制；自臨時政府成立後，感於南北統一之必要，宜建為單一國家，如法蘭西之集權政府，故採法之內閣制。」這種議論，不過是藉以掩飾當時「對人立法」的真相，否則極為幼稚可笑；為什麼單一國就不可用總統制，聯邦國就不可用內閣制呢？這是何處來的憲法原理？何不老老實實說：所以變總統製為內閣制的原因，大部分是預備把它去制服野性難馴的袁世凱。袁世凱在未到必要的時候，彷彿也還肯受它的拘束；但是他的主意老早打定了，就是在實權沒有完全到手以前，隨你們畫的什麼符，他都表示尊重，若要他放棄把握實權的關鍵，他便死也不能從了。所以關於前面所舉

第九章　清政府的顛覆與中華民國的成立

的三項辦法，對於第三項遵守參議院所制定之約法，暫時不生問題；對於一、二兩項，要他離去北京的巢穴，就不容易辦到了。

袁世凱不肯離去北京而赴南京，在他十三日宣布政見的電文內，已經表示（參觀前面所舉的電文）。南京的參議員中也有許多人拘於地方感情的，捨不得那個六百餘年的帝王古都。二月十四日，參議院討論此問題，谷鍾秀、李肇甫等便提議將臨時政府地點，改設北京，略謂：

……南北既經統一，即應籌全國所以統一之道。臨時政府地點為全國人心所繫。應設足以統馭全國之地，使中國能成完土，庶足以維繫全國人心，並達我民國合五大民族而為一大中華民國之旨。前經各省代表指定臨時政府地點於南京，系因當時大江以北尚在清軍範圍。……今情勢既異，自應因時制宜。

討論結果，竟以二十票對八票的多數，可決臨時政府設於北京之說，可見多數的參議員尚不明瞭中山棄舊圖新的意旨。中山接到參議院的議決案異常氣憤，立即依法諮交該院覆議，仍主臨時政府設於南京。十五日，參議院複議時，爭論異常激烈，但是多數的議員經中山暗中盡力解釋，漸漸覺醒了，投票的結果乃以十九票對七票的多數，可決臨時政府仍設於南京。但此時站在袁世凱方面，不願意將國都遷往南京的還有兩種勢力：一為以北京為巢穴的軍閥官僚派；二為享有東交民巷特權的帝國主義外交團。袁則挾此兩種勢力以自重。中山屢電催袁南下就職，並明白揭破袁的隱衷，叫他不要依清帝委任，在北方組織臨時政府，若竟如此，必至別生枝節；若慮北方無人維持，不妨另擇重要人員委以全權，鎮撫北方，然後南下。袁便以退居相要挾，向各方通電說：

……南行之願，前電業已宣告。然暫時羈絆在此，實為北方危機隱伏，全國半數之生命財產，萬難恝置，並非倚清室委任也。孫大總統來電所論

五　改選臨時總統頒布約法與臨時政府的北遷

共和政府,不能由清帝委任組織,極為正確。現在北方各省軍隊暨全蒙代表,皆以函電推舉為臨時大總統。清帝委任一層,無足再論。然總未遽組織者,特慮南北政見,因此而生,統一愈難,實非國之福。若專為個人職任計,舍北而南,則實有無窮窒礙。北方軍民意見,尚有紛馳,隱患實繁,皇族受外人愚弄,根株潛長;北京外交團,向以凱離此為慮,屢經言及;奉江兩省,時有動搖;外蒙各盟迭來警告;內訌外患,遞引互牽。若因凱一去,一切變端立見,殊非愛國救世之素志。若舉人自代,實無措置各方面合宜之人。然長此不能統一,外人無可承認,險象環生,大局益危。反覆思維,與其孫大總統辭職不如世凱退居。……

他的意思就是,你們不許我依清帝委任組織政府,但是已有北方的軍隊和全蒙代表推舉我做總統,不過是怕南北分裂,不願意做半邊總統,所以和你們敷衍。並且外國人和北方軍民都贊成我在北方。你們要「調虎離山」,只要你們不怕外國人和北方軍民,我便跑開,看你們如何處置。但是中山不為這種威嚇所動,仍舊堅持原議。隨即派蔡元培、汪精衛、宋教仁、魏宸組、鈕永建等為專使往北京,歡迎袁世凱南下。蔡、汪、宋等於二六、二七等日到北京,袁世凱並不表示拒絕的意思,並且當蔡、汪、宋等到京時,特開正陽門歡迎,極為優待,不過暗使各團體表示反對。蔡、汪、宋等也不為他們所動。到二十九日夜,便弄出花樣來了,就是駐在北京由曹錕所統的第三鎮軍隊於是夜實行變亂,於東安門及前門一帶,整隊放火行劫,通宵達旦,商民被禍的數千家;歡迎的專使蔡、汪等所住寓舍也被侵入,幾至蒙難。次日,天津、保定的軍隊也照樣行動。這次兵變的內幕,誰也知道是袁世凱的苦肉計——縱然不是由袁自己發動,也一定是他的心腹爪牙密定的計畫。但是北京的人士後來還要替他掩飾,說兵變的真正原因,是因為各兵士在戰事期中,每人每月領特別餉銀一兩,此時停止支領,各懷不平,所以有此。現在對於袁氏祕密授意的一層,自然找不

第九章 清政府的顛覆與中華民國的成立

出確實的證據；但是對於掩飾的後說卻有一個反證，就是當時停止支領特別餉銀的是第二鎮和第四鎮，第三鎮並沒有停止，而變亂的卻是第三鎮，可見後說是用以掩飾變亂的真相的。因此變亂，北京的外交團恐怕演出庚子拳民的故事來，於是議決增調軍隊來京護衛，日本首先將山海關及南滿的駐屯軍分調一千數百人來京，於是袁世凱的目的達到了。蔡、汪等於三月二日電請南京政府及參議院速籌善策，以滿南北之望而救危亡，略謂：

……北京兵變，外人極為激昂，日本已派多兵入京，設使再有此等事發生，外人自由行動，恐不可免。培等睹此情形，集議以為速建統一政府，為今日最要問題，餘儘可遷就，以定大局。……

畢竟蔡、汪等愛國有餘，膽量不足，竟入了袁的圈套；南京臨時政府也是一樣，中山無可奈何了。此時日本的帝國主義者正想把中國造成一個南北對峙的局面，中山若固執己意，勢必成為南北對峙，墮入日本的陰謀中，故也不固執了。到三月六日，參議院議決辦法六條：

一、參議院電知袁大總統，允其在北京就職；

二、袁大總統接電後，即電參議院宣誓；

三、參議院接到宣誓之電後，即電覆認為受職，並通告全國；

四、袁大總統受職後即將擬派之國務總理及國務員姓名電知參議院求同意；

五、國務總理及各國務員任定後，即在南京接收臨時政府交代事宜；

六、孫大總統於交代之日始行解職。

這種辦法是袁世凱樂從的了，於三月十日在北京宣誓就職，就職時，蔡、汪等歡迎專使皆參列，其誓詞如下：

民國建設造端，百凡待治，世凱深顧竭其能力，發揚共和之精神，滌

蕩專制之瑕穢，謹守憲法，依國民之願望，達國家於安全強固之域，俾五大民族同臻樂利。

凡此志願，率履勿渝。候召集國會選定第一期大總統，世凱即行辭職。謹掬誠悃，誓告同胞。

袁就職後，便將此誓詞電達南京參議院，參議院也循例以電致詞於袁。十一日，由孫總統將參議院議決的約法公布（全文附錄於後）。袁於就職後提出唐紹儀為內閣總理，經南京參議院同意後，唐於三月二十五日到南京組織新內閣，其閣員名單如下：

外交總長陸徵祥

內務總長趙秉鈞

財政總長熊希齡

陸軍總長段祺瑞

海軍總長劉冠雄

司法總長王寵惠

教育總長蔡元培

農林總長宋教仁

工商總長陳其美

交通總長梁如浩

梁如浩沒有通過參議院，臨時政府北遷後改任施肇基。陳其美亦未就職，後由王正廷代理。陸軍總長，南方先有任黃興之議，但是袁世凱對於這個生死關頭所繫的處所，哪裡肯放棄呢？他把內務、陸海軍重要的三部操在自己手中，餘則用以敷衍革命黨和其他各派。三月二十九日，唐紹儀到參議院宣布政見，接受南京臨時政府，孫總統於四月一日正式解職；四

第九章　清政府的顛覆與中華民國的成立

月五日，參議院議決臨時政府，遷於北京，中華民國第一次南北統一完成。此後便為國民黨與北洋軍閥的爭鬥時代。

■（附錄）中華民國臨時約法

第一章　總綱

　　第一條　中華民國由中華人民組織之。

　　第二條　中華民國之主權屬於國民全體。

　　第三條　中華民國領土為二十二行省、內外蒙古、西藏、青海。

　　第四條　中華民國以參議院、臨時大總統、國務員、法院行使其統治權。

第二章　人民

　　第五條　中華民國人民一律平等，無種族、階級、宗教之區別。

　　第六條　人民得享有下列各項之自由：

　　一、人民之身體，非依法律不得逮捕、拘禁、審問、處罰；

　　二、人民之家宅，非依法律不得侵入或搜尋；

　　三、人民有保有財產及營業之自由；

　　四、人民有言論、著作、刊行及集會、結社之自由；

　　五、人民有書信祕密之自由；

　　六、人民有居住遷徙之自由；

　　七、人民有信教之自由。

　　第七條　人民有請願於議會之權。

　　第八條　人民有陳訴於行政官署之權。

　　第九條　人民有訴訟於法院受其審判之權。

五　改選臨時總統頒布約法與臨時政府的北遷

第十條　人民對於官吏違法損害權利之行為，有陳訴於平政院之權。

第十一條　人民有應任官考試之權。

第十二條　人民有選舉及被選舉之權。

第十三條　人民依法律有納稅之義務。

第十四條　人民依法律有服兵役之義務。

第十五條　本章所載人民之權利，有認為增進公益、維持治安或非常緊急必要時，得依法律限制之。

第三章　參議院

第十六條　中華民國之立法權，以參議院行之。

第十七條　參議院以第十八條所定各地方選派之參議員組織之。

第十八條　參議員每行省、內蒙古、外蒙古、西藏各選五人，青海選派一人；其選派方法由各地方自定之。參議院會議時，每參議員有一表決權。

第十九條　參議院之職權如下：

一、議決一切法律；

二、議決臨時政府之預算決算；

三、議決全國之稅法、幣制及度量衡之準則；

四、議決公債之募集及國庫有負擔之契約；

五、承諾第三十四條、三十五條、四十條事件；

六、答覆臨時政府諮詢事件；

七、受理人民之請願；

八、得以關於法律及其他事件之意見建議於政府；

九、得提出質問書於國務員，並要求其出席答覆；

323

第九章　清政府的顛覆與中華民國的成立

十、得諮請臨時政府查辦官吏納賄違法事件；

十一、參議院對於臨時大總統認為有謀叛行為時，得以總員五分四以上之出席，出席員四分三以上之可決彈劾之；

十二、參議院對於國務員認為失職或違法時，得以總員四分三以上之出席，出席員三分二以上之可決彈劾之。

第二十條　參議院得自行集會、開會、閉會。

第二十一條　參議院之會議須公開之；但有國務員之要求，或出席參議員過半數之可決者得祕密之。

第二十二條　參議院議決事件，由臨時大總統公布施行。

第二十三條　臨時大總統對於參議院議決事件如否認時，得以諮達十日內宣告理由，諮院覆議。但參議院對於覆議事件，如有到會參議員三分二以上仍執前議時，仍照二十二條辦理。

第二十四條　參議員議長，由參議員用記名投票法互選之，以得票滿投票總數之半者為當選。

第二十五條　參議院參議員於院內之言論及表決，對於院外不負責任。

第二十六條　參議院參議員除現行犯及關於內亂外患之犯罪外，會期中非得本院許可，不得逮捕。

第二十七條　參議院法由參議院自定之。

第二十八條　參議院以國會成立之日解散，其職權由國會行之。

第四章　臨時大總統、副總統

第二十九條　臨時大總統、副總統由參議院選舉之，以總員四分三以上之出席，得票滿投票總數三分二以上者為當選。

第三十條　臨時大總統代表臨時政府，總攬政務，公布法律。

第三十一條　臨時大總統為執行法律或基於法律之委任，得釋出命令，並得使釋出之。

第三十二條　臨時大總通通率全國陸海軍隊。

第三十三條　臨時大總統得制定官制官規，但須提交參議院議決。

第三十四條　臨時大總統任命文武職員，但任命國務員及外交大使、公使，須由參議院之同意。

第三十五條　臨時大總統經參議院之同意，得宣戰、講和及締結條約。

第三十六條　臨時大總統得依法律宣告戒嚴。

第三十七條　臨時大總統代表全國接受外國之大使、公使。

第三十八條　臨時大總統得提出法律案於參議院。

第三十九條　臨時大總統得頒給勳章並其他榮典。

第四十條　臨時大總統得宣告大赦、特赦、減刑、復權，但大赦須經參議院之同意。

第四十一條　臨時大總統受參議院彈劾後，由最高法院全院審判官互選五人，組織特別法庭審訊之。

第四十二條　臨時副總統於臨時大總統因故去職或不能視事時，得代行其職權。

第五章　國務院

第四十三條　國務總理及各部總長均稱為國務員。

第四十四條　國務員輔佐大總統負其責任。

第四十五條　國務員於大總統提出法律案，公布法律及公布命令時須副署之。

第四十六條　國務員及其委員得於參議院出席及發言。

第四十七條　國務員受參議員彈劾後，臨時大總統應免其職，但得交參議院複議一次。

第六章　法院

第四十八條　法院以臨時大總統及司法院長分別任命之法官組織之，法院編制及法官之資格以法律定之。

第四十九條　法院依法律審判民事訴訟、刑事訴訟，但關於行政訴訟及其他特別訴訟，別以法律定之。

第五十條　法院之審判，須公開之；但有認為妨害安寧秩序者得祕密之。

第五十一條　法院獨立審判，不受上級官廳之干涉。

第五十二條　法官在任中不得減俸或轉職，非依法律受刑罰宣告或應免職之懲戒處分，不得解職，懲戒條規以法律定之。

第七章　附則

第五十三條　本約法施行後，限十個月內，由臨時大總統召集國會，其國會之組織及選舉法由參議院定之。

第五十四條　中華民國之憲法由國會制定，憲法未施行以前本約法之效力，與憲法等。

第五十五條　本約法由參議院參議員三分二以上或臨時大總統之建議，經參議院五分四以上之出席，出席員四分三之可決得增修之。

第五十六條　本約法自公布之日施行。

《臨時政府組織大綱》於本約法施行之日廢止。

五　改選臨時總統頒布約法與臨時政府的北遷

李劍農的中國近百年政治史——從鴉片戰爭至民國成立

作　　者：	李劍農	
發 行 人：	黃振庭	
出 版 者：	複刻文化事業有限公司	
發 行 者：	崧燁文化事業有限公司	
E-mail：	sonbookservice@gmail.com	
粉 絲 頁：	https://www.facebook.com/sonbookss/	
網　　址：	https://sonbook.net/	

地　　址：台北市中正區重慶南路一段 61 號 8 樓
8F., No.61, Sec. 1, Chongqing S. Rd., Zhongzheng Dist., Taipei City 100, Taiwan

電　　話：(02)2370-3310
傳　　真：(02)2388-1990

印　　刷：京峯數位服務有限公司
律師顧問：廣華律師事務所 張珮琦律師

定　　價：450 元
發行日期：2024 年 12 月第一版
◎本書以 POD 印製

國家圖書館出版品預行編目資料

李劍農的中國近百年政治史——從鴉片戰爭至民國成立 / 李劍農 著 . -- 第一版 . -- 臺北市：複刻文化事業有限公司 , 2024.12
面；　公分
POD 版
ISBN 978-626-7620-25-0(平裝)
1.CST: 晚清史 2.CST: 中華民國史
627.6　113018792

電子書購買

爽讀 APP　　臉書